TRAITÉ

DE

MATÉRIAUX MANUSCRITS

DE DIVERS GENRES D'HISTOIRE,

PAR AMANS-ALEXIS **MONTEIL**,

AUTEUR DE

l'Histoire des Français des divers états.

NOUVELLE ÉDITION,

AUGMENTÉE DE LA MANIÈRE DE CONSIDÉRER CE TRAITÉ ET DE S'EN SERVIR.

TOME PREMIER.

PARIS

IMPRIMERIE DE E. DUVERGER,

RUE DE VERNEUIL, N° 4.

1836

INTRODUCTION.

Il y a au jardin des Tuileries un banc sur lequel, depuis bien des années, je m'asseois ordinairement; c'est le quatrième de la grande allée à droite, lorsqu'on va du palais aux Champs-Élysées. Un jour, au temps du procès du général Moreau, que tout Paris était plein des yeux et des oreilles de la police du premier consul, je trouvai mon banc déjà en partie pris par deux jeunes gens, aujourd'hui peut-être académiciens, conseillers d'état ou pairs, ou peut-être même ministres, que sais-je? Leur conversation, fort animée, s'arrêta aussitôt que je m'assis, et ils se mirent à parler non pas de la pluie, du beau temps, mais de science, de littérature, d'histoire. Après avoir ensemble déploré les ravages que venait de faire la barbarie révolutionnaire, ravages moins grands sur les livres imprimés que sur les livres manuscrits, où l'ignorance est bien plus ignorante, l'un d'eux se prit à dire qu'un traité de la conservation des manuscrits serait si utile, non-seulement en France, mais en Angleterre, en Italie, en Allemagne et partout, que les journaux célèbreraient son apparition et que les gens de lettres de tous les pays s'empresseraient de le traduire dans leur langue; car il s'y agirait des plus nobles intérêts des peuples, des intérêts de l'histoire; et, pour moi, ajouta-t-il, je l'achèterais volontiers. Et moi aussi, dit l'autre; tout le monde l'achèterait; cet ouvrage aurait un prompt et sûr débit. Je fus intérieurement aussi de cet avis, car en entendant ces jeunes gens je crus entendre la voix du public qui prenait des engagements formels. Depuis, j'ai souvent cherché le moment de mettre la main à une œuvre si désirable. Différentes occupations m'en ont distrait; enfin j'y ai été ramené par la persévérante fixité de ma fortune. Forcé, à plusieurs reprises, de vendre un plus ou moins grand nombre de mes manuscrits, je me suis vu cette fois forcé de les vendre tous. J'en avais déjà commencé le catalogue, lorsque, me ravisant soudainement, j'ai pensé que ma colletion servirait naturellement de texte aux enseignements du traité que les deux jeunes gens des Tuileries demandaient, et que pour le publier j'avais là une occasion unique. Aussitôt je me suis mis à y travailler, et ce n'a pas été sans peine que je l'ai terminé.

En voici le plan.

Autant de grandes divisions de l'ordre social, autant de chapitres.

Je me suis souvenu que le titre de ces deux jeunes gens était *Traité de la conservation des manuscrits*; j'ai préféré, afin de donner une plus grande extension d'utilité à cet ouvrage, celui de *Traité de matériaux manuscrits de divers genres d'histoire*. Je me suis souvenu aussi que ces jeunes gens voulaient que ce traité portât sur des manuscrits dont le contenu serait analysé; j'ai adopté cette idée; mais j'ai rejeté celle de prendre pour texte les manuscrits de la bibliothèque du roi, et parce que leur trop grand nombre ne pouvait qu'en rendre le choix arbitraire, et parce que ni le fond de

Colbert, ni le fond de Baluze, ni le fond de Béthune, ni le fond de Brienne, ni aucune de ces fameuses montagnes de parchemin ne satisferaient aussi complètement que ma collection aux besoins historiques de toutes les diverses parties de la société; car lorsqu'on les a si longuement, si péniblement, si dispendieusement formées, les diverses parties de la société n'avaient pas encore demandé leur histoire.

Dans ce traité je conduis les lecteurs à travers les différents articles des divisions de ma collection; et à chaque article je leur fais d'abord connaître l'importance du manuscrit par la valeur pécuniaire, et ensuite je justifie la valeur pécuniaire par l'analyse du manuscrit, par la valeur littéraire.

J'avais, dans cette collection, un grand nombre de manuscrits qui n'intéressaient que des points territoriaux très circonscrits; qu'en faire? Jai proposé l'histoire des villages.

J'en avais d'autres, en plus grand nombre, qui n'intéressaient que Pierre, Paul ou

Simon; qu'en faire? J'ai proposé l'histoire des familles.

Et vous, dans votre bibliothèque vous avez de grands rouleaux de vingt, trente, quarante pieds, si difficiles à manier qu'ils demeurent intacts; vous ne savez non plus qu'en faire; taillez-les, mettez-les en volumes. J'ai taillé presque tous les miens qui n'étaient pas écrits des deux côtés; je les ai mis en volumes.

Vous ne savez où placer de vieilles petites pièces de parchemin, grandes comme la main, ou du moins vous craignez avec raison que dans la succession des temps elles se perdent. J'en avais aussi plusieurs milliers remarquables par leur petite dimension et plus encore par les précieux et quelquefois uniques documents qu'elles contiennent; j'en ai fait des recueils; et les attachant, les reliant à de grandes feuilles de papier, je les ai à jamais fixées par classes et par ordre chronologique à des volumes d'un genre nouveau. Je crois ces volumes si utiles à la conservation des petites feuilles volantes, que j'ai fait lithographier leur forme et leur contexture au premier chapitre de ce traité.

Jusqu'ici on avait détruit comme inutiles les feuilles détachées de manuscrits, souvent très rares, souvent même très anciens; l'archéographie, comme la nature, ne doit rien perdre; et quant à moi, qui dans le classement de toute ma collection ou ailleurs ai ramassé un grand nombre de ces fragments, j'en ai fait trois gros volumes d'un *Excerpta* fort varié qui, depuis le VIIe siècle jusqu'au XIXe, offre comme les piquantes éphémérides de ce long espace de temps.

Mais je m'aperçois que cette introduction s'allonge, ne cesse de s'allonger; elle a déjà six pages, c'est trop de quatre.

MANIÈRE DE CONSIDÉRER CE TRAITÉ

ET MANIÈRE DE S'EN SERVIR.

Nécessité de ce traité.

Tous les pays de l'Europe ont un égal besoin de ce traité. Partout l'ignorance détruit également les monuments écrits ; je ne sache rien de plus vrai.

Quant à la France, les preuves s'y multiplient en ce moment plus que jamais. Hier un traité de la conservation des manuscrits n'était pas aussi nécessaire qu'aujourd'hui.

Je connais un savant académicien qui refuse de croire que le célèbre manuscrit du Polyptique de Reims, dont on ne peut, depuis nombre d'années, expliquer la disparition, puisse avoir été détruit. Pour moi, je pense que probablement il l'a été. Et pourquoi ne l'aurait-il pas été comme le beau cartulaire de Beauvais, dont j'ai, sur ma table, plusieurs feuillets que j'ai trouvés dans un tas d'autres feuillets tout nouvellement achetés, et qui avaient appartenu à plus de quarante manuscrits différents, bien qu'au poids marchand du parchemin, ils ne m'eussent coûté que soixante francs. Oui, je le dis, je n'en doute pas ; un traité de conservation de matériaux manuscrits eût sauvé, avec cet inestimable cartulaire, d'excellents comptes de ville, des comptes de revenus de duchés, de grandes terres, des statuts de corporations, d'antiques plans d'églises, d'édifices, et d'autres manuscrits dont ces feuillets étaient les déplorables échantillons; il eût encore sauvé des registres de l'administration de l'armée d'Italie, an III et an IV; des registres-minutes de correspondance avec les pays étrangers, des journaux d'entrée, de sortie, des manuscrits d'économie politique, des manuscrits de toute espèce que couvraient les cartons qu'on m'a depuis peu vendus pour en faire des portefeuilles. Il n'eût pas sauvé, car j'ai sauvé, et je rapporte ce soir d'une tournée le long des quais, le registre original des délibérations de la commune de Saint-Germain-Lambron, petite ville d'Auvergne. On n'en a pas tout-à-fait demandé le prix du vieux papier, car le commencement est endommagé par la moisissure. Je ne le donnerais pas pour cent francs; il vaut davantage; il est du temps de la Ligue; il offre toutes les formes des assemblées communales, municipales, et il se trouve aussi lié aux formes des assemblées provinciales. Faudrait-il mille autres preuves du besoin croissant d'un traité de conservation des matériaux manuscrits, je les aurais.

Forme de ce traité.

Mais quelle forme lui donner? celle d'une petite diplomatique? Examinons bien. Voilà d'abord les longues lithographies des abécédaires, de l'écriture mérovingienne, carlovingienne, lombarde, byzantine, des abécédaires des différents âges; voilà des *fac simile*, des abréviations, des ligatures et de leurs variations. O que d'abécédaires, que d'étranges caractères, d'étranges signes! Personne, excepté le savant qui n'en a pas besoin, n'ose s'attaquer à mon traité; on l'ouvre, on le ferme, on le pose et les manuscrits continuent à périr. On me dira : Il semble cependant que pour trouver, pour sauver des manuscrits, du moins de vieux manuscrits, il faut savoir lire les vieilles écritures, et plus elles sont vieilles, plus elles sont difficiles. Réponse. Non certes : celles du XIIIe siècle sont plus faciles que celles du XIVe; celles du XIVe sont plus faciles que celles du XVe; celles du XVe que celles du XVIe, qui sont les plus difficiles; d'ailleurs tout le monde, sans exception, en essayant de lire, en lisant, apprendra à lire; d'ailleurs encore, tout le monde sera à portée d'un notaire, d'un greffier, d'un instituteur ou d'autres personnes qui par état connaissent les éléments de la paléographie. Mais quelle autre meilleure forme y a-t-il donc à donner à ce traité? Il y a, suivnat moi, celle d'une série de manuscrits de tous les genres, dont les comparaisons soient faciles avec d'autres manuscrits analogues, dont les valeurs pécuniaires, consciencieusement fixées et destinées à devenir normales pour le commerce bibliographique, soient pour ainsi dire brillantes, sonnantes, toutes comptées le long des marges, à côté de leur analyse, de leur appréciation littéraire, et souvent de l'histoire de leur découverte, ou des observations, des renseignements, des conseils de l'auteur. Alors chacun regardera attentivement les parchemins avant de les livrer au relieur, au batteur d'or, au fabricant; les vieux papiers, avant d'en envelopper du sucre ou du beurre. Alors, de toute part, on découvrira des monuments; on annoncera qu'on en a découvert; on les sauvera. Un moment! je crois entendre, et véritablement on me dit: Cette série de manuscrits avec leur prix sera un catalogue sous forme de traité, un traité sous forme de catalogue? Oh! vous, répondrai-je, cherchez vous-même une autre forme. Prenez toutefois garde que celle d'un traité en préceptes ennuie par sa sécheresse, par son aridité. Pour moi j'en ai cherché bien long-temps une autre; je n'en ai pas trouvé de meilleure, et celle-là est bien bonne.

Application de ce traité.

Il serait long, et sans doute inutile, de mentionner combien est grand le nombre de lieux et d'occasions où l'on peut trouver des manuscrits; combien plus grand encore est le nombre de personnes qui peuvent en trouver.

Je suppose que plusieurs milliers de ce traité circulent, depuis quelque temps, dans les mains du public, et que, sur les différents points de la France, il se soit formé un savant petit peuple de chercheurs. Quels manuscrits d'abord trouveront-ils? quel parti en tireront-ils? ou bien quels manuscrits allons-nous d'abord leur faire trouver? quel parti allons-nous d'abord leur en faire tirer?

S'il s'agit d'anciens manuscrits, ce doit naturellement être des manuscrits d'église ; et naturellement ce doit être une des règles des moines, qui étaient si multipliées. Voici donc que le jeune ou vieux chercheur retire de dessous un tas de parchemins un assez petit volume qu'il secoue, et en tête duquel il lit ou on lui lit : *Regula divi Bazilii* ; l'écriture en est du VIIIe siècle. Il n'a pas besoin de demander : Que vaut-elle ? Qu'il aille, si de lui-même il n'est allé, aux premières pages du chapitre X, où il trouvera qu'elle vaut, suivant son épaisseur, cent cinquante, deux cents, trois cents francs. Le chercheur n'est pas riche ; il a besoin de vendre ce manuscrit pour en acheter d'autres. — Où le portera-t-il ? Aux bibliothèques ! Je suis sûr que dans les provinces elles manquent des manuscrits de ces âges ; et décemment il leur en faut, comme aux dames il faut des dentelles, bien qu'elles ne soient pas absolument nécessaires à leur vêtement. Mais les bibliothèques de province qui n'ont pas de manuscrits du VIIIe siècle en achèteront-elles ?—Je suis sûr que les dames achèteront des dentelles et voilà tout. Cependant, comptez que de manière ou d'autre, dans un temps ou dans un autre, les manuscrits du VIIIe siècle se vendent. Que ferons-nous maintenant trouver aux chercheurs ?—Des comptes de céleriers, de chambriers, de receveurs d'évêchés, de revenus de la crosse, de revenus de chapitres, des revenus de la mense, de la sacristie, tous excellents manuscrits pour l'ancienne histoire de plusieurs parties de l'ordre social ?—Soit ! et qu'aussitôt ils aillent aux pages suivantes du même chapitre; ils connaîtront et la valeur pécuniaire et la valeur littéraire. Tout le monde le sait; les cartulaires ne sont pas communs; bientôt il n'y en aura guère qu'à la bibliothèque du roi et aux archives du royaume où on les accueille bien, où on ne les paie pas mal. Cependant faisons-en trouver un à un chercheur pauvre. Il verra, même chapitre et chapitre dernier, ce que son cartulaire peut être et peut valoir. Faisons-lui trouver des martyrologes, des obituaires, et qu'il revienne au chapitre X. Il trouve des comptes de villes, de provinces; excellent! excellent! qu'il revienne au dernier chapitre. Ce ne sont que des fragments! Eh bien, ce sont des morceaux de coupes, de vases d'or, des morceaux fort bons. *Sensuit le grand voyer, avec la manhière de faire chemins royaulx, viscontaux, sentes, sentiers, l'espèce, le chois des matériaux pour lesdicts chemins, le tout à l'usaige des maistres des œuvres.* Je fais hardiment ce titre, car je suis sûr qu'un manuscrit analogue existe ou a dû exister. Vous venez, mon jeune ami, de le retirer, couvert en bois ou en cuir noir, du fond d'un vieux coffre où il gisait dans un long et antique sommeil. Allez au chapitre V; votre découverte est inappréciable. Présentez-vous à une grande bibliothèque; dites au bibliothécaire qu'il n'a rien de pareil ni d'analogue; je suis là, derrière vous, pour le lui soutenir. Vraiment nous manquons de documents pour l'histoire de nos chemins, des premiers moyens de notre civilisation et de toute civilisation. *Comme on saulte, on balle, on fait ballés.* Monsieur! vous avez trouvé là un joli trésor historique. Nous pouvons faire l'histoire de l'Opéra; nous ne pouvons avant Toinot Arbaut, avant la fin du XVIe siècle, faire l'histoire de nos danses, de nos ballets; votre manuscrit a une grande valeur; consultez le chapitre III. — Mais il n'y a pas de manuscrits de danse. — Donc ces manuscrits sont très rares; donc ils ont une grande valeur. *Inventoire des biens d feu maistre Bourdichon, painctre du roy.* Vous y trouvez ses tableaux, ses tableaux commencés; bon manuscrit! voyez le même chapitre. *Journées des tailleurs d'imaiges de l'hostel Saint-Pol;* bon, très bon manuscrit pour l'histoire de la sculpture! c'est de l'argent, de l'or que vous tenez dans votre main; voyez encore le même chapitre. J'aperçois devant moi un vieil homme, lunettes sur le nez, qui s'impatiente vis-à-vis de grandes brassées de parchemins: Il n'y a là, dit-il, que des comptes, des quittances de rente sur l'ancien hôtel-de-ville de Paris; et il les jette, et il s'en va. Je l'arrête; je lui dis: Je passerais cela à un jeune homme. Monsieur! vous jetez les meilleurs éléments de l'histoire de notre dette publique. Si vous avez fait à mon *Traité* l'honneur de le lire, revenez au chapitre XII.

Presque à ce même instant, je me vois entouré de chercheurs, de trouveurs qui me crient derrière, devant, à droite, à gauche: Monsieur! monsieur! voici un manuscrit relatif aux hôpitaux!—Excellent!—Relatif aux prisons!—Excellent!—Relatif à l'agriculture!—Excellent!—Aux arts mécaniques!—Excellent!—A l'art militaire! à la noblesse! aux écoles! à la marine! au commerce! à la représentation nationale! aux mines! aux douanes! au gouvernement! aux corporations! aux confréries! Ce manuscrit est-il utile? vaut-il quelque chose? combien vaut-il? Je réponds à tous par ce peu de mots: Messieurs, lisez le *Traité des matériaux manuscrits de divers genres d'histoire*; vous ne trouverez pas de manuscrits, il n'existe pas de manuscrits que, par leurs pareils ou leurs analogues qui sont dans ce traité, vous ne puissiez apprécier, soit littérairement, soit pécuniairement.)

Conservation des manuscrits.

Tout le monde sait, ainsi ne croyez-pas que je dise ici qu'il importe de tenir dans un lieu sec les livres manuscrits, bien plus indispensablement que les livres imprimés; qu'il importe aussi de bien les étiqueter sur le dos et sur les plats, en or, en argent ou de quelque autre manière indélébile, car grand nombre de gens ne connaissent guère les manuscrits que par les couvertures; qu'il importe encore d'entrelarder les feuilles de parchemin avec des feuilles de papier sur lesquelles seront transcrits les passages les plus essentiels du manuscrit, comme je l'ai fait à tous mes manuscrits, comme le feront probablement les bibliothèques publiques, soit pour conserver les manuscrits, soit pour en rendre les documents accessibles indistinctement à tout le monde. Ne croyez pas non plus que je répète ce que dans plusieurs endroits de ce traité je dis sur les assemblages de petites chartes en volumes, sur les volumes à dos peints, sur les reliures à plats faits avec un emporte-pièce ; mais je répéterai, je répéterai mille fois, et je ne répéterai pas sans doute assez ce que je dis dans plusieurs pages de ce traité, et notamment à la dernière, que d'une totale et universelle révolution dans l'opinion qu'on a sur les matériaux de notre histoire, que de l'adoption de mes doctrines (1) sur les éléments qui doivent la composer, et qui sont les diverses parties de la société, les diverses parties de l'ordre social, les divers états, dépend la conservation des manuscrits de tous genres. Ah ! que ces doc-

(1) A la tête de ceux qui s'efforcent de les populariser s'est montré M. Jules Janin ; son coup d'œil vaste a dû les lui faire adopter, et son esprit vigoureux les lui faire proclamer : quant à moi, s'il m'eût été donné de leur choisir un défenseur, un avocat, un patron, j'aurais choisi un écrivain dont les travaux habituels, les ouvrages fussent tels que dans son jugement il se trouvât désintéressé, un écrivain dont la brillante et intarissable plume s'offrît chaque jour aux plaisirs littéraires de la nation, dont la belle et forte jeunesse permît d'espérer qu'après avoir vu s'éteindre autour de lui plusieurs générations, il pût aller parler, sans contradicteurs, au xxe siècle, de la nouvelle, de la seule vraie histoire nationale. Bien sûrement mon successeur qui fera, dans quatre-vingts ans d'ici, l'histoire des divers états au xixe siècle, ou l'histoire de France comprenant les diverses parties de l'ordre social, lui réservera, dans le chapitre de ceux qui les premiers ont pris parti pour la nouvelle science historique, un large, un haut espace ; et moi-même je puis déjà aujourd'hui exprimer toute ma reconnaissance dans le feuilleton de cette page.

La poste vient, à l'instant, de m'apporter la feuille d'un célèbre

trines deviennent populaires, et tous les manuscrits sont conservés; qu'elles soient contestées, niées, rejetées, et tous, du moins presque tous les manuscrits continuent à périr, périssent. Et il est malheureusement à craindre qu'en attendant que ces doctrines soient adoptées, consacrées par le temps, et elles le seront, ce qui est aussi sûr que la marche progressive de la raison dans la société, ou le cours progressif du soleil dans son orbite, il est, dis-je, à craindre qu'en attendant, ces précieux matériaux soient perdus, anéantis. Entendez-moi, hommes instruits! hommes riches, amis des sciences! et vous surtout princes, rois, chefs du gouvernement, ministres, vous tous, hauts ordonnateurs de la fortune publique, entendez-moi, ou par vos oreilles ou par celles des gens de lettres qui vous approchent. Eh! pourquoi n'oserais-je pas m'adresser à vous, quand je parle de vos intérêts terrestres les plus durables? Dans cent ans il ne restera de votre vie actuelle que la mémoire de votre nom, la mémoire de ce que vous aurez fait dans les diverses

journal où je vois qu'un autre Jules, M. Jules Pouilh, revendiquant pour la France et pour un historien français l'honneur d'avoir donné la première histoire nationale, honneur si sottement et si ridiculement attribué, aussi bien parmi nous que parmi les étrangers, au romancier Walter Scott, fait au midi ce que M. Jules Janin fait au nord. Je crois savoir que le Jules du midi, dont l'érudition et les talents sont si connus, est fort ressemblant d'âge avec le Jules du nord. Je ne puis qu'être certain qu'ils le sont d'opinion, ainsi que de force de cœur et d'esprit pour la soutenir. Des hommes pareils qui devancent, qui ont le courage de devancer leurs contemporains, sont toujours très rares, et c'est maintenant beaucoup que la France littéraire en ait au moins deux.

parties de la société, pourvu que dans l'histoire du pays vous n'effaciez pas les divers chapitres de ces parties, les divers titres de ces chapitres.

Exposition des manuscrits.

Que ne voudrais-je pas pour la conservation des plus précieux matériaux de l'histoire, pour la conservation des matériaux manuscrits ! Je voudrais que tous les ans, au beau mois de mai, au dimanche le plus près de la fête de Saint-Jean-Porte-latine, on fît dans une salle de la mairie une exposition des manuscrits trouvés pendant l'année. Ces manuscrits, dressés, rangés sur une ligne, seraient couronnés ou de chêne ou de laurier suivant qu'ils appartiendraient ou n'appartiendraient pas à l'histoire de la ville. Ils porteraient, au-dessous du nom du trouvaire ou troubadour, en donnant à ce mot son premier sens naturel, le court sommaire de ce qu'ils contiendraient.

Vente publique des manuscrits.

Mais les trouvaires ou troubadours ne vivent pas seulement de gloire, de feuilles de chêne, de laurier; plusieurs d'entre eux auraient besoin de vendre les manuscrits découverts. Je voudrais donc encore qu'on fît pour eux une vente publique de leurs manuscrits, et que cette vente fût annoncée et par des catalogues et par les journaux du département. Les enchères auraient lieu de même un jour de dimanche, qui deviendrait un jour de récompenses publiques;

car, n'en doutez-pas, il s'y rendrait spontanément, outre les libraires agents des ministres qui, n'en doutez pas non plus, feraient souvent acheter des manuscrits pour en favoriser les recherches, les hauts magistrats, les riches hommes de lettres, les riches hommes patriotes. Que d'argent compté je vois! que de manuscrits trouvés l'année suivante! Ne riez pas, lecteur grave; je suis aussi grave que vous. Réfléchissez plutôt, et convenez que ceux qui ont de l'argent et ceux qui n'en ont pas, l'emploient souvent ou le gagnent souvent plus mal.

Classification des manuscrits.

Les manuscrits sont trouvés; ils sont vendus ou non vendus, il faut les classifier. On me fait cent questions; je suis encore entouré de cent personnes qui tiennent à la main des manuscrits qu'elles ont nouvellement découverts ou achetés, qui me demandent comment les classifier. Je leur réponds encore en peu de mots, et je les satisfais : Classifiez vos manuscrits comme j'ai classifié ceux de ce traité. Vous n'en avez guère trouvé ou acheté aucun qui n'y ait son analogue.

Ces jours derniers j'ai eu l'occasion de voir le possesseur d'une grande bibliothèque, qui va, m'a-t-il dit, la faire ainsi disposer.

J'ai dans le temps ainsi disposé celle de l'école militaire de Saint-Cyr. Tous les bibliothécaires devraient ainsi disposer les leurs; car ils verraient d'un coup d'œil ce que, pour l'histoire des diverses parties de l'ordre social, ils ont, ce qu'ils n'ont pas, ce dont ils manquent. Et aussitôt que cette disposition, qui n'est pas arbitraire, comme celle que la routine suit, mais qui est immuablement fondée sur la constitution de la société, sera suivie, la valeur de certains livres, de certains manuscrits, aujourd'hui dédaignés, doublera, triplera, décuplera, centuplera.

Je remarquerai encore qu'au-dessus des tablettes de livres ou de manuscrits, disposés de cette manière, il est bon d'écrire en grosses lettres sur des étiquettes collées à des planchettes rondes : *Agriculture, agriculteurs* ; *Arts mécaniques, artisans* ; *Beaux-Arts, artistes* ; *Art militaire, gens de guerre* ; et de même des autres divisions. Alors la bibliothèque est comme changée en un petit temple de sciences ; chacune semble vous parler, se présenter, s'offrir à vous.

Personnes auxquelles ce traité serait utile.

Le nombre en est bien grand, puisqu'il est indistinctement à l'usage de tout le monde, puisque tout le monde y trouvera les moyens de conserver, d'accroître les matériaux de l'histoire de son état, et que, sous ce rapport, tout le monde en a besoin. Cependant il est des personnes qui en ont plus besoin que les autres ; ce sont d'abord celles qui veulent travailler à l'histoire de leur village; ce sont ensuite ceux qui veulent travailler à l'histoire de leur ville qui, ainsi que celle des villages, doit être faite par association d'hommes de divers états. Ce sont encore les personnes qui veulent travailler à l'histoire de leur métier, de leur profession. Ce sont surtout les gens de lettres. Ce sont avant tout les bibliothécaires, les archivistes, les greffiers-archivistes, les professeurs, les instituteurs, ces instituteurs nouveaux enfans, nés de la loi Guizot, remplis de persévérance, d'ardeur, sur les recherches desquels je compte le plus pour les découvertes des monuments écrits; et ce sont, toutefois, ces diverses personnes qui, jusqu'ici, ont acheté le moins d'exemplaires de ce traité, non par dédain pour la science, mais par défaut d'argent disponible. Eh bien! Je vais établir des dépôts, un dans chacune des principales villes de France, où tous ceux qui se diront bibliothécaires, archivistes, greffiers-archivistes, professeurs, instituteurs, hommes de lettres ou cultivant les lettres; et, réflexion faite, j'y ajoute étudiants, obtiendront une remise de neuf francs sur quinze. Sans doute j'y perdrai, mais la science y gagnera; les manuscrits seront conservés.

Traducteurs de ce traité.

Dans ma sollicitude pour la conservation des manuscrits, non-seulement en France, mais dans les autres parties de l'Europe, je me propose d'offrir un exemplaire de ce traité aux sociétés savantes, aux grandes bibliothèques de tous les pays. Si, comme c'est vraisemblable, on juge cet ouvrage utile ; si, comme c'est possible, on le traduit, je conseille aux traducteurs de prendre de grandes libertés avec l'original ; et, tout en ne touchant pas aux enseignemens, aux divisions, aux formes, de changer un plus ou moins grand nombre de manuscrits français en manuscrits de leur nation. Je leur conseille aussi de mettre au plus bas prix qu'ils pourront leur traité traduit, de se contenter du grand profit qu'en retireront les lettres.

Récompense des traducteurs.

Si d'ailleurs j'en juge par moi, ils auront plusieurs dédommagements; ils auront d'honorables souscriptions entr'autres celles de l'intendant général de la liste civile; ils auront l'espoir de plus en plus fondé que d'autres personnages imiteront cet exemple. Sous la forme polie et délicate d'un achat ils recevront un riche don, de la munificence de la plus ancienne académie (1). Ils au-

(1) L'Académie française a fait acheter cent exemplaires du *Traité des matériaux manuscrits de divers genres d'histoire*, non pas au prix de onze francs, comme ils étaient vendus lorsqu'on en prenait un certain nombre ; mais au prix de vingt francs. Elle a eu la bonté de me faire compter, sans autre délai, deux mille francs par son trésorier. Même aujourd'hui les Mécènes ne sont pas absolument très rares ; mais, dans l'histoire des lettres, où trouve-t-on des compagnies de Mécènes? Quand, enfin, après une longue suite de temps il y en a une, ses dons doivent être reçus et regardés comme d'honorables prix littéraires privativement accordés ; et qui que ce soit, sans exception, doit, au lieu de garder un ingrat silence, s'en honorer hautement, s'en glorifier.

ront les encouragements, les suffrages et les vœux unanimes de tous les gens de lettres de la presse quotidienne et périodique. Ils auront ceux des représentants des puissances étrangères et notamment ceux de l'ambassadeur du roi Othon qui, par la noblesse de son cœur, par la variété de ses connaissances, par sa politesse vraiment attique, représente l'ancienne aussi bien que la nouvelle Grèce. Je n'ai pas fini; ils auront un plus grand dédommagement qui sera la voix de leur conscience, le témoignage perpétuel qu'en portant chez leur nation l'institution des musées des arts mécaniques des anciens âges, en y portant le goût de la recherche et de la conservation des manuscrits, en y portant surtout l'histoire des familles, l'histoire des villages, l'histoire des villes ou du moins l'histoire des divers états des habitants des villes, ils ont après tant de barbares, de sanglants, de désastreux, de malheureux siècles, beaucoup fait pour l'instruction, le calme, le bonheur du nôtre.

TRAITÉ
DE
MATÉRIAUX MANUSCRITS
DE DIVERS GENRES D'HISTOIRE.

CHAPITRE PREMIER.

HISTOIRE DE L'AGRICULTURE ET DES AGRICULTEURS.

Les manuscrits concernant l'histoire de l'état et de la condition des terres, de l'état et du sort des laboureurs, doivent sans contredit, du moins sans contredit raisonnable, être regardés, relativement à l'histoire de France, comme très utiles, très importants, très nécessaires. Eh bien! attendez-vous que, dans les ventes bibliographiques, ils seront regardés comme inutiles ou comme très peu importants, très peu nécessaires. Depuis la première édition de ce traité j'en ai fait l'expérience. Aujourd'hui, les manuscrits les plus recherchés sont ceux à images, à miniatures; on les couvre d'argent ou d'or. Cela vient de ce que nos mœurs littéraires historiques ne sont pas encore formées. Mais quand la voix de la nouvelle école de l'histoire nationale aura percé à travers les vieilles habitudes de notre langue; quand on cessera d'appeler histoire de France ce qui n'en est qu'une partie; quand les académies auront, ainsi qu'elles en ont été instamment priées, examiné devant le public, en quoi consiste l'histoire d'une nation; quand elles auront nettement dit si elle n'est pas ou si elle est, et pourquoi elle n'est pas ou pourquoi elle est composée de toutes les parties de son ordre social; quand elles auront prononcé affirmativement: et aussi quand les lecteurs recevront ces histoires nationales des temps anciens, qui seront dénuées de preuves, de notes, comme des romans dont les faits ont pu être altérés, même inventés, alors les manuscrits relatifs à cette respectable partie de l'histoire, à l'agriculture, deviendront fort chers, car ils sont fort rares.

Comptes des revenus de dix terres situées dans l'Artois, dont le plus ancien est de l'année 1292, *et le moins ancien de l'année* 1346, manuscrits orig., parch. Un vol. in-fol., bas., rac. verte, dent.

Ces comptes vous parlent des semailles, de la mesure des terres semées; des labours, des moissons; du battage, des journées des batteurs; de la conservation des grains, de la journée des remueurs; du fauchage, des espendeuses d'herbe; des labours, de la taille des vignes, des gardes des vignes, des journées des vendangeurs; de la culture des jardins, de la vente de leur produit; de la culture des cressonnières, de la vente de leur produit; du prix des gerbes, des grains, des bottes de paille; du prix du vin, du foin; de la ferme des prés, de la ferme des herbages par chaque bête à laine; du prix des moutons, des porcs, des bœufs, des vaches, de toute sorte de bestiaux; du salaire des bergers, vachers, porchers; du prix de toute sorte de volaille; de la construction et prix de construction des bergeries, des porcheries, des étables; du prix des fers de chevaux, du prix des charrettes, ferrures des charrettes et autres ferrures; du prix du vif-argent et autres remèdes pour les blanques bestes; des garennes, du prix des lapins et des filets pour les prendre, des journées des preneurs de lapins; des étangs, empoissonnements, pêches, frais, produits des pêches. Qu'on ne croie pas toutefois que dans ces comptes féodaux ces documents soient rangés suivant un système agricole; mais je puis assurer que tous y sont, ainsi que beaucoup d'autres de ce genre qu'on y démêle et qu'on y recueille épars çà et là, sans ordre. Les garennes et le prix des lapins y touchent au prix des fourches patibulaires, pour pendre les voleurs de lapins; à la bonne heure, s'entend à la bonne heure pour l'ordre des matières : au pannetier, monseigneur d'Alenchon, pour chou qu'il refusoit le blé à vendre x sols; à la bonne heure encore, car cet article touche à celui des grains; mais vous trouvez l'article Coupe des légumes, des fèves, à côté des œuvres de carpenterie, et les œuvres de carpenterie à côté de la fachon des candelles de buef, de l'achat de figues, de raisins, de harangs du karesme, le rappareillage des maréchaussées et des rasteliers à côté de la rente à vie de Jéhan Calot, nain de Madame.

Comptes de la vente et de l'exploitation des bois de la chatellenie de Domfront, années 1296 et 1299, manuscrits originaux consistant en deux rouleaux, dont l'un tire seize pieds et l'autre douze; ils sont l'un et l'autre renfermés dans un étui.

Les documents sur l'ancienne exploitation des forêts sont si rares, que j'ai fait du verso où est écrit celle des bois de Domfront le recto. On y voit des colonnes de noms, chacun portant à côté le prix des lots de bois vendus deux, quatre deniers, trois, quatre, cinq sous. On y lit : A Robert Barat, une « souche (arbre avec ses racines), V sols; à Robert « Senin, deux bûches (tiges d'arbre), V sols; à « Colin Esone, un érable, II sols; à Jehan Tarin, « deux bûches de chesne, V sols. » J'ajouterai que l'ancien recto de ce rouleau n'est pas, il s'en faut, étranger à l'agriculture : il s'y agit de blé, de volaille, de franchises, de bourgeoisies, de dîmes, de moulins, de merrain et d'autres semblables objets.

Compte de la vente et de l'exploitation des bois de la baillie d'Espreleke, année 1299. Un vol. in-fol., basane, racine rouge, dentelles.

Parmi les divers articles de ce compte, dont un grand nombre appartiennent aussi à l'agriculture, je n'ai considéré que ceux de la vente et de l'exploitation des bois, « vente de la mesure de boz, IV livres « la mesure... le cent de fagots, VIII sols... » N'est-on pas bien aise de trouver ici l'aménagement et le prix des bois avant Louis-le-Hutin?

Boite contenant trente-cinq mémoires ou dossiers concernant l'arpentage, la plantation de plusieurs forêts royales, le labour, l'écorcement des arbres, la rareté du bois, le produit des bois du domaine.

Ces manuscrits sont du milieu du dix-huitième siècle. Il serait trop long d'en faire l'analyse. Il suffira de dire qu'ils sont probablement sortis des cartons de l'administration pendant les grandes secousses révolutionnaires.

Portefeuille contenant vingt-deux pièces originales relatives à l'agriculture, depuis l'année 1209 *jusqu'à l'année* 1780.

Vous qui voulez écrire sur l'agriculture, ramassez comme j'ai ramassé tous les documents qui peuvent en faire partie. Je n'ai pas rejeté une transaction du commencement du treizième siècle sur des droits de pâturage et de parcours, ni une quittance de 1377, concernant des frais de mesurage et remuage des grains, ni même un acte de l'an 1400, écrit en allemand, ayant pour titre, *Descriptio agrorum in Ostendorf.* Surtout ne rejetez pas, je n'ai pas rejeté les anciens, les nouveaux baux à ferme, soit à terme, soit à vie. Vous y verrez les rapports mutuels des propriétaires et des fermiers; vous y verrez les anciennes et les nouvelles rotations des récoltes.

Arrentement de quatre cents arpents de terres vagues, fait par le chapitre de Saint-Martin de Tours, à Dalloneau et Launai, marchands, année 1568, manuscrit original sur parchemin. Un volume in-fol. cartonné.

On ne se douterait pas combien ce manuscrit est précieux pour l'histoire de l'agriculture. Il fixe, dans des temps déjà éloignés, la rente ou revenu de la terre au centre de la France. C'était quatre deniers de cens et un setier de seigle par arpent. Les procès-verbaux latins du chapitre par leurs solennelles et antiques formes contrastent avec la simplicité et la brièveté des procès-verbaux français de l'arpenteur.

État général des sous-baux des domaines seigneuriaux, des domaines ruraux, des dixmaires, des forêts avec leurs plans coloriés, des projets d'améliorations des terres vaines et vagues du

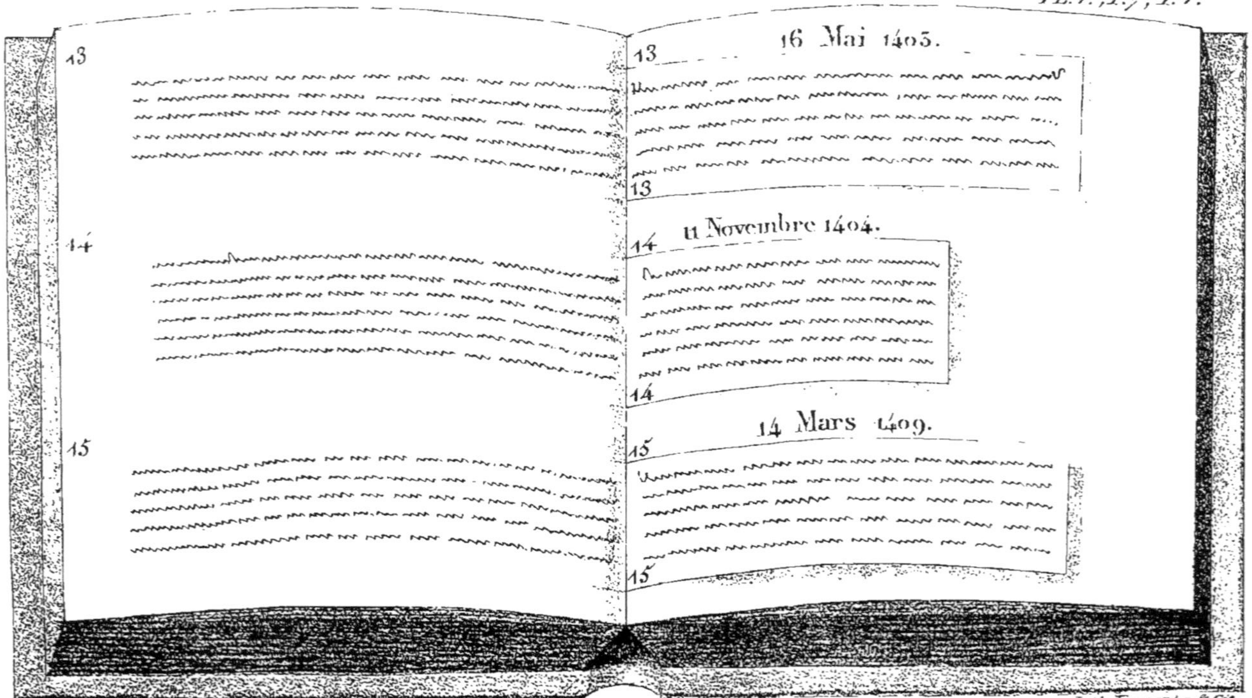

Fred. de Fontannois del.

Lith. Formentin & Cie

Représentation d'un manuscrit, formé de petites chartes cousues à des feuillets de papier.

duché de Châteauroux, manuscrit du dix-huitième siècle. Un vol. grand in-fol., basane verte bronzée.

C'est un grand, vaste et instructif tableau agricole.

Recueil de cinquante-six états ou pièces originales concernant le prix des denrées, des marchandises, du travail aux XIIIe, XIVe, XVe, XVIe et XVIIe *siècles*. Un vol. in-fol., mar. vert, dentelles.

Ce précieux, rare et, je crois, unique recueil, n'est pas destiné à une curiosité puérile; il est destiné aux méditations des agronomes économistes qui, dans les variations des prix, verront les anciens besoins plus ou moins lentement satisfaits par les plus ou moins lents progrès de l'agriculture. Ce manuscrit, ou un pareil manuscrit, eût bien profité à Dupré de Saint-Maur, auteur de l'*Essai sur les monnoies*.

Enqueste sur une servitude foncière faite par monseigneur le juge du village d'Engeac, manuscrit original de l'an 1498. Un vol. in-fol, basane, racine rouge, filets.

On y voit toutes les différentes manières dont on exerçait alors le droit de propriété des terres labourables.

Enqueste faite par commissaires sur la possession de la forest de Marauge, manuscrit original de l'an 1482. Un vol. in-fol., bas. verte, filets.

On y voit toutes les différentes manières dont on exerçait alors les droits de propriété des forêts.

Accord entre les habitans de Chevannes et la dame Lebossu, relatif aux pâturages du bois de Lahaie, année 1532, rouleau en parchemin de six pieds de long sur deux de large, renfermé dans un portefeuille.

Au village de Chevannes comme dans presque tous les villages, la forêt appartenait au seigneur; mais à Chevannes comme ailleurs, les villages avaient droit d'y faire pâturer leurs bestiaux; et à Chevannes comme ailleurs il s'élevait des différends sur ce droit; et à Chevannes comme ailleurs on plaidait, et comme ailleurs on finissait quelquefois par s'accorder. Ici, l'accord entre la dame de la terre et les habitants occupe tout ce grand rouleau. Il offre bien des détails agricoles, entre autres sur le nombre d'années réglées, soit pour la coupe des arbres, soit pour les diverses espèces de bestiaux qu'on pouvait successivement amener.

Lettres originales relatives à la famine de l'année 1709, *au nombre de quarante.* Un vol. in-fol., basane, racine jaune, dentelles d'argent.

Lorsqu'en France il y a eu la famine, toujours

elle a commencé par la Provence, et elle y a toujours été plus cruelle qu'ailleurs; aussi est-ce de la famine de la Provence qu'il s'agit dans cette correspondance entre les chefs de l'administration de l'état et le chef de l'administration de cette province. Qui ne sait que depuis 1709 on n'a pas éprouvé de si grands froids que ceux de cette année? On voit par plusieurs de ces lettres, et notamment par celles du régent, alors duc d'Orléans, datée de Madrid, que l'hiver avait été par toute l'Europe plus ou moins désastreux. Les vignes, les oliviers, les orangers, les grenadiers, tous les arbres qui n'étaient pas indigènes, gelèrent dans la Provence; il en fut de même de la plus grande partie des semailles. Le gouvernement s'était empressé de faire venir des blés des provinces voisines, le Languedoc, la Guienne, et des états voisins, les Échelles, l'Égypte, la Barbarie. Le prince de Monaco en avait aussi fait venir de l'Italie; l'abbé de Bussy avait offert d'en faire venir de la Dalmatie. De riches ecclésiastiques avaient ouvert leurs greniers, et le vice-légat avait permis l'exportation du blé hors du comtat. Les lettres de tous ces personnages ainsi que celles de Lamoignon Baville, ce fameux intendant du Languedoc, qui se trouvent dans ce recueil, en font mention; et cependant, dès le mois de mars et d'avril le blé manqua. Plusieurs de ces lettres portent aussi qu'on craignait que le peuple n'eût pas même la ressource de l'herbe pour se nourrir. Il y eut des garnisons auxquelles il fut distribué du riz à la place de pain. Le ministre Desmaretz ordonna une secrète recherche des accapareurs ; ce qui n'empêcha pas que les ports, les places, les marchés fussent troublés par de fréquentes émeutes. Enfin, les tartanes arrivèrent en grand nombre et débarquèrent d'immenses quantités de blé qui apaisèrent les émeutes tout aussi vite que, révérence parlant, dans une cour de ferme les poignées de grains que jette la ménagère apaisent les combats, remettent la paix et l'ordre parmi la volaille. On lit dans deux lettres de Desmaretz, 26 mars et 1er avril de cette même année, que les cultivateurs se hâtaient trop de ressemer les champs sans avoir suffisamment reconnu que le blé semé avant l'hiver avait gelé. La botanique n'avait pas encore introduit en France la culture des pommes de terre : des milliers d'hommes périrent.

Arrêt du conseil du roi relatif au défrichement du bois l'Abbé, année 1750, manuscrit en parchemin, format petit in-folio, cartonné.

Parmi les gens d'église, il y avait d'habiles agriculteurs ; tel était Odet de Géry, abbé de Troern. Il demande au roi et il obtient la permission de vendre une partie des bois de son abbaye pour construire des bâtimens nécessaires à l'exploitation des terres en friche qu'il voulait rendre à la culture; les détails relatifs à son projet sont à lire.

Census ecclesie trecensis, anni 1292, manuscrit original sur vélin. Un vol. in-fol., basane verte, filets.

Mais que peut avoir de commun ce manuscrit avec l'agriculture?

Roles en parchemin des fouages de la paroisse Saint-Benoît, année 1389; *de la paroisse de Saint-Michel-de-Preaux, année* 1401; *de la paroisse de Pierre-Figue, année* 1501, renfermés dans un portefeuille.

Et celui-là?

Roles des sommes à payer par plusieurs habitants du Languedoc pour rendre leurs terres franches de tailles, années 1696 *et* 1697, manuscrits originaux. Un vol. in-fol., cartonné.

Et celui-là?

Ce sont les cens, receus en la ville de Blanc-mesnil pour noble homme sire Jéhan Trotet, seigneur du dict lieu aux octaves Sainct-Denis, l'an 1470, manuscrit du temps. Un vol. in-4°, cartonné.

Et celui-là?

C'est la déclaration des cens deubz à Compans au jour de Sainct-Denis, manuscrit original de l'année 1478. Un vol. in-fol. cartonné.

Et celui-là ?

Role et réformation des rentes de la seigneurie de Laurière, année 1498, manuscrit sur vélin. Un vol. in-fol., basane, racine verte.

Et celui-là ?

Terrier de la seigneurie de Boutervillier, manuscrit sur vélin, année 1672. Un vol. in-fol., basane, racine rouge, dentelles.

Et celui-là ?

Il vous tarde que je donne une explication ; la voici :

Je suppose que je suis propriétaire de cinquante arpents, et puisqu'il ne m'en coûte ni plus ni moins. mettons de cent arpents dans la belle plaine de Saint-Denis, ou dans quelque autre belle plaine. Un matin, en me promenant autour de mes champs et de mes prés, je viens à penser que ces terres paient au trésor public la contribution du cinquième, du sixième de leur produit. Mon imagination ne s'arrêtant pas là, je me demande si telle a toujours été la condition de la possession des terres. J'ouvre mes livres dits

Histoire de France; je cherche l'histoire de l'agriculture, l'histoire des terres: elles n'y sont pas. Le hasard, à quelque temps de là, fait tomber entre mes mains ces manuscrits qui, ainsi qu'à vous, me paraissent d'abord fort étrangers à l'agriculture; mais en les examinant, je vois bientôt que le premier est un antique censier du temps où le cens était, suivant les capitulaires et les anciennes ordonnances de nos rois, le tribut des terres; et bientôt je me souviens que les grands vassaux, les maîtres des provinces tels que les comtes de Champagne, imposaient le cens; je me souviens aussi que souvent ils en donnaient des parties aux grandes églises, telles que celle de Troyes. Ensuite, et sans faire beaucoup de recherches, je trouve que le fouage, ou impôt par feu, était de même, ainsi que son nom l'annonce, un très ancien impôt territorial. Je fais encore moins de recherches pour apprendre que les tailles établies vers le temps de saint Louis, et dont on s'affranchissait à prix d'argent sous Louis XIV, avaient remplacé, excepté dans la Bretagne, ces anciens impôts des terres, et qu'à la révolution de 1789 elles avaient été elles-mêmes remplacées par la contribution foncière actuelle, et je trouve un rapport sensible entre ces trois premiers manuscrits et l'histoire des anciennes impositions des terres. Enfin, quant aux quatre derniers, ils portent écrit à chaque feuillet qu'outre le propriétaire d'un champ, d'un pré, d'une terre quelconque, il y avait un plus ancien maître qui avait accensé, arrenté le champ, le pré ou autre terre, c'est-à-dire qui l'avait livré sous la condition d'un cens ou rente en blé, en volaille, en argent.

Don des dimes des landes et des patures fait au prieuré de Menelou, charte de l'année 1250.

Accord entre le seigneur de Blancmesnil et le chapitre de Notre-Dame au sujet des dimes de Blancmesnil, charte de l'année 1479.

Bail de la sixième partie des dimes de Connanton, charte de l'année 1552.

Ces trois chartes sont renfermées dans un portefeuille.

Dixmerie de Subligny en Berri, carte originale de la fin du dix-septième siècle, renfermée dans un portefeuille.

Qu'est-ce donc? y avait-il encore une autre condition dans la possession des terres? oui sans doute, car elles étaient assujéties non pas à une, non pas à deux, mais à trois redevances : redevance au fisc sous le nom de cens, de fouages, de tailles; redevance au seigneur sous le nom de rentes seigneuriales; redevance à l'église sous le nom de dîmes. Il faut savoir cela pour savoir l'histoire de l'agriculture; et celui-là seul le sait bien qui remonte aux documents.

Royes de la grande cense d'Essigny, arpentage de ses terres en l'année 1540. Un vol. in-4°, vélin, cartonné.

S'ensuit le cordaige, esgail du fief de Rusay... paroisse de Vienal en Bretaigne, année 1550. Rouleau en parch. de 9 pieds, renfermé dans un étui.

Cordaige et prisaige des terres du fié de Neufville, année 1628, vélin. Un vol. in-fol., basane, racine rouge, dentelles.

Ces trois manuscrits font connaître les mesures géodésiques de différents pays, les divers noms, les diverses cultures, la plus ou moins petite division des possessions territoriales.

Boite contenant onze mémoires du XVIIIe *siècle, relatifs à l'agriculture et notamment aux premières sociétés agricoles et à la première ferme modèle.*

L'utilité historique de ces mémoires n'est pas difficile à voir : leur titre suffit.

J'arrête ici la série des manuscrits de cette première collection dont la mise à prix ne peut être au-dessous de . . . . 600 fr.

CARTES ET DESSINS.

Qu'on cherche, qu'on recueille les manuscrits de ce genre; je ne l'ai peut-être pas assez recommandé dans la première édition. Ces monuments sont importants: ils manquent à un grand nombre de bibliothèques.

Territoire de Roménil sur la Voisne.

Cette carte topographique du commencement du XVIIIe siècle a 5 pieds de long sur 1 de large; elle est renfermée dans un portefeuille . . . . . 6 fr.

Parties de la forêt de Compiègne contenant des plantations ou faites ou à faire, années 1774, 1775, 1776.

Cette carte, en quatre feuilles, lavée et enluminée, est renfermée aussi dans un portefeuille. 10 fr.

Plan des terres et quinconces dépendans du parc d'Etiole près Corbeil.

Ce plan colorié et original du XVIIIe siècle, est renfermé dans un portefeuille. . . . . . . 6 fr.

Possessions territoriales de la commune de Fontenay, près l'école militaire de St.-Cyr. 7 fr.

Cette carte, où les différentes possessions ont été figurées avec le plus grand détail, est faite sur des arpentages de 1786; elle est renf. dans un portef.

Territoire où se trouvent la cote Bastienne, la vallée de Meurget, les Chantillons, situé dans le

Vexin français, avec les divisions des possessions et les noms des possesseurs, année 1789 *circa.* 9 fr.

La carte de ce territoire, renfermée dans un portefeuille, est en deux feuilles atlas; elle ne porte point le nom de la commune; elle n'a sans doute pas été terminée. Je crois que c'est une minute qui a été égarée; et comme elle est sans doute originale et fort précieuse, je désire qu'elle trouve maître.

Arpentage général de tous les bois du duche de Châteauroux, par Legendre arpenteur, manuscrit du XVIIIe *siècle.* Un vol. très grand format, parchemin.

Huit feuilles, la moitié doubles, composent cet atlas; elles ont été coloriées : elles représentent les villages et portent chacune au bas le nombre des arpents de la partie de la forêt qui y est figurée. Elles sont originales et sont signées.

Carte des forêts et bois du duché de Châteauroux, faisant partie de l'apanage du comte d'Artois.

Cette grande et superbe carte enluminée a été copiée par Fricalet, arpenteur de Bourges, quelques années avant la révolution, d'après les originaux de Legendre ci-dessus mentionnés. Elle a 8 pieds de long sur 4 de large.

Plan géométrique des plaines de bruyères entourant les forêts de Vierzon et de Saint-Laurent, année 1778.

C'est un arpentage fait avec le plus grand soin et dont le dessin, d'un pied de haut sur un et demi de large, est très soigneusement, très délicatement tracé et colorié.

Plan de la forêt de Vierzon.

On peut en dire autant de ce plan.

Héritages riverains du cours de l'Indre, depuis la Forge-Haute jusqu'au-dessus d'Ardentes, carte de 4 pieds de long, sur 1 pied de large.

Voilà un vrai panorama des rivages de l'Indre. Rien en ce genre n'est aussi joli, ou du moins plus joli.

Ces quatre cartes sont renfermées dans un portefeuille. L'atlas et les cartes, ensemble. . . 70 fr.

Projet de repeuplement au triage des placereaux, forêt de Fontainebleau, contenant trois cent seize arpents.

Cette carte a deux pieds de long sur un de large; elle offre les divers chemins de cette partie de la forêt jusqu'au mail de Henri IV; elle offre aussi les diverses divisions de la forêt; elle est d'une délicatesse de dessin et de couleur fort remarquable.

Carte de la forêt de Valence, près Fontainebleau, avec les limites de la chasse des officiers des mousquetaires.

Cette petite carte est inappréciable par sa singularité. Elle paraît avoir été cousue à la doublure de l'habit d'un des nombreux gardes de la forêt, qui, lorsqu'il voyait ces jeunes seigneurs poursuivre au-delà de leurs limites un lièvre, une compagnie de perdrix, ne manquait pas de leur dire : « Monsieur le comte! monsieur le marquis! rentrez! ou je vais écrire dans mon procès-verbal que vous tirez sur les plaisirs du roi ; » et aussitôt ces braves mousquetaires, que n'auraient fait reculer ni cent épées, ni cent bouches à feu, se retiraient pacifiquement devant la petite carte.

Ces deux cartes renfermées dans un portefeuille. . . . . 8 fr.

Plan de quatre pièces du bois de Maison-Rouge, en Brie.

Plan de la ferme, cour, bergerie de la ferme de La Tremblai, en Brie, année 1792.

Ces deux plans renfermés dans un portefeuille 8 fr.

Plan des bois de la Maîtrise de Cerilly, en Bourbonnais, renfermé dans un portefeuille. 5 fr.

Plan des bois de la Gruerie de Cosne, renfermé dans un portefeuille. . . . . 5 fr.

Plan du hameau de la Sceauve, en Vélai, par Bonnet; renfermé dans un portefeuille. . . 8 fr.

Dans ce plan, de deux pieds de long sur un pied de large, sont représentés les chemins, les maisons et les possessions.

Plan géométrique du territoire de la commune de Précieux, arrondissement communal de Montbrison, an XI.

Ce plan, enluminé avec le plus grand soin, a 4 pieds de long sur 3 de large.

Autre plan du territoire de la commune de Saint-Genis-Terre-Noire, arrondissement communal de Saint-Étienne en Forez, an XII.

Ce plan, enluminé de même, a 3 pieds de long sur 2 de large.

Ces deux plans renfermés dans un même portefeuille. . . . . 12 fr.

Plan manuscrit de la commune de Chey, arrondissement communal de Melle en Poitou, an XIII.

Ce plan, enluminé de même, a 5 pieds de long sur 3 pieds de large.

Plan manuscrit du territoire de la commune de Prahée, arrondissement de Niort, an XIV.

Ce plan, enluminé de même, a 6 pieds de long sur 4 de large.

Ces deux plans renfermés aussi dans un portefeuille. . . . . 20 fr.

Tous ces plans, faits par des ingénieurs du gouvernement, méritent la plus grande confiance; ils représentent les chemins vicinaux, les divisions territoriales et les différentes cultures.

Les cartes rurales ainsi que les plans ruraux sont donc aussi de bons matériaux de l'histoire de l'agriculture; car lorsque les opérations du cadastre seront terminées, on aura dans les armoires du ministère de l'intérieur, jusqu'au plus petit morceau, la culture, la couleur de toute la terre de France.

Dessin d'une charrue avec ses différentes pièces soit détachées, soit assemblées. . . . . . 5 fr.

Cette charrue, dont le dessin me paraît du temps de Louis XV, a été nouvelle comme les nouvelles charrues actuelles; et peut-être quelque pièce en aurait été adoptée par l'agriculture si elle avait eu les journaux d'aujourd'hui pour la faire connaître. Quoi qu'il en soit, tout n'est point perdu puisque la voilà avec toutes ses notes explicatives. J'ai acheté ce dessin pour avoir occasion de dire qu'il serait à désirer qu'on vît dans les bâtiments du conservatoire des arts et dans les salles des écoles rurales les modèles de toutes les charrues qui ont été en usage depuis les antiques araires grecs, romains, copiés dans les plus antiques monuments de sculpture, jusqu'à la charrue Granger.

EAUX-ET-FORÊTS.

Recueil de soixante-cinq pièces originales, concernant les eaux et forêts, depuis l'année 1304 *jusqu'à l'année* 1791, *renfermées dans un portefeuille*. . . . . 40 fr.

Messieurs les administrateurs et messieurs les officiers forestiers, si vous n'achetez ce riche recueil, un autre l'achètera, et il saura mieux que vous quelle était votre ancienne administration. Peu vous en chaut, n'est-ce pas? aussi bien ne lirez-vous probablement pas ce traité. Je m'adresse donc aux agronomes, et je leur assure que ce recueil fait essentiellement partie de l'histoire de l'agriculture. Là sont en effet et la petite et la grande police des forêts, des rivières, et les droits de tiers et danger, et les droits fiscaux perçus aux ventes des bois sur le prix desquelles les ecclésiastiques de Normandie levaient la dîme, comme ils la levaient sur le produit des amendes. Là sont aussi les arpentages. Là sont les baux à ferme des pâtis, des forêts, des panages, des glandées.

LOUVETERIE.

Carton Loups et Louvetiers, renfermant trente-sept pièces originales. . . . . 20 fr.

On y apprend bien d'abord ce dont beaucoup de gens ne se soucient guère, qu'en 1401 les gages annuels du louvetier de Rhétel étaient d'un muid de blé et de huit livres d'argent; qu'en 1502 ceux du louvetier de la forêt de la Londe étaient de 12 deniers par jour; qu'en 1635 le grand-louvetier de France avait par an 300 livres, plus 1800 livres pour l'entretien de ses piqueurs, de sa meute, plus 150 liv. pour son page; mais en général on veut savoir et on y apprend quelles étaient les primes pour la prise des loups. Au xve siècle, c'était pour un loup 5 sous; pour une louve 10 sous. Les primes ont été les mêmes jusqu'au milieu du xvie siècle.

CHAPITRE II.

HISTOIRE DES ARTS MÉCANIQUES ET DES ARTISANS.

Antiquités perdues, inventions modernes, manuscrit du xviiie siècle, deux tomes petit in-4°, divisés en quatre livres, veau, dentelles. . . 15 fr.

Cet ouvrage est bien loin de répondre à aucun de ses deux titres. Qu'on ne croie cependant pas que les recherches qu'il renferme soient toutes sans utilité pour l'histoire des arts ; on se tromperait beaucoup.

Œuvres et travaux de divers arts faits aux châteaux des comtes d'Artois, manuscrit composé de trente-un comptes originaux des XIIIe et XIVe siècles, qui formaient trente-un rouleaux tirant ensemble 149 pieds, un vol. in-fol. max., bas. viol. 250 fr.

Le nombre des manuscrits très utiles est très petit ; cependant celui-ci doit y être compté. Il offre l'immense variété des arts mécaniques exercés en France à une date de près de six cents ans. Quand on dit tous les arts on entend n'en excepter aucun; j'entends aussi n'en excepter aucun. En effet, ils y sont tous. Il y a les premiers arts inventés par les hommes, ceux de l'agriculture, de la fabrication des instruments d'agriculture, les arts de clore les terres par des fossés, des palis, des murs, les arts de creuser, de construire des puits, des fontaines, des étangs; les arts d'extraire, de fendre, de tailler les pierres, les arts de la maçonnerie, de la charpenterie, de la menuiserie, de la vitrerie, de la plomberie; les arts relatifs au logement, au vêtement, à la nourriture de l'homme, à sa sûreté, à sa défense, à ses agréments, à ses plaisirs ; encore une fois il y a tous les arts.

On veut que je donne quelques détails : au XIIIe siècle la venaison devait être aussi commune qu'aujourd'hui elle est de plus en plus rare. Un article de ce compte porte : « Pour refaire les haies du gardin (jardin) « pour ce que les cerfs et les daims mangioient les « arbrisseaux.... » Dans ces temps les seigneurs aimaient les chevaux comme les aime le lord Seymour; ils avaient les écuries de leurs Rolland, de leurs Fra-Diavolo au-dessous de leurs salons : « Au cellier où l'on « met les grands chevaux... sous la salle.... pour « estre enchainez au premier pillier sur lequel la voûte « se repose... » On couvrait de cuir en poil les portes des châteaux, sans doute pour les préserver des traits enflammés « *Item* a Jehan d'Ampenai qui livra cuir en « poil dont on couvrit la porte du castel. » Je trouve beaucoup d'articles : « clous, serrures de Limoges. » Il se faisait une grande dépense en plaques de plomb. Presque tous les comptes ont un chapitre plomberie : « Premièrement au plombier, pour refaire les « terrases de six tourelles du vieux chastel, oster le « vieux plomb pezant six mille neuf cent trois livres. » Dans ces temps les livres des savants n'étaient pas des in-18 : « Pour couvrir l'estude (le cabinet) de mon-« seigneur l'éveske.... pour faire une roë toute neuve « à mettre livres, XL sols.... » On voit encore dans les églises de ces roues ou pupitres tournants. Rien d'un plus piquant intérêt que *la distribution* intérieure des cours, des bâtiments. Vous parcourez successivement les galeries, les offices, les cuisines, la saulcerie, les garde-robes, les cambres madame, les cambres aux damoiselles, la cambre au miroir; vous êtes successivement mené à la gaiole, volière treillissée, vitrée, dorée, à la gloriette, petite tour dont la sommité percée, peinte, était remplie de représentations d'oiseaux coloriés, perchés sur les branches qu'on engluait pour prendre les vrais oiseaux du dehors; vous remarquez dans ces antiques et vastes appartements les décorations, les tableaux; et, ce qui est à recueillir pour l'histoire des beaux-arts, les tableaux peints à l'huile à la fin du XIIIe siècle. Les dépenses de ces comptes mentionnent aussi des couvents de religieuses, bâtis dans l'enceinte ou tout près des châteaux. Si vous voulez connaître les dimensions de leurs dortoirs, de leurs cuisines, de leurs cheminées, de leurs fourneaux, je puis vous le dire : mais si vous aimez mieux savoir comment était fait le confessionnal du couvent, je puis vous le dire encore. On avait bâti une muraille en bonnes pierres de taille, pour bien faire enrager le diable; et, ce qui le faisait bien plus enrager, on avait grillé de barreaux de fer l'ouverture, la fenêtre où se présentait la pénitente. Quant aux meubles, aux tables, aux chaires, aux coffres-forts, il serait trop long de les décrire, et je terminerais là ce long article si je n'avais appris de bonne part que messieurs les décorateurs des théâtres de Paris, et notamment ceux du grand Opéra, consultent quelquefois *l'Histoire des Français des divers états*. Aussi leur dirai-je que ces comptes font mention de girouettes, de pennons en cuivre, peints et armoriés; qu'ils font mention de singes, de chevaliers de même métal, placés comme ornements extérieurs des bâtiments. Je n'oublierai pas non plus ici messieurs les sculpteurs: je leur dirai que dans ces comptes il est fait plusieurs fois mention des ouvrages de sculpture sous le nom d'œuvres de coutel.

Che sont œuvres de carpenterie et d'autres choses faites par maistre Robert le carpentier pour les lices de la feste le Roy, et pour le parc faire pour les deux escuyers qui se combattirent en le garenne, manuscrit de la fin du XIIIe siècle ou du commencement du XIVe, rouleau en parchemin de 4 pieds, renfermé dans un étui. . . . . 40 fr.

J'ai réservé pour les savants amateurs des temps chevaleresques, ce rouleau où se trouvent les plus curieux, les plus petits détails sur les lices. On ne se douterait pas qu'il y avait, comme il y a aujourd'hui aux Champs-Elysées, des cabinets avec le côté des messieurs, le côté des dames.

Compte de ferrure, serrurerie des portes et

des ponts de la ville de Tours, manuscrit original de l'année 1485, rouleau de 3 pieds de long, renfermé dans un étui. . . . . 9 fr.

De pareils monuments de l'ancienne ferrure ou serrurerie des portes et des ponts des villes doivent être assez rares. A l'examen solennel de ses différentes parties qui en fut fait devant les officiers publics, on dirait que dans ces temps c'était surtout du marteau du serrurier que dépendaient la force, la sûreté des villes.

Ouvraiges du chasteau de Gand, *manuscrit original de l'année* 1516, rouleau en parchemin, de 4 pieds de long sur 1 de large, renfermé dans un étui. . . . . 25 fr.

Lorsqu'on peut comparer dans les mêmes temps nos anciens arts mécaniques avec ceux de nos voisins, il ne faut pas en laisser perdre l'occasion. Ce rouleau présente les dépenses de maçonnerie, de charpente, de couverture, de menuiserie, de serrurerie, de vitrerie, de peinture, faites au célèbre château de Gand, encore tout entier dans ce parchemin. En effet on en voit l'intérieur, le greffe, l'auditoire, les prisons, la chambre où l'on fait manger le condamné avant de le faire mourir, le logement et l'ameublement détaillé de l'huissier ; on le voit aussi tout entier au dehors, on voit ses brillantes toitures d'ardoise, de plomb, avec sa grande porte couronnée de peintures dont la longue description occupe une partie du parchemin. Les prix des matériaux etde la main-d'œuvre n'y manquent pas: IV sous le pied carré de verre blanc, XII livres le millier d'ardoises, X sous la journée du maître ouvrier, V sous celle du garçon.

Cartulaire du château de Blanc-mesnil, manuscrit original de l'année 1502, sur vélin, un vol. in-fol., basane bleue, dentelles. . . . . . 35 fr.

L'académie appelle cartulaire le recueil d'actes, de titres du temporel d'un monastère, d'une église. J'ai par extension appelé ainsi le recueil d'actes, de titres des hôtels-de-ville, des confréries; et les savants à qui, depuis nombre d'années, ces cartulaires ont été vendus n'ont jamais fait à cet égard ni critique, ni observation : j'espère qu'on ne désapprouvera pas non plus que par extension j'aie encore donné ce nom à un recueil d'actes, de titres, de jugements, de bulles d'un ancien château que j'ai porté au chapitre des arts mécaniques parce que la description, le toisé et l'appréciation de différentes constructions occupent le plus grandespace.

Ordonnances des ducs de Bourgogne sur les salines de la Franche-Comté, années 1402, 1405 et 1474, manuscrit de l'année 1474, un vol. in-fol., maroq. rouge, dentelles. . . . . 160 fr.

Il suffit de faire le voyage de la Franche-Comté pour savoir comment aujourd'hui on y fabrique le sel : mais pour savoir comment on l'y fabriquait il y a quatre ou cinq siècles, il faut lire les deux cent quatre-vingt-deux articles de ces ordonnances qui forment une espèce de code de la fabrication et de la police, des saulneries ou salines, dont voici les principaux officiers. Il y avait d'abord un *Pardessus*, car dans toutes les sociétés, dans tous les établissements, on n'a jamais pu se passer d'un chef. Son lieutenant était, qui diriez-vous? C'était le portier qui maintenant n'est sans doute que le portier. S'il faut un *Pardessus*, un lieutenant, il faut aussi un trésorier; il y avait un clerc trésorier. Il devait y avoir encore des préposés chargés d'enregistrer les demandes des marchands de sel; il y avait des clercs de rôle. Il devait y avoir un officier chargé de la livraison du sel vendu; il y avait un clerc ventier. Je ne puis nommer les moutiers, les maîtres des œuvres, sans voir pour ainsi dire la fabrication commencer. Je vois en même temps les clercs de puits assis sur les bords des puits, les clercs au bois, au charbon faire allumer les feux des chaudières qu'entourent les ouvriers, les ouvrières, les saulniers, les saulnières. Eh! qui est au milieu d'eux, tenant un papier? C'est le clerc du sel. Et tout autour, çà et là, quels sont ces hommes ne faisant rien, s'impatientant contre la lenteur des travailleurs? les ordonnances les nomment les guettes. Que d'autres officiers, tels que le contrôleur-général, le clerc du sel, l'ouvrier directeur qu'on faisait venir ou que dans les commencements on avait fait venir des mines de la Pologne, le maistre poulain! que d'autres officiers à nommer! L'histoire des salines de la Franche-Comté est une partie de l'histoire des arts mécaniques français, mais ce n'est pas la partie la plus connue. Si, comme on peut le craindre, ces ordonnances vont loin, il faudra, je crois, pour en avoir d'autres s'adresser aux ducs de Bourgogne.

Statuts des orfèvres et jouailliers de Flandre et de Brabant, année 1608, manuscrit original, un vol. grand in-fol., bas. rac. violette, dent. 25 fr.

J'ai lu avec attention ces statuts. Ils ont beaucoup de rapport avec les statuts français du même temps; toutefois il y a cette différence, que les statuts français semblent s'occuper un peu moins de l'argent, de l'or, et un peu plus de l'orfèvre. Dans les statuts brabançons l'état de l'art se montre d'abord sous le rapport de la fabrication de la matière. Il paraît que les chaînes, que les émaux étaient alors universellement de mode. La taille des pierres fines, la manière de les enchâsser, de les monter sont très clairement décrites. Grand nombre d'articles ne sont occupés que par le poinçon, le titre, les droits. Le fisc faisait la loi; il la faisait un peu pour lui.

Statuts des tanneurs, corroyeurs, baudroyeurs, sueurs, homologués par le Roy en 1345, manuscrit du XVIIe siècle, copié sur vélin, d'après l'original, par deux notaires au Châtelet; un vol. in-4°, basane racine rouge. . . . . 40 fr.

Comment sans ces statuts faire l'histoire des procédés de ces quatre arts et de leur police réglementaire?

Statuts des drappiers, sergiers, frocquiers, castelogniers, couverturiers, manufacturiers de la ville de Vernon, de l'an 1564, manuscrit de l'année 1645, un vol. in-fol., basane racine verte, dentelles. . . . . 30 fr.

Mêmes observations.

Petit portefeuille où sont contenues vingt pièces originales concernant les chariots, coches et carrosses, depuis l'année 1470 *jusqu'à l'année* 1688. . . . . 15 fr.

C'est-à-dire depuis le temps où il n'y avait que les princes et les princesses qui allassent en carrosse, jusqu'au temps où les comédiens et les comédiennes y allèrent; car la première pièce est un compte relatif au chariot de la comtesse d'Angoulême, et les deux dernières sont des quittances du prix des carrosses fournis aux comédiens français, italiens, pour le voyage de Fontainebleau. Ce n'est guère que là qu'on trouve les anciens noms des voitures; c'est beaucoup, mais ce n'est pas tout. Mon XVIe siècle, station des *ateliers français*, offre encore d'autres documents pour une histoire des carrosses qu'on vendrait et à ceux qui y montent et à ceux qui vont à pied, aux uns en gros, au volume, aux autres en détail, à deux sous la feuille. . . . . 30 fr.

Roole des journées d'ouvriers employés pour le roy au nouveau jardin de Trianon, année 1700, manuscrit original, in-fol.

Ne serait-il pas curieux de comparer le genre et le prix des travaux de Trianon, faits à la fin du XVIIe siècle, avec le genre et le prix des travaux des Mares, le Trianon des comtes d'Artois, faits à la fin du XIIIe?

Mémoires d'ouvrages faits à l'hôtel de Monsieur, à Versailles, manuscrit original de l'année 1773.

Il y a beaucoup de détails de différent sarts, beaucoup de différents prix. Ce manuscrit aura un grand intérêt dan sla suite.

D'ailleurs mêmes observations.

Dépenses du bureau des droits pour les confirmations des ventes des maîtrises à Paris, année 1730.

Il y a donc un peu plus de cent ans qu'à Paris on vendait comme aujourd'hui la permission de travailler.

Ces trois minces manuscrits, renfermés dans un portefeuille. . . . . 10 fr.

Bail des trois forges de Clavières en Berry, où se trouve la description détaillée de ces trois usines, manuscrit de 1734. Un vol. in-fol. max., cartonné.

Devis des réparations nécessaires aux forges de Clavières et au château et domaines en dépendant, manuscrit de 1777. Un vol. petit in-fol., parchemin vert. Ces deux vol. ensemble. . . . 20 fr.

Ces deux manuscrits ne peuvent être séparés : le premier décrit une des plus grandes usines du Berri, ses appareils, ses machines, telle qu'elle était en l'année 1734; le second décrit cette même usine en 1777, avec les dégradations qu'elle avait éprouvées et le prix des restaurations. L'un et l'autre, sous divers rapports, peuvent servir à l'histoire de la métallurgie.

Inventaire de la sacristie de l'institution de l'Oratoire de Paris, fait le 3 septembre 1767, manuscrit original auquel est joint un mémoire de ce temps sur la maison de l'Oratoire, fondée au faubourg Saint-Jacques. Un vol. in-4° cartonné. . . 8 fr.

Les inventaires des sacristies sont à rechercher pour l'histoire de l'orfévrerie, du tissage, de la broderie. Ces monuments deviennent de plus en plus rares.

Mémoire des ouvrages de maçonnerie faits au pavillon du château de Compiègne, année 1769. Un vol. in-fol., parchemin. . . . . 30 fr.

J'ai vu, en ma vie, bien des comptes de maçonnerie ; je n'en ai guère vu d'aussi gros, d'aussi épais. On pourrait en tirer un entier vocabulaire de l'art. On pourrait en tirer encore un tarif des prix de la toise de la fouille des terres, du prix de la toise du moellon, de la pierre de taille, du prix du ciment, du plâtre, du prix de la maçonnerie des différentes espèces. Les maçons, les tailleurs de pierre, les manœuvres, tous, même leurs piqueurs y sont mentionnés, ainsi que les taux de leurs journées. Ce compte est des Denis père et fils. Je me représente ces deux riches maçons le portant à Bellicard, architecte du roi. Je les entends lui dire, après de profondes révérences : Monsieur Bellicard, le tout, au plus juste, monte à deux cent six mille deux cent trente livres, onze sous, quatre deniers. L'architecte vérifie : les prix ne lui paraissent pas exagérés. Il approuve ; mais il sait, il se dit que le prix du travail diminue à proportion des grandes et des plus grandes sommes à payer ; mais il sait aussi, il se dit aussi que les Denis sont protégés ; et il se tait chez le marquis de Marigny, directeur général des bâtiments, où je me le représente ensuite, où je le vois rendre les révérences qu'il vient de recevoir des maçons, où je l'entends dire : Monseigneur ! ces prix des ouvrages sont les prix ordinaires ; véritablement, continue-t-il, y a deux cent mille livres à payer ; mais regardez un peu l'épaisseur de ce compte. Je me représente enfin le marquis de Marigny entrant dans le cabinet de Louis XV : Sire ! la maçonnerie de votre pavillon ne coûtera guère que deux cent mille livres. Le compte que voilà porte qu'elle a été faite sous vos yeux. Oui ! oui ! qu'on paye ! On paye. Le roi est content, le marquis est content, l'architecte est content, les entrepreneurs encore plus contents. Tels étaient les comptes sous Louis XV ; tels ils avaient été sous Philippe-Auguste. Je ne puis dire comment ils sont sous l'économe Louis-Philippe ; mes successeurs le diront.

Dessin d'un puits qui va chercher l'eau pure

sous la terre fangeuse, pareil à celui du fort de Kénoque, année 1684.

Plan et profil de la machine qui sert à enlever les vases, par le sieur Decluse, inventé en 1720 *par monsieur Castin, ingénieur du Havre.*

Modèle d'une charpente à étayer une voûte où une arche de pont de dix toises d'ouverture, faite à trois lignes pour pied, par Gabory, mécanicien, année 1786.

Ces trois plans renfermés dans un portefeuille. . . . . 6 fr.

Recueillez! conservez! est ma perpétuelle exhortation, surtout quand il s'agit d'arts mécaniques, et surtout de modèles.

Inventaire des biens de la succession de Bertrand de Tours, évêque et duc de Langres. Inventarium de bonis mobilibus, etc., manuscrit latin, original, de l'année 1395; rouleau en parchemin, dix pieds de long sur un et demi de large, renfermé dans ùn étui.

Inventaire du mobilier et des biens de la veuve du président Nicolay, année 1597, manuscrit du temps. Un vol. in-fol., ancienne reliure.

Inventaire des biens et du mobilier de Bella-

voine, manuscrit original de l'an 1667. Un vol. in-fol., veau brun, filets.

Inventaire des meubles de Geneviève Brouillaud, veuve de Lemeray, procureur, année 1747, manuscrit original. Un vol. in-fol., parchemin vert.

État des meubles de la grande écurie du roi, à Versailles, année 1748, manuscrit original, petit in-fol., basane bleue bronzée.

Inventaire du mobilier du maréchal de Belle-Isle, manuscrit de 1761. Un vol. petit in-fol., cartonné.

Inventaire des biens et du mobilier de la duchesse de Mortemart, année 1784, manuscrit original, in-fol., parchemin.

Ces sept inventaires, ensemble. . . . . 50 fr.

Les inventaires descriptifs sont les vrais livres de l'histoire des arts de diverses époques ; et ne serviraient-ils qu'à classer et à disposer les objets des musées des arts mécaniques du moyen-âge et des siècles modernes, ils devraient être fort recherchés et très prisés. Mais, me demandera-t-on, où sont ces musées? Je suis bien fâché d'être obligé de répondre : Je ne sais! nulle part! Aussi, au chapitre des arts mécaniques du XVIIIe siècle, de l'Histoire des Français des divers états, qui n'est pas encore publié, ai-je proposé d'en établir. J'en ai verbalement et par écrit souvent parlé à des gens de lettres de différentes villes, j'en ai demandé un pour Paris; à M. le ministre de l'intérieur. Je lui disais : « Le « Conservatoire des arts et métiers de la rue Saint-« Martin est comme l'histoire de la république ro-« maine qui ne serait pas précédée de l'histoire des « rois de Rome, comme l'histoire du Bas-Empire qui « ne serait pas précédée de l'histoire du haut em-« pire. Il faudrait donc, si je puis parler ainsi, un « conservatoire introductif, un musée des âges an-« térieurs, disposé en une suite de celliers, d'offices, « de cuisines, de salles, de chambres, de cabinets, « d'oratoires, de cambres au miroir, de comptoirs « des dames, où l'on verrait les anciens vaisseaux « vinaires, les anciens ustensiles de cuisine, les « anciens meubles, les anciens habillements; où l'on « verrait tout, jusqu'aux anciennes toilettes, de ma-« nière que si la reine épouse de Philippe de Valois, « ou la reine épouse de Henri IV, revenaient, elles « pussent remercier M. le ministre de leur avoir « refait leur monde au milieu du nôtre. Ce musée « précéderait, à l'Abbaye Saint-Martin, celui du « Conservatoire entièrement disposé en une suite « d'ateliers où chacun des arts vivants aurait le sien. « Serait-il bien difficile? serait-il bien dispen-« dieux de se procurer, soit chez les marchands de

« curiosités, soit aux ventes des cabinets d'amateurs, « des collections d'objets qui tous les jours se dis- « persent ou dépérissent ? De pareils établissements « se formeraient successivement dans toutes les villes « de France. Nos artisans viendraient les étudier, « et rien de bon, de beau des anciens âges n'y serait « perdu. Les nations étrangères les visiteraient, les « imiteraient. »

Maintenant je m'adresse à vous, gens de lettres des départements, et je vous dis : Faites ce que le ministre qui, lorsqu'il aura achevé les Tours du portail Saint-Sulpice, lorsqu'il aura achevé la restauration du Palais des Thermes, lorsqu'il aura achevé l'Arc de Triomphe, lorsqu'il aura achevé l'Hôtel du Ministère des affaires étrangères, lorsqu'il aura achevé la plus vaste, la plus belle place qu'il y ait au monde, celle du Carrousel, lorsqu'il y aura élevé au milieu l'obélisque de Luxor, entouré d'une légère colonnade égyptienne, afin de dérober à l'œil le défaut de parallélisme des Tuileries et du Louvre, portera le titre d'acheveur, titre si glorieux, titre unique en France. Faites dans vos différentes villes ce que sûrement il fera dans la capitale aussitôt qu'il le pourra. Fondez dans les anciens couvents des villes, dans les anciens édifices, des musées d'arts mécaniques des siècles passés et du siècle actuel. Ouvrez ces salles d'asile et d'instruction qui, durant les jours de repos, durant les jours de neige, de pluie, videront, au grand profit des mœurs, de l'économie domestique, de la paix des familles, les cabarets, les cafés et les maisons de jeu. Vous aimez, vous vous plaisez à dire que vous aimez les laborieuses, nombreuses classes du peuple; vous avez là une solennelle occasion d'en donner une indubitable et durable preuve.

Portefeuille contenant douze manuscrits relatifs à la société des arts de l'année 1729. . 20 fr.

Cette société se forma sous la protection du comte de Clermont. La copie de ses statuts forme le premier dossier de ce portefeuille; on y lit la lettre du ministre qui permet que les sociétaires s'assemblent, mais qui refuse provisoirement l'homologation royale. A la suite de cette lettre sont écrits les noms des sociétaires, parmi lesquels on distingue les artistes Julien, Lagrive, Gaudron, Ledran, et les personnages qualifiés, le chevalier de Béthune, le prince de Grimberghen et autres. J'ai conservé avec soin quelques-uns des monuments de l'existence de cette société, que les années et plus encore les explosions révolutionnaires ont dispersés, lorsqu'elles ne les ont pas détruits.

« Mémoire de Gaudron, horloger du duc d'Orléans, sur une petite pendule dont le mécanisme est de son invention, 29 mai 1729. »

« Réflexions sur la différence des machines, entre celles attachées à un point fixe et celles qui voguent avec les bateaux qu'elles tirent, 18 juillet 1729. »

« Mémoire sur une addition qu'on pourrait faire aux rouets à filer, avec un dessin, 18 janvier 1733. »

« Rapport des commissaires sur trois machines, dont l'une est destinée à curer les ports, l'autre est une grue d'une construction nouvelle, et l'autre est un petit cabinet d'histoire naturelle à tablettes s'élargissant à volonté, 8 février 1733. »

« Observations sur la coupe des bois avec dessins à la plume, 26 août 1733. »

« Description d'une nouvelle pompe, par laquelle on peut élever l'eau à une hauteur extraordinaire par une voie continue, avec dessins. »

« Mémoire sur une machine pour faire sans couture des chaussons, chaussettes, coiffes, et autres semblables habillements, 14 octobre 1737. »

« Description d'une machine propre à donner un mouvement uniforme. »

« Méthode de construction des horloges solaires, avec figures. »

« Mémoire sur les cabestans ou vindas, avec un dessin. »

« Mémoire sur la colle faite avec la farine de la racine de chisich, en usage dans l'Asie, destinée à remplacer la colle de farine de blé qui attire les insectes. »

« Lettres de Julien Leroy à un horloger de province, sur la nouvelle manière de placer les quadratures de pendules à répétition, avec un dessin. »

Portefeuille contenant vingt-cinq mémoires originaux, du XVIIIe *siècle, sur les arts et métiers.* . . . . 30 fr.

Il y en a un du fameux brasseur, général Santerre, avec les dessins coloriés de sa brasserie ; il y en a un autre sur les moulins mis en mouvement par la vapeur. Attention !

Recueil de deux cent soixante et dix-neuf pièces originales relatives à divers arts mécaniques, XIVe, XVe, XVIe, XVIIe *et* XVIIIe *siècles.* Un vol. in-fol. max., basane, porphyre vert, dentelles. 200 fr.

Qu'on se figure cinq expositions des produits des arts mécaniques, telles que celle qu'en ce moment on voit à la place Louis XV, successivement faites à chacun des cinq derniers siècles, avec les perfectionnements progressifs, et l'on aura une idée de la variété chronologique de ce grand et nouveau manuscrit.

Terminerai-je ici ce chapitre ? Non, car je ne puis passer à un autre sans m'arrêter un moment pour acquitter envers l'exposition actuelle ma dette d'admiration et de louanges. J'ai été enchanté, ébloui. Les artisans des vieux siècles l'auraient été bien davantage. Que si nous cherchons les causes de ces incommensurables progrès, nous les verrons dans les progrès des sciences et dans les progrès des beaux-arts ; oui, sans doute : dans l'institution des expositions, due au ministre François de Neufchâteau ; encore : mais il faut aussi les voir dans les écoles d'arts et métiers, quoique si mal, si injustement placées. L'école de Châlons ne devrait-elle pas être à Lille, et celle de Beaupréau à Lyon ? Et ne devrait-il pas y avoir à cette future capitale du Midi, qui, dans les siècles futurs, fera nécessairement décroître Bordeaux et Marseille, une école d'arts et métiers ? et pourrait-elle être plus avantageusement placée qu'à Toulouse ? Gens de lettres, je m'adresse une seconde fois à vous ; je m'adresse à vous surtout gens de lettres de la presse quotidienne, qui écrivez continuellement la vraie histoire nationale de France, l'histoire de l'agriculture, des arts, du commerce, du gouvernement, de la législation, de la guerre, de la marine, des sciences, l'histoire des diverses parties de l'ordre social, des divers états ; votre plus respectable tâche est de demander la justice pour les provinces comme pour les hommes. Demandez-la pour les provinces de cette pauvre France méridionale, toujours immolée aux provinces de cette superbe France septentrionale; demandez-la pour ce Midi immolé à l'intérêt du Nord, jusque dans l'enceinte de Paris, où le Nord a tout, où le Midi n'a rien; de quoi je vais donner une nouvelle preuve. Le grand Opéra avait été équitablement bâti au centre de Paris; il est brûlé; on le porte au nord. Il est ces dernières années démoli; on le porte encore plus au nord. On se moque des Parisiens du midi de la Seine comme on se moque des Français du midi de la Loire. Au moment où j'écris cette page, les journaux me disent que la fabrique d'armes de Maubeuge pourra bien n'être pas transférée au centre de la France, au risque d'être de nouveau interceptée par l'ennemi, et au moment où j'imprime cette même page, ils me disent qu'elle n'y sera pas transférée, qu'elle est définitivement de nouveau fixée à Maubeuge, où, depuis cette nouvelle, on boit, on chante, on se réjouit, où l'on va donner une grande fête à laquelle sûrement la France ne prendra point part.

CHAPITRE III.

HISTOIRE DES BEAUX-ARTS ET DES ARTISTES.

On aurait bien ri, il n'y a pas très grand nombre d'années, si j'avais proposé de porter dans la royale, noble, militaire et ecclésiastique histoire de France, les beaux-arts, tous les beaux-arts. Et si j'avais demandé : Pourquoi pas? on m'aurait fait une réponse dont aujourd'hui on rirait bien davantage. Nos idées se sont étendues et sont devenues plus justes.

Recueil de vingt-quatre pièces originales, signées par des peintres, des sculpteurs, des graveurs et des architectes des siècles passés, ou qui leur sont relatives. Un vol. in-fol., maroquin bleu, dentelles. . . . . 60 fr.

On verra dans ce recueil l'écriture et le seing de plusieurs anciens, grands peintres, qui ne maniaient pas aussi bien la plume que le pinceau. On y apprendra que plusieurs peintres étaient en même temps peintres et vitriers ; que, pour épargner le verre, ils faisaientso u vent des vitres avec de la toile gommée, sur laquelle ils figuraient avec des lignes noires le plomb des carreaux ; et qu'alors les peintres étaient par conséquent aussi un peu tailleurs. On y verra encore l'écriture et le seing de quelques grands sculpteurs ; on y apprendra de quelle manière naïve un bourgeois de Paris faisait la commande et prenait mesure de son tombeau. Il n'y a dans ce recueil qu'une seule signature de graveur ; il n'y en a non plus qu'une seule d'architecte ; mais c'est celle de Perrault.

Heures manuscrites du XIVe *siècle, avec dix-huit miniatures.* Un vol. in-8°, maroquin vert gaufré, dentelles, tabis.

Heures manuscrites du XVe *siècle, avec quarante-cinq miniatures.* Un vol. in-8°, maroquin bleu gaufré, dentelles, tabis.

Heures manuscrites du commencement du XVIe *siècle, avec quinze miniatures.* Un vol. grand in-8°, maroquin bleu gaufré, dentelles, tabis ; les trois paires d'heures ensemble. . . . 180 fr.

Ces Heures sont belles, superbes. Je remarquerai sur celles du XIVe siècle, qu'au-dessus de l'évangile *secundum Marcum* est peint un personnage assis, ayant devant lui un grand rouleau de bois où se déroule un antique *volumen*, un long rouleau écrit. Je parlerai plus longuement de celles du XVIe siècle, qui, ainsi qu'on le voit par une petite pièce des vers de ce temps, ont été données en présent d'amour. La manufacture de la Savonnerie me les emprunta, il y a quelques années, pour en copier les bordures; véritablement elles sont peintes avec un goût et un éclat dont aujourd'hui même les gens de l'art sont étonnés. Ces Heures, ou de pareilles Heures, devraient se trouver en plus ou moins grand nombre dans les bibliothèques des célèbres manufactures, surtout des manufactures de rubaneries; aussi me prend-il envie d'écrire au maire de Saint-Étienne la lettre suivante : « Monsieur le Maire, il est fort singulier, il n'en est pas moins vrai que les modèles des plus jolis rubans, dans le goût du jour, se trouvent peints le long des pseaumes de l'église à des Heures du XVIe siècle qui vont être mises en vente avec mes autres manuscrits. J'ai l'honneur de vous en prévenir. Voyez, je vous prie, dans ma lettre moins l'envie d'attirer un enchérisseur de plus que la crainte que ces beaux dessins tombent entre les mains du maire de Conventri qui pourrait bien les faire acheter pour ses rubaniers, afin qu'ils puissent moins difficilement lutter avec les vôtres. »

Heures manuscrites du XIVe *siècle, ayant treize miniatures.* Un vol. in-12, maroq. rouge, dentelles.

Heures manuscrites du XVe *siècle,* 1 vol. in-12, maroquin rouge.

Ces deux paires d'Heures, ensemble. . . 60 fr.

La dernière miniature de la première paire d'Heures est remarquable en ce qu'elle représente un enterrement, où le cercueil-omnibus est remporté vide, tandis qu'on descend dans la fosse le mort dont le visage est découvert et dont le linceul est marqué d'une grande croix rouge sur la poitrine, et d'une petite sur les pieds. La dernière miniature de la seconde paire d'Heures est encore plus remarquable. On y voit le Diable sur le bord d'une tombe, qui avec ses griffes déterre un mort.

Miniatures et vignettes de l'antiphonier dit le Canterael, manuscrit sur vélin, de l'an 1639, in-fol. max., cartonné. . . . . 45 fr.

Ce recueil contient trente miniatures ou grandes lettres historiées; on ne peut les mettre au-dessous de 30 sous chacune. Ceux qui en achètent chez les marchands de curiosités savent qu'elles coûtent trois et quatre fois plus, bien qu'elles soient découpées et ne laissent pas trace du manuscrit dont elles ont fait partie, au lieu qu'ici elles forment l'entier système d'ornement d'un grand et dispendieux manuscrit connu, dont elles sont les seuls restes.

Portefeuille contenant des manuscrits relatifs à l'architecture . . . . 10 fr.

Ces manuscrits ont environ cent ans ; deux ont quelque intérêt. L'un est un discours sur l'architecture, écrit de la main de Philippe Buache ; architecte laureat avant d'être géographe. L'autre est une lettre sur la proportion que doivent avoir entre eux les différents ordres d'architecture employés dans un même édifice. L'autre est un traité d'architecture avec les profils des cinq ordres, où on lit enplusieurs endroits : corrigé : corrigé. S'il y a des gens qui n'ont pas peur d'Hérodote, ni de Tite-Live, il en est d'autres qui n'ont pas peur non plus des Toscans, ni des Ioniens, ni même des Corinthiens.

Différents plans coloriés de Chalgrin, *architecte de l'Arc de Triomphe, signés par lui,* au nombre de huit, renfermés dans un portefeuille. 15 fr.

Témoignez toujours votre respect pour les traces qu'ont laissées sur le papier les conceptions des grands architectes, et vous recueillerez souvent de bons documents pour l'histoire de l'architecture.

Portefeuille contenant des plans et dessins d'une colonne, peut-être de celle qui devait supporter la statue que Napoléon voulait dresser au peuple Français . . . . 10 fr.

Après un assez long examen, je crois que c'est fort vraisemblable ; les gens de l'art prononceront.

Voyage de Paris à Richelieu, par Dufourny et Visconti en l'année 1800, manuscrit autographe de Dufourny, avec figures. Un vol. in-8°, veau rose, filets. . . . . 80 fr.

On m'aura quelque obligation d'avoir sauvé ce monument littéraire de deux artistes célèbres ; il n'y en a qu'une partie écrite à la plume ; le reste est écrit à mi-marge avec un crayon à pointe aussi nette et aussi affilée que celle de la plume. C'est aussi avec un crayon que sont tracées, tout à côté de leur description, plusieurs parties d'édifices ou d'ornements. J'ai trouvé joint à ce journal deux vieilles gravures de Chambord où les voyageurs passent. J'y ai trouvé aussi des lettres relatives à ce voyage, plus les comptes des frais; j'y ai laissé tout. Dans ce journal de voyage de deux artistes antiquaires, les objets d'art y doivent occuper et véritablement ils y occupent un grand espace, mais non tout l'espace; je ne suis d'ailleurs pas fâché que ces savantes descriptions soient entremêlées comme elles le sont ici, de descriptions de chemins, de rencontres de voitures, de rencontres d'auberges et, entre autres, j'y ai lu avec plaisir la piquante rencontre du conventionnel Chales. Partout, cela va sans dire, les deux artistes sont invités, fêtés ; ce qui donne lieu aussi à d'autres épisodes. Il me semble que ce petit manuscrit devrait être publié par quelque artiste homme de lettres qui en ferait un joli petit volume. On me dira que les lieux décrits par les deux voyageurs avaient déjà été décrits et ont été depuis décrits par d'autres. Par d'autres, répondrai-je, qui sans doute n'avaient eu ni les yeux, ni le compas, ni la plume de Visconti et de Dufourny. Mais qu'allaient faire à Richelieu ces deux artistes ? Ils y allaient, au nom du gouvernement, enlever les statues et les tableaux du château, le musée de la ville, devenu propriété de l'Etat. Ah ! que je dise ici aux habitants des provinces de s'opposer de toutes leurs forces à ce que Paris attire, engouffre tous les plus beaux monuments des arts, à ce qu'il défleurisse le reste de la France. Je leur révélerai d'ailleurs qu'on y conserve assez mal plusieurs de ces monuments échappés à l'effervescence et à l'ignorance révolutionnaires. Entre autres, il y avait au coin de la rue des Augustins une grande vieille pierre du XIVe siècle, sculptée et représentant les sergents de la ville, chaperon bas, venant demander pardon à l'université d'avoir violé ses priviléges. J'ai vu cette pierre à la place qu'elle occupait depuis tant de siècles ; je l'ai ensuite vue encastrée dans les murailles du musée des monuments français ; je l'ai ensuite vue dans la première cour exposée aux coups de pierre des enfants; ensuite je ne l'ai plus vue. Existe-t-elle encore? où est-elle? je ne sais. J'écrirai ici ce qui depuis long-temps me pèse dans la plume. Il manque dans nos écoles primaires et secondaires un grand tableau portant en très grosses lettres : Respect aux magistrats! aux vieillards! aux monuments!

Missel de l'Abbaye de Marmoutier, avec musique, manuscrit du XIe siècle sur vélin. Un vol. in-fol., veau bleu, gaufré. . . . . 250 fr.

Ce manuscrit, en notes franconiennes, est, suivant l'opinion du savant M. Fétis, un des plus beaux qui se soient conservés.

Musique de messes, écrite du temps de Gui d'Arezzo, manuscrit sur vélin, in-fol., maroquin rouge, gaufré. . . . . 350 fr.

Je ne sais pourquoi je ne porte pas plus haut la mise à prix de ces deux manuscrits; elle pourrait sans exagération être une et deux fois plus forte. Les étrangers, l'académie de Turin surtout, en ont grande envie; je ne puis en douter : et si, aux enchères, les musiciens français les laissent sortir, comment les remplacer? J'ai examiné un fort grand nombre de manuscrits de ce genre, à la Bibliothèque du Roi; je n'en ai pas vu d'aussi grands. J'y en ai bien vu d'aussi anciens et même de plus anciens; mais non en notes à queue.

A ce sujet de notation je veux, sans plus attendre, faire au laborieux, habile et aimable historien de la musique, M. Fétis, une question que je lui ai déjà faite verbalement et dont il a ajourné la réponse. Je lui demande s'il accorde l'invention d'ut, ré, mi, fa, sol, la, à Gui d'Arezzo, tandis que la notation lombarde à points losangés se trouve dans des manuscrits antérieurs de deux siècles. Je reviens aux deux manuscrits; autre remarque à faire : c'est qu'ils ont eu chacun trois copistes, l'un pour la grosse, l'autre pour la menue écriture, l'autre pour la musique. Il en est de même de tous mes autres anciens manuscrits de musique, et sans doute de tous ou de presque tous les anciens manuscrits de ce genre.

Musique d'un processional de religieuses, manuscrit sur vélin du XVIe siècle. Un vol. in-8°, maroquin noir, filets d'or. . . . . 25 fr.

Au XVIe siècle les signes de la musique avaient commencé à se séparer de ceux du plain-chant, qui étaient les mêmes que ceux du plain-chant actuel, soit parce que l'église est des diverses parties de la société celle qui change le moins, soit qu'à cet égard la nécessité l'ait forcée à ne pas changer. En effet, si ses livres de chant eussent été notés en musique, il aurait fallu les porter au bout du nez pour le lire, au lieu que cinquante chantres, ayant bien déjeuné, peuvent à dix pas chanter, tous ensemble, devant un même lutrin. Ce manuscrit aura un charme particulier pour les antiquaires, quand ils penseront qu'il est encore tout parfumé de l'haleine des jeunes vierges qui l'ont tenu; quand ils verront que leurs mains blanches n'ont pas altéré la pureté du vélin, tandis qu'ils auront remarqué sans doute que le bas des feuillets des anciens processionaux des moines était plus ou moins encrassé. Toutefois que je dise le contre aussi bien que le pour; il est passé quelques distractions par la tête de ces nonnettes qui ont copié ce manuscrit; il y a quelques fautes de latin, à la bonne heure; mais il y a aussi quelques fautes de transposition de clés, l'écriture et la note en sont d'ailleurs fort belles.

Officium in solemnitate B. B. Marini et Leonis, manuscrit sur vélin du XVIIe siècle, presque tout en musique, portées rouges, notes noires. Un vol. in-fol., cartonné. . . . . 15 fr.

Dans le manuscrit précédent, antiennes, hymnes en l'honneur de la virginité; dans celui-ci, antiennes, hymnes en l'honneur de saint Marin et de saint Léon. J'admire l'art avec lequel l'auteur de cet office a mis successivement en prose et en vers la vie de ces deux saints de Dalmatie; mais pourquoi a-t-il voulu mettre les vêpres avant la messe et pourquoi à la messe a-t-il voulu s'arrêter au *Gloria?* Ce manuscrit et le précédent peuvent, sous les rapports que je viens d'indiquer et sous d'autres, servir à l'histoire des beaux-arts.

Le cent dix-neuviesme pseaume, avec les traize autres pseaumes que l'on appelle les degrez, le tout à quatre, cinq, six et huict parties, entremeslez de trios, par de Villefort, manuscrit du XVIe siècle. Un vol. in-fol. pour la largeur, mais haut seulement de huit pouces, c'est-à-dire ancien format à l'italienne, maroquin vert, dentelles. . . 30 fr.

Je me trouvai, il y a quelque temps, dans une maison où quelqu'un dit qu'il avait de la musique des mystères. De la musique des mystères! m'écriai-je, allons vite la voir! Nous sortons, nous courons, car la curiosité me donnait des ailes. Nous arrivons; cette musique des mystères ne fut autre que celle-ci: Monsieur, dis-je en riant à la personne qui m'avait emmené, votre musique, bien loin d'être une musique de saints mystères, me paraît au contraire sentir l'ancien fagot. Il paraît que c'est cette vieille musique de calvinistes, qui, aux malheureux temps passés, faisait ruisseler de sang la France. —N'importe, cette musique n'est pas d'aujourd'hui. —Elle a deux siècles et demi au plus; vous n'êtes pas antiquaire, continuai-je; vous n'en tireriez aucun parti; il faut vous en défaire. Quel prix y mettriez-vous? Ce brave homme, ne pouvant s'ôter de la tête qu'il possédait un manuscrit de musique d'une grande rareté et d'une grande valeur, m'en demanda une si forte somme que je lui répondis par un grand éclat de rire, et je lui dis: Le titre de votre manuscrit annonce six, huit parties; vous n'en avez qu'une. Il est vrai que c'est la principale avec laquelle on peut faire les autres; c'est celle du ténor, du sujet, du chant; c'est d'ailleurs sur cette partie qu'a été mise l'épître dédicatoire signée du nom et peut-être de la main de l'auteur, comme je suis tenté de le croire; et alors ce manuscrit serait autographe : mais, autographe ou non, vaille que vaille, je vous en offre tant; c'était à peu près la mise à prix qu'on vient de lire. Le manuscrit, après quelques autres débats, me demeura. Je l'ai depuis examiné plus à mon aise et cependant je n'ai que deux observations à ajouter : la première, que la musique du 119e pseaume est variée à chaque verset, tandis que dans les autres pseaumes il n'y a d'autre musique que celle du premier verset, et que les versets suivants se chantent sur le même air; la seconde, que le ténor se confond quelquefois avec le superius ou le bassus, et, chose singulière, qu'il y a deux tacet, ce qui annonce qu'alors les autres parties continuaient le chant ou le répétaient.

Duos recueillis, écrits notés et dessinés par Sylvestre, copiste de musique au Cerceau d'or, manuscrit de l'année 1763. Un vol. in-4°, doré sur tranche, veau écaille, filets . . . . 10 fr.

Quand on a dit la couleur du style de ce poème, de ce livre, on a été très hardi; quand ensuite on a dit la couleur de cet allegro, de cet andante, de ce quatuor, on a été encore plus hardi et peut-être trop hardi; mais ce recueil de duos est à chaque page embelli de tant d'ornements, bleus, verts, rouges, qu'ici la musique a vraiment une couleur.

Recueil de cinquante-neuf pièces originales, signées par des musiciens des siècles passés ou qui leur sont relatives. Un vol. in-fol., maroquin rouge, dentelles. . . . . 90 fr.

Ce manuscrit sera également utile et pour une nouvelle édition du dictionnaire des musiciens et pour l'histoire de l'art. Il a conservé plusieurs noms que le destin des noms, si souvent aveugle, avait injustement oubliés.

Menus plaisirs du Roy, manuscrit original sur vélin, année 1678, petit in fol., doré sur tranche, couvert de vélin blanc, dorures, fleurs-de-lis sur le plat. . . . . 60 fr.

Les dépenses de ce compte offrent une suite

de points de vue les plus piquants de la cour de Louis XIV à une des plus belles années de son règne. D'abord les artisans de la cour, menuisiers, vitriers, malliers, coffretiers, barbiers; ensuite les gens de service, porte-meubles, porte-arquebuse, valets d'épagneuls; ensuite la chapelle, la musique, les chantres, l'orchestre, avec les noms de l'Archevêque de Rheims, maître de la chapelle, de Lulli, de Boësset, de Lambert, surintendants; ensuite le lit de chasse du Roi, ses chars, ses chevaux, ses tapissiers; ensuite le ministre de la guerre Louvois, intendant des postes et relais, les courriers de cabinet, les postes de cour, les postes assises; ensuite les apothicaires, les marchands ciriers avec leurs bougies, leurs flambeaux; ensuite les ballets, le machiniste Vigaronni; ensuite la ménagerie de Vincennes, ensuite la comédie italienne avec les grosses rétributions accordées au célèbre Tiberio Fiorelli Scaramouche, la comédie française de l'hôtel de Bourgogne avec les frais des carrosses pour les voyages de Fontainebleau, de Versailles, la livraison de pain, de vin, et pas autre chose. Jeune, belle, élégante, mademoiselle Taglioni, alors vous n'auriez eu ni meringues, ni petits biscuits à la crème; de gros pain blanc! de gros vin rouge! mais les jeunes Cavoi, les jeunes Villarceaux parés de leurs chapeaux à panache, de leurs nœuds de ruban, de leurs baudriers à paillettes d'or, auraient circulé autour de vous ; ensuite les concerts de Boësset, de Philidor, avec *les demoiselles de la musique du Roi*, avec le grand clavecin du Roi ; ensuite la célébration des victoires, les cinq *Te Deum* avec musique, illumination; ensuite les feux d'artifice; ensuite et enfin les sauts, les caprioles de la troupe d'Allard. Mais tout à coup s'ouvre la chambre du Dauphin où, au milieu des différents maîtres d'agrément du jeune prince, se montre la grande et austère figure du Monpansier de l'Oraison funèbre.

CHAPITRE IV.

HISTOIRE DE L'ART MILITAIRE ET DES GENS DE GUERRE.

Collection de quatre cent quatre-vingt-quatre pièces originales relatives aux diverses parties de l'art militaire, depuis l'année 1386, *jusqu'à l'année* 1817, renfermées dans une boîte. 250 fr.

L'histoire que presque tous nous appelons l'histoire de France n'est réellement qu'une histoire militaire de la France ; et encore, entendons-nous bien, elle n'est qu'une suite nominale de marches, de batailles, de siéges, de capitulations, de trèves, de traités ; et toujours à recommencer, depuis la première jusqu'à la dernière page. Il me semble que si les manuscrits de cette collection étaient imprimés, ils offriraient, seuls, de meilleurs documents de l'art ainsi qu'une plus vraie et plus profitable histoire.

Par exemple je demanderai : savait-on qu'au XVIe siècle l'état d'homme de guerre était si recherché que les soldats, même les soldats à pied, avaient des brevets? Eh bien! la première charte de cette collection est un brevet de franc archer. On voit ensuite dans les autres chartes de l'infanterie que, des francs archers et des aventuriers, sont venus les bandes légionnaires et des bandes légionnaires les régiments qui ont porté des noms de provinces; des noms de provinces, de villes, des noms de provinces, de villes, de colonels, qui portent aujourd'hui des noms de nombre. Je suis bien sûr qu'on ne savait presque rien sur la levée des troupes et rien sur l'habillement. Peintres d'histoire! quand vous peindrez l'infanterie française au XIVe siècle, vous la représenterez habillée d'un petit et court surcot de drap mi-partie de bleu d'un côté et de rouge de l'autre, coiffée d'un chaperon mi-partie des mêmes couleurs. Il y a ici une quittance d'un arbalétrier, datée du 14 septembre 1386, où est mentionnée, avec la levée des arbalétriers à raison de neuf par village, cette forme et cette couleur de leurs habits.

Dans les chartes de la cavalerie, on voit l'ancienne gend'armerie se décomposer en grosse cavalerie, conservant jusqu'en 1621, et sans doute par-delà, son ancien nom de compagnies d'ordonnances, d'hommes d'armes; et en cavalerie légère, arquebusiers à cheval, carabins, chevau-légers, dragons.

Combien les langues sont difficiles à faire, non dans les déclinaisons, les conjugaisons, mais dans l'imposition des noms où les besoins, par conséquent les lois de la divine raison, ne nous guident pas, du moins ne nous guident guère. La preuve en est dans le nom des grades, soit des officiers, soit des officiers généraux; et, chose à remarquer, c'est que, parmi les noms des grades des officiers, il y en a trois qui sont permanents, parce qu'ils ont été formés par analogie : colonel, chef de colonne, capitaine cheftaine, lieutenant, tenant le lieu de, tandis que, parmi les noms des grades des officiers généraux, la langue militaire a successivement employé et a successivement cessé d'employer les noms de sergents de bataille, de maréchal de bataille d'infanterie, de maréchal général des logis des camps et armées du roi, d'aide de camp des armées du roi, de major de brigade des armées du roi. Enfin, depuis le milieu du XVIIe siècle jusqu'à la révolution de 1789, on s'est servi des noms de brigadier des armées du roi, de maréchal des camps, de lieutenant général, remplacés à la révolution par les noms de général de brigade, général de division, remplacés aujourd'hui par les anciens noms de maréchal des camps, lieutenant général. C'est un des rapports sous lesquels ce recueil doit être étudié.

Les chartes des officiers à la suite des princes ou des généraux nous apprennent l'origine des aides de camp.

Bourdeille, abbé de Brantôme, qui ne prend jamais que le titre de capitaine de deux enseignes de gens de pied, a écrit en style de bonne femme une immortelle biographie des capitaines illustres de son temps. Il me semble qu'en recueillant ici quelques pièces signées par eux, j'ai recueilli quelques légers débris de leur existence, quelques légères miettes du banquet de leur vie.

Qu'on me demande pourquoi dans la collection des chartes relatives aux troupes étrangères, écossaises, suisses, italiennes, allemandes, on trouve que la France ne faisait pas entièrement la guerre avec ses bras! j'aurai occasion de dire qu'excepté dans le temps des croisades et des troubles religieux, la masse de la nation ne s'aguerrit qu'à la levée des grandes armées de Louis XIV. La noblesse seule avait jusque là fait la guerre et ne l'avait faite qu'à cheval. Nos voisins nous fournissaient pour notre argent de l'infanterie, comme bien d'autres choses.

La garde du roi fut, au règne de François Ier et surtout à celui de Louis XIV, un extrait, un abrégé de l'armée ; elle en fut l'élite, le noyau, la force. Les chartes que j'ai rassemblées en rappellent presque tous les différent élséments. Il est à remarquer, et aussi remarquerai-je, que dans ces pièces on en trouvera qui concernent les gardes de la reine, passe ! des princes ; passe encore ! mais qu'il y en a aussi qui concernent les gardes des ducs, des grands seigneurs.

Chartes de l'artillerie ; au XVIe siècle le grand maître prenait aussi le titre de capitaine général, et il y avait par provinces un commandant d'artillerie. Au XVIIe siècle furent instituées les écoles d'artillerie. Les brevets donnés aux salpêtriers sous Louis XV sont à conserver, en ce qu'ils font l'histoire des principales parties de l'art.

Chartes du génie ; encore à la fin du XVIe siècle nos ingénieurs étaient étrangers. Plus nous avancerons, plus nous verrons que jusqu'à l'*Histoire des Français des divers états* on a mal connu l'histoire des différentes parties de la société, même de la partie militaire.

Gouverneurs des provinces, gouverneurs des villes. On avait divisé les gouvernements des provinces en gouvernements de province et en gouvernements de ville ; on sous-divisa les gouvernements de ville en gouvernements de la ville et en gouvernements de la citadelle. Dans ce recueil de chartes de gouverneurs, il y en a une de 1673 mentionnant un major de brigade de ville.

Autres sont les revues d'aujourd'hui, autres étaient les monstres ou revues d'autrefois, ainsi qu'on le verra dans une des divisions de ce recueil. Aux XVe, XVIe et XVIIe siècles, elles étaient écrites sur de grands parchemins, et tous les hommes y étaient nommés, et rangés en plusieurs colonnes pour ainsi dire comme sur le terrain. Elles étaient scellées en queue avec de grands sceaux de cire rouge. J'assure qu'on trouve bien des notions historiques dans ces revues, quand on les lit avec attention ; entre autres on y trouve que le même régiment était composé d'hommes différemment armés, différemment payés.

On trouve aussi dans ces revues que l'administration militaire, comme corps d'administration, est beaucoup plus moderne qu'on le croit, et qu'il n'y a eu des commissaires aux revues en office formé, pour parler le langage du temps, que vers le commencement du XVIe siècle. Les commissaires furent d'abord classés en commissaires ordinaires, commissaires extraordinaires, commissaires généraux. Je crois qu'au XVIIe siècle ceux qui résidaient dans l'intérieur s'appelaient contrôleurs provinciaux des régiments, au département de Normandie, au département de Picardie... Quand on dit que les intendants près les armées sont de nos jours, on se trompe; il y en avait en 1578, en 1676; mais il n'y en avait qu'en pays ennemi, et seulement un dans chaque armée.

Il y a aujourd'hui des payeurs, des payeurs généraux des troupes; il y avait des trésoriers, des trésoriers généraux. On peut voir dans cette collection les chartes qui leur sont relatives.

Des fonds secrets étaient destinés à récompenser les espions, lorsqu'ils ne se faisaient pas pendre aux potences du camp ennemi. Une charte du 30 novembre 1552 en fait foi.

Aussitôt qu'il y a eu des armées il y a eu des munitionnaires. Les munitionnaires sont donc bien anciens. Les chartes qui leur sont relatives disent qu'ils étaient sous l'autorité d'un munitionnaire général, appelé ensuite super-intendant des vivres et des munitions, ensuite par contraction général des vivres et munitions, ensuite commissaire général des vivres.

Je craignais que l'Assemblée constituante, qui se connaissait plus en nouveautés qu'en antiquités, eût, non de sa certaine science, mais de sa certaine puissance et autorité nationale, décoré la maréchaussée du noble et antique nom de gendarmerie; mais une charte du 13 avril 1672, faisant partie des chartes de la maréchaussée, la justifie. Cette charte est une quittance sur parchemin d'un archer garde de la connestablie et gendarmerie de France. Qui autrefois disait maréchaussée disait troupe des maréchaux ; ses fonctions comprenaient l'exercice de la police; son organisation n'a guère changé jusqu'à la révolution, car je vois dans les anciens temps un prévôt général, et au-dessous de lui des prévôts provinciaux. En 1589 les régiments avaient aussi leurs prévôts. Veut-on d'ailleurs bien connaître la constitution de l'ancienne maréchaussée? qu'on en lise les revues; on y trouve qu'elle était composée d'archers, commandée par des officiers ayant à côté d'eux, à cheval et dans leurs rangs, des magistrats, des procureurs du roi, des greffiers qui, dans le cas de délits commis sur les chemins, formaient avec eux des tribunaux d'une justice fort expéditive : sitôt pris, sitôt pendu.

Pour terminer ce long article il ne me reste qu'à parler des chartes de la garde nationale; je n'en ai jamais possédé que fort peu. La plus ancienne est de 1704.

La garde nationale commençait donc alors à poindre? Eh mon Dieu non! la garde nationale, sous le nom de Bannière des communes, Milice bourgeoise, Garde bourgeoise, remonte au moins aux croisades : elle remplissait les forteresses et les tours des villes ; elle formait l'innombrable garnison de la France.

Elle eût pu cesser d'être une armée urbaine, et devenir une excellente armée de campagne qui eût arrêté toutes les invasions des nations voisines ; mais l'esprit féodal, l'esprit des vieux siècles en avait peur et ne lui permettait pas de se réunir, ou, pour dire plus vrai, on n'y pensait pas.

J'avoue que ce n'est là qu'une partie de ma collection de chartes militaires ; j'ai vendu l'autre partie au dépôt de la guerre ; et si j'ai gardé celle-ci, c'est afin de pouvoir, dans mon traité de matériaux manuscrits de divers genres d'histoire, parler du plus brillant état de la société. Serait-il hors des convenances, que je priasse le public français de garder à la vente de cette moitié de collection un patriotique silence, afin que le plus tôt possible cette moitié se rejoigne à l'autre ?

Abrégé de la tactique, ou la science du héros par demandes et par réponses, manuscrit du XVIIe siècle. Un vol. in-12, veau brun, fig. 5 fr.

On ne sait guère si ce manuscrit est autographe ou s'il a été copié par un laquais. Je n'oserais pas affirmer l'un ; je n'oserais pas nier l'autre. Les hommes de l'art peuvent le lire ; je l'ai bien lu, moi qui ne le suis pas. J'y ai trouvé plusieurs bonnes choses. Ils y en trouveront bien davantage. Ce livre paraît avoir été fait du temps ou les armées françaises se dépouillaient des armes défensives que l'auteur ne cesse de regretter,

Les tiroirs de Louis XIV, ou petits manuscrits militaires, autographes de ce prince. Un vol. in-fol., maroquin bleu, dentelles. . . . 1,200 fr.

N'ai-je pas lu dans la vie privée de Louis XIV, vie privée si publique et si célèbre, qu'il avait l'habitude d'écrire sur des feuilles de papier les documents qu'il recueillait, les ordres qu'il voulait donner, ceux qu'il donnait, enfin qu'il aimait à se rendre compte par écrit de ses pensées et de ses actions? N'ai-je pas lu aussi qu'il gardait soigneusement ces feuilles, qu'il les pliait en quatre, qu'il les étiquetait, et qu'après les avoir plus ou moins long-temps portées sur lui, il les jetait dans les différents tiroirs d'un de ces beaux cabinets d'ébène, fort à la mode? Peut-être oui, peut-être non. Eh bien! dans tous les cas, si on ne l'a pas dit, on à pu le dire, car ce volume renferme grand nombre de ces petites feuilles pliées en quatre et si long-temps pochetées qu'elles en ont les plis limés et tailladés. J'ai désiré de conserver à la postérité ces légères feuilles auxquelles a été quelquefois confié le secret de l'état. Je les ai fait relier en un recueil où je les ai divisées non par chapitres, mais par tiroirs, comme il me semble que d'abord elles ont dû matériellement l'être. On verra dans le premier tiroir, *Histoire des régiments*, combien Louis tenait, et avec raison, à être instruit de cette histoire. La série des questions qu'il fait est remarquable: « Quand est-ce que le régiment de Rouërgue fut créé? » Louvois, car je crois que c'est lui qui a écrit les réponses faites à côté, au lieu de dire qu'il n'en sait rien, dit: « Rouërgue fut d'abord Montpeyrous », et il s'arrête là. Le roi demande: « Depuis « quand Meilly avait-il le régiment de Normandie... « combien l'avait-il acheté?... combien le vendit-il? » Dans les sept grandes colonnes de questions, celles-là sont très souvent répétées, d'où il résulte que les charges militaires, comme les charges judiciaires, étaient dans le commerce. Abus, grand abus! je me garderai bien d'en disconvenir; cependant je ne vois pas que dans ces temps l'on jugeât ou l'on se battît plus mal que dans d'autres. J'en dis autre part la raison. Le tiroir *Levée des troupes* est formé de plusieurs états écrits de la main du roi pour ceux de la cavalerie, et seulement en partie pour ceux de l'infanterie. Il paraît d'après ces états que les capitaines recrutaient par engagement les hommes de leurs compagnies et qu'ils les conduisaient au lieu de rassemblement. A cet égard Louis XIV a laissé aux âges futurs et les connaissances qu'il avait dans la géographie de son royaume, et celles qui lui manquaient; on peut facilement l'induire de ces états, de même que d'un placet présenté par le comte de Roussillon à *Monseigneur de Louvois* on peut aussi induire que les capitaines nourrissaient les soldats, que les soldats d'un régiment qui portait le nom d'une province étaient levés dans cette province ; on peut aussi induire qu'originairement le nom de Normandie, de Champagne, de Dauphiné, de Provence a été donné à ces régiments parce qu'on les y levait. Une autre observation naît encore de ces pièces : quelle facilité alors dans les levées ! Il se présentait toujours plus de monde qu'on en demandait; mais souvenons-nous que nous sommes au milieu du XVIIe siècle, et toujours distinguons bien les temps. Louis XIV, doué d'un bon esprit, dut ainsi ordonner ses tiroirs: *Noms et histoire des régiments ; Recrutement des régiments ; État des régiments*. Ce troisième tiroir est le plus riche. Vous y voyez les différentes armées que Louis XIV eut sur pied aux différentes époques de son règne. En l'année 1678, une de ses belles années, il eut 280,000 hommes, dont 164,000 de troupes mobiles, que nous appelons aujourd'hui de ligne et 116,000 de garnison. Vous voyez aussi qu'en 1690 il y avait, comme de notre temps, trois armées du Nord, sous le nom d'armées de Flandre, de Moselle et d'Allemagne, que nous avons appelées armées du Nord, de Moselle, du Rhin. Il y avait en même temps une armée d'Italie, et une armée de

Roussillon que nous avons appelée armée des Pyrénées-Orientales. Alors, bien que la France et l'Espagne ne se touchassent que par le Midi, elles ne se faisaient cependant la guerre sérieusement qu'au Nord, parce que c'était par-là seulement que la France pouvait naturellement s'étendre, parce que l'Espagne y possédait encore dix provinces des Pays-Bas, et que là elle ne manquait pas, pour prendre son fait et cause, de compères qui étaient les ingrats Hollandais, plusieurs princes Allemands, et l'empereur qui venait le dernier pour pousser de toutes ses forces les autres lorsqu'ils n'étaient pas de bonne volonté. On voit dans ces états la composition particulière de l'armée du roi dans les expéditions de Flandre, de Franche-Comté et de Hollande, et celle des armées particulières de Condé, de Turenne. J'ai cherché dans les tableaux des officiers généraux qui commandaient les divisions de ces armées le nom de Martinet, l'instituteur de notre infanterie, comme Fourilles le fut de notre cavalerie, je l'ai trouvé parmi les brigadiers d'infanterie.

Louis XIV ne cessait d'occuper sa pensée de ses forces militaires. Il les nombre, les compte et les recompte ainsi qu'un avare compte et recompte les pièces de son trésor; mais on voit que pour Louis sa cavalerie était ses pièces d'or, et son infanterie ses pièces d'argent. Les états de la cavalerie, quoique fort volumineux, sont, de même que ceux des levées, écrits de sa main : ceux de l'infanterie sont écrits d'une autre main. On se doute que l'expérience le fit changer : effectivement il changea et on le voit par la suite de ses minutes. Tiroir *Tactique* : j'ai des hommes à pied, à cheval, dut se dire le Roi ; maintenant que je sache comment les faire mouvoir. Et voilà qu'il se met à apprendre la tactique : « Pour bien camper un bataillon de dix compagnies « de soixante-dix hommes chacune..... Largeur « des huttes, six à sept pieds ; intervalle, un pied... « Pour la construction du camp de Saint-Quentin... « Les troupes campées sur une ligne de cinq cent dix « toises de long..... » Il y a une poignée de petits papiers de cette espèce où le roi s'enseigne, ou bien où il se répète les enseignements qu'il avait reçus des hommes de l'art, ou qu'il avait pris dans les livres : Ah ! ce n'était pas de la science des élèves de l'école de Saint-Cyr, qu'il avait besoin ; c'était de celle de son maréchal de Turenne, de notre maréchal Soult reconnu par Napoléon, à Austerlitz, devant le front de l'armée victorieuse, pour le premier manouvrier de l'empire, c'est-à-dire du monde ; mais cette science ne s'apprend pas ; elle est infuse, ou semble infuse dans les hautes raisons militaires. Je continue à transcrire quelques lignes d'une de ces feuilles pliées en quatre : « Intervalle d'un

« bataillon à un autre, quarante-cinq pieds... Du « front de bandière au ratelier des piques, dix-huit « pieds. Du ratelier des piques à celui des mous- « quets, dix-huit pieds... » On n'avait donc pas encore ni des fusils, ni des baïonnettes; c'était vers le temps des premières campagnes de Louis XIV. Tiroir *Opérations militaires*. Qu'il devait tarder à ce jeune roi, âgé de vingt et quelques années, de pouvoir faire retentir l'Europe du bruit de ses armes! Conquête de la Flandre en 1667. Les marches, les contre-marches, les logements, les quartiers, les noms des régiments, des compagnies, des escadrons, des officiers, des généraux couvrent un grand nombre de pages écrites de la main du roi. Conquête de la Franche-Comté en 1668. L'histoire a dit avec raison qu'il avait gardé le plus profond secret sur cette mémorable entreprise : ses minutes l'attestent. Il ne veut pas se confier aux commissaires des guerres, il en remplit les fonctions. Une feuille de papier format in-4° porte : « Faire un ordre de route pour tel régiment; un « ordre de route pour tel autre. » L'écriture de la fin de cette feuille où le nombre de troupes est marqué, n'est pas la même que celle du commencement ; elle est d'une main plus tranquille; la conquête était faite. Invasion de la Hollande en 1672, passage de la Meuse, du Rhin; siéges, prises de villes. Tiroir *Ordres du jour*. Il y a beaucoup de feuilles où le roi écrivait ses ordres du jour pour les quartiers et les logements des troupes ; il y en a où les non exécutions par contre-ordres sont marquées. Tiroir *Ordres de bataille*. Il y a encore beaucoup d'autres feuilles intitulées ainsi. Quelques-unes sont de la main du roi, et pour les militaires contemporains elles figuraient parfaitement l'ordre de l'armée en marche. Il y a aussi quelques plans de bataille tracés à la plume, mais non de la main du roi ; il y a entre autres sur papier jaune le plan de la bataille de Cassel, gagnée par le duc d'Orléans son frère. Tiroir *Garnisons*. Je crois qu'on n'aurait pas pris Louis XIV sans vert, j'entends sans son contrôle des troupes et de leurs garnisons. Il en avait continuellement un sur lui, et certainement il a porté ceux qui sont dans ce volume. Tiroir *Gouvernemens*, des provinces, des villes et des citadelles. Cependant je crois qu'il n'en était pas ainsi du contrôle de ses gouverneurs. Je n'en ai trouvé aucun de sa main, aucun de pocheté ; Louis XIV se contentait de les avoir dans ses tiroirs. Il y en a d'assez mal écrits ; mais il y en a aussi en or et couleur. Tiroir *Administration militaire*. Il en était à peu près ainsi des états de ce tiroir ; je n'en ai trouvé qu'un seul de la main du roi; cependant on ne peut pas l'accuser de négliger cette essentielle partie de l'art de la guerre, car il se faisait remettre les tableaux de la distribution du pain et des comestibles. On lui en remettait aussi quelques-uns de fort beaux, or et couleur, sur l'inspection des greniers d'approvisionnements, des moulins, des magasins de vivres, qui sont aujourd'hui des documents monumentaires. Il y a surtout un tableau de l'habillement des régiments où je vois qu'en 1692 les armées françaises étaient habillées en général de gris, revers et parements gris ou quelquefois d'autres couleurs. Ainsi cette couleur aujourd'hui si dédaignée n'en a pas moins été la couleur victorieuse à Rocroi, à Lens, à Dunkerque, à Fleurus. Nous devrions revenir à ce gris, en gardant le gilet et le pantalon rouge ; car le gris à deux avantages, il ne brûle pas la laine comme le bleu, et comme le bleu il ne fait pas sortir à l'œil de l'ennemi les lignes sur les champs de bataille. Tiroir *Mélanges*. J'ai trouvé dans ce tiroir ou dans les papiers qui furent dans ce tiroir un papier où Louis XIV a écrit, sur la formation de la ligue du Rhin, neuf lignes que Napoléon, empereur des Français, protecteur de la confédération du Rhin, aurait payé neuf cents francs. J'y ai trouvé aussi un mémoire de ses pertes au jeu, écrit aussi de sa main. J'esperais y trouver aussi écrite de sa main la liste des chevaliers de Saint-Louis, copiée à la dernière page de l'état des officiers généraux, année 1696, tiroir *État des troupes*, mais quelques minutieuses recherches que j'aie faites dans ce précieux et royal fouillis, je n'ai à cet égard rien découvert. La gloire est grande à Louis XIV d'avoir créé cette institution mère des prodiges de courage. La gloire est plus grande à Napoléon de l'avoir, sous un autre nom, étendue à tous les divers états, de l'avoir rendue mère des prodiges de courage, des prodiges de génie, des prodiges d'industrie. Louis XIV ne donnait pas assez de croix; Napoléon, surtout ses successeurs, en ont donné trop. Les glorieuses récompenses doivent, pour produire leur immense effet, se montrer sans exception à tous lesyeux, en même temps être sans exception à la portée de tous les bras; mais elles ne doivent être suspendues ni trop haut, ni trop bas.

Mémoire pour le camp de Compiègne, manuscrit autographe de Louis XIV. Un vol. in-fol., maroquin rouge, dentelles . . . . 300 fr.

Dans les petits manuscrits militaires de Louis XIV qui forment le volume précédent, ce roi demande ou se donne des leçons sur un art qu'au lit de la mort il se repentait d'avoir trop aimé. Dans celui-ci il donne sur ce même art des leçons à son fils le Dauphin; car c'est pour ces leçons qu'est rassemblée une petite armée à Compiègne. Sous le rapport de l'ensemble, de l'ordre, de la naturelle succession des idées, ce manuscrit est un beau monument de l'excellent esprit de Louis XIV : Il est d'ailleurs ou du moins il a été plié en quatre, et porté à la poche comme les manuscrits qui forment le précédent volume. En tête est une lettre du duc de Boufflers, où il écrit au comte d'Angevilliers qu'il l'offre à Louis XV. Il y a apparence que l'offre fut acceptée et que ce manuscrit a passé de Louis XIV au maréchal de Boufflers, du maréchal de Boufflers, au duc de Boufflers, du duc de Boufflers au comte d'Angevilliers, du comte d'Angevilliers à Louis XV, de Louis XV à Louis XVI. Il y a apparence qu'il est ensuite tombé entre les mains de la révolution qui, en 1793, ne se connaissait guère en manuscrits, qu'il a éte jeté comme bien d'autres précieux monuments aux papiers de l'épicier où il a été trouvé par un homme de lettres, excellent paléographe, qui me l'a échangé contre plusieurs anciennes chartes. On me dira : pourquoi la mise à prix de ce manuscrit qui ne contient guère que le dixième de l'écriture du précédent est au-dessus du dixième de cette dernière mise à prix, où pourquoi cette dernière mise à prix au lieu d'être à 1200 francs n'est pas à 3,000 francs ? Je prie ceux qui me feront cette question de considérer que le mémoire sur le camp de Compiègne a de l'unité et forme un ensemble ; je leur conseille d'ailleurs, d'acheter l'un et l'autre manuscrit ; ils auront en même temps et celui qu'ils trouvent trop cher et celui qu'ils trouvent trop bon marché. De plus l'un pourra servir de preuve à l'authenticité de l'autre.

Qu'est-ce que cet appendice d'un petit feuillet manuscrit, mis à la suite du mémoire sur le camp de Compiègne ? Est-il de la main de Louis XIV ? Voyez comme la forme des lettres ressemble à celles des siennes jusqu'à l'identité? mais la fraîcheur du papier et de l'encre paraissent être d'hier, d'aujourd'hui même : et cependant, je le répète, cette écriture ressemble à celle de Louis XIV, jusqu'à l'identité. Quoi qu'il en soit, ce petit feuillet est fort curieux.

État des équipages, des vivres, manuscrit autographe de l'année 1692. Un vol. petit in-fol., cartonné. . . . . 7 fr.

Cet état est formé d'un registre de quelques feuilles toutes en blanc ; mais par un singulier bonheur, la minute qui devait les remplir et qui est écrite sur de légères feuilles détachées a, pendant plus d'un siècle, dormi dans ce dossier sans être dérangée. De crainte qu'il n'en fût pas toujours ainsi, j'ai fait relier ensemble ces feuilles ; j'y ai joint plusieurs autres pièces originales de la même année que j'y ai aussi trouvées. De ce nombre est une revue d'équipages envoyés de Metz à l'armée du maréchal de Luxembourg. Comme dans un temps plus proche qu'on pense, les hommes de lettres ne laisseront à faire aucune partie de l'histoire de la guerre, et que pour eux une des plus importantes sera celle de l'administration, je leur prépare, pour le chapitre des vivres, les documents authentiques de ce manuscrit; ils y trouveront la hiérarchie et la solde des commis aux vivres, la hiérarchie et la solde des gens des charrois. Ils y trouveront de curieux détails qu'il serait ici trop long de faire connaître, même d'indiquer.

État de l'artillerie, armes, munitions et ustensiles qui ont été délivrés des magasins de l'arsenal de Toulon pour la défense des costes de la Provence, depuis l'année 1692 *jusqu'à l'année* 1713, manuscrit original. Un vol in-fol., cart. 8 fr.

Avec cet instructif manuscrit je sais comment autrefois on fortifiait une longue côte de cinquante ou soixante lieues, car toutes les positions des batteries y sont mentionnées : il y est dit aussi combien il fallait de canons, de mortiers, car toutes les pièces d'artillerie y sont nombrées : combien chacune pesait, valait, car il y a la pesée et l'appréciation pièce par pièce. Je sais de plus le nom et le prix de l'infinie variété des instruments que nécessite ce service, car tous y sont nommés et successivement appréciés. Je saurais encore si je le désirais combien il fallait de mousquets, combien ils valaient, car ils y sont comptés et estimés; combien il fallait de poudre, combien de munitions et quel en était le prix, car cet état est aussi détaillé à cet égard qu'à tous les autres. Si maintenant quelqu'un me disait : Je vais mettre par-dessus cet état de ce qui se faisait au commencement du siècle dernier un pareil état de ce qui se fait aujourd'hui, et par-dessous un pareil état de ce qui se faisait cent ans avant, je lui répondrais : Monsieur! vous aurez dans le rapprochement de ces trois états la véritable histoire de l'artillerie des côtes pendant trois siècles : en effet, dans cette partie comme dans toutes, l'histoire est une conférence, une analyse. Soyez sûr et assurez les hommes de lettres du mouvement que hors de là, hors de la raison et de ses éternelles règles, on ne fait pas de progrès quand on croit en faire; qu'on n'avance pas quand on croit avancer; et qu'alors, quand on crie au public qu'on fait des pas en avant, on ne fait que des gambades.

Collection de soixante et onze plans militaires, contenue dans un portefeuille, avec leur notice détaillée dans l'inventaire y joint. . . . . . 250 fr.

J'en ai extrait les notices suivantes :

Plan colorié du château d'Asperg (Souabe). Ce plan est original, car il porte écrit au bas : fait au camp de Heitingsheim, le 22 d'août 1693, Robelin signé.

Plan de Brisach, année 1696.

Ce plan est original; il est signé Terrade.

Quatre grandes cartes de Fribourg, du pays des environs.

Ces cartes ont probablement servi aux opérations du siége de cette ville par le Dauphin, fils de Louis XIV, ainsi que paraît l'indiquer un des cartouches.

Plan d'une des casemates de Manheim, 1699.

Ce plan est original ; il est signé par Villablugein.

Plan colorié de Namur où se voient les attaques du château et du fort, les quartiers du maréchal de Vauban et du maréchal de Boufflers.

Ce plan est du temps.

Plan de Montmélian et des travaux du siége.

Autre plan de la fin du XVIIe siècle.

Plan de Neuf-Brisach, année 1701.

A la marge est écrit sur deux larges colonnes l'état

des ouvrages qu'on faisait et qu'on voulait faire. Ce plan a trois pieds de long sur deux de large.

Attaque de Turin, plan manuscrit, rouge et noir, de l'année 1706.

Plan de l'Aqueduc de Casal.

Il est divisé en quatre tables enluminées en jaune et en bleu, et il paraît avoir été fait vers la même année.

Ces plans et plusieurs autres de cette collection sont apparemment ceux sur lesquels les Français ont fait les guerres de la fin du XVIIe siècle, et ensuite la guerre de la Succession. La plupart sont hâtivement tracés à l'encre rouge ou à l'encre noire, et à la plume; et je persiste à croire que les maréchaux de Vauban, de Boufflers, de Villars, le duc de Vendôme, les maréchaux de Tessé et de Berwik ont manié ces cartes, et qu'elles ont été à leur usage. Je prie ceux entre les mains de qui se trouvent aujourd'hui les cartes qui ont été aussi à l'usage de l'empereur Napoléon, du maréchal prince de Ponte Corvo, maintenant roi de Suède, du maréchal Soult, duc de Dalmatie, à l'inscrire sur les marges, car les grands noms conservent jusqu'aux plus petits manuscrits, jusqu'aux feuilles de papier les plus légères.

Réglement sur la subsistance journalière des

officiers, prisonniers de guerre, malades au petit lazareth de Toulon, manuscrit original de l'année 1705, cahier in-fol., cartonné en parchemin. 7 fr.

Si je n'avais lu ce manuscrit, je n'aurais pas voulu croire que dans un hôpital militaire on donnât tous les jours à chaque malade : pour déjeuner, une côtelette de mouton ; pour dîner, un pot-au-feu d'une poule, de trois quarts de livre de viande, avec herbes, riz, deux entrées ou ragoûts, dessert ; pour souper, trois quarts de livre de viande rôtie, deux entrées, dessert, bon vin à discrétion. Comment traitait-on les prisonniers en santé, puisqu'on traitait ainsi les prisonniers malades ? Comment traitait-on les amis, puisqu'on traitait ainsi les ennemis ?

Vingt-sept lettres originales du ministre de la guerre Chamillard et de plusieurs autres ministres ou hommes d'état, écrites depuis l'année 1705 *jusqu'à l'année* 1733, contenues dans un portefeuille. . . . . 30 fr.

J'ai lu attentivement ces lettres ; j'y ai remarqué entre autres faits ceux-ci ; un autre en remarquera de nouveaux ; un autre, encore de nouveaux. En 1705 on fit une réquisition de chevaux et de mulets pour le service de l'artillerie. Vers ce temps on employa des peaux de cochon à l'enveloppe des gargousses. En 1706, des compagnies de milice furent incorporées dans les régiments qu'aujourd'hui nous appelons de ligne. En 1716 la peine de mort fut portée contre les déserteurs, ce qui annonce que le service, ou du moins l'accomplissement de l'engagement était devenu forcé. Il est dit dans une lettre de cette même année que les soldats se croyaient toujours francs des droits d'entrée et des octrois des villes. En 1720 on indemnisa bien les habitants des campagnes des ravages des ennemis, mais il paraît qu'on faisait payer une partie de l'indemnité à la province. Je ne parlerais pas d'un duel entre deux officiers, dont il est fait mention dans ces lettres, si le ministre n'y disait qu'il est reçu en législation criminelle que toutes les fois qu'il y avait eu un duel, qu'un des combattans était tué, et que l'autre prenait la fuite, celui-ci devait être réputé meurtrier.

Mémoire d'artillerie, *par Deplanne*, *ingénieur du roi*, *année* 1731, manuscrit de l'auteur, avec fig. et plans coloriés. Un vol. in-12, veau, fil. 12 fr.

Ce petit et précieux manuscrit est digne d'une attention particulière par les détails de l'art qui ont plus d'un siècle, par le nombre et la beauté des planches. Il y a entre autres un beau dessin de l'instrument envoyé en 1725 dans les places du royaume, pour calibrer les armes à feu de toute espèce.

Trésorerie générale des fortifications de France, *année* 1755, manuscrit en forme probante. Un vol. in-fol., veau brun, filets. 35 fr.

Qui n'aimera ainsi que moi, en lisant ce compte, à se trouver tout à coup comme entouré de lignes de forteresses qui de toutes parts défendent ce vigoureux et robuste corps à taille ramassée, à larges épaules, cette vigoureuse et robuste France? Les différents chapitres de dépense sont disposés province par province, des extrêmes frontières de terre et de mer. Chaque chapitre se compose du prix des ouvrages payés aux entrepreneurs, des appointements des ingénieurs, des intérêts dus pour les valeurs des terrains qu'ont occupés les fortifications; valeurs alors si mal payées qu'en 1755 on n'avait pas encore payé celles de 1689. L'histoire bataille n'a rien à faire de ce manuscrit; car a-t-elle jamais daigné parler des constructions, des fortifications, du prix des matériaux et de la main d'œuvre? A-t-elle jamais nommé les ingénieurs qui cependant sont les muscles de la force militaire? Ici leur nombre, leur grade, leurs appointements, leurs résidences se trouvent avec tous les détails les plus complets. Outre la solde des ingénieurs, il y a aussi celle des éclusiers, des chaloupiers, des patrons et pilotes des chaloupes, pour les places où, comme à Dunkerque, l'enceinte des fortifications renferme des canaux.

J'y vois encore que dans ce temps le corps du génie était sous les ordres d'un directeur général aux appointements de vingt-quatre mille francs. Et toutefois il n'était pas le mieux appointé; c'était le trésorier; il avait vingt-neuf mille francs. Une des salles de la galerie du Louvre était alors le musée des plans en relief des places fortes. Celui de Saint-Omer coûta, cette année 1755, vingt mille francs. Du reste, l'administration des fonds des fortifications n'était pas aussi simple qu'aujourd'hui on pourrait le croire. La dépense, comme on vient de le voir, se composait de différentes parties : il en était de même de la recette, formée des versements faits, soit par le trésor royal, soit par les receveurs provinciaux, soit par les receveurs des villes où il y avait des revenus de ces anciennes patriotiques fondations affectées aux fortifications dont j'ai parlé au XVe siècle, enfin de la vente des vieilles palissades et autres vieux matériaux hors d'emploi. La recette était d'environ cinq millions et demi; elle était à peu près égale à la dépense. Je crois inutile de dire que ce compte, doré sur tranche, est parfaitement écrit; c'est pour moi le plus moderne de ceux dont le frontispice est orné de figures à la plume. Celles-ci sont faites avec une finesse, une légèreté, une hardiesse qui ont dû donner bien de la peine et du plaisir à l'écrivain.

Table indicative pour faire connaître les degrés de force ou de faiblesse des places, manuscrit du XVIIIe siècle. Un vol. in-fol., cartonné. . 8 fr.

C'est une idée originale, du moins bizarre, d'avoir voulu classifier les places de guerre comme les plantes, par des caractères généraux, par la situation, par la configuration : elle n'appartient probablement pas aux hommes de l'art; mais elle peut leur être utile en ce que celui qui l'a eue peut avoir vu la science sous un nouvel aspect.

Moyens de ménager les terres dans la construction des places de guerre. Calculs de toutes les parties d'un front de polygone fortifié suivant la méthode de Vauban, avec planches coloriées, dans le même volume. Ces deux manuscrits sont du XVIIIe siècle, et ont été reliés ensemble. Un vol. in-4°, veau. . . . . 12 fr.

Style clair, planches et figures faciles à comprendre; ces manuscrits méritent ces éloges.

Construction des batteries devant une place forte. Des batteries de canon, ouvrage attribué à d'Aboville. Batteries des côtes, par Gribeauval. Ces trois manuscrits du XVIIIe siècle sont reliés dans un vol. in-4°, veau, filets. . . . . 20 fr.

Sans doute l'art a avancé, mais n'a-t-il rien omis,

rien laissé en arrière? A cet égard ces manuscrits non encore publiés valent assurément la peine d'être lus.

Constructions des équipages de vivres et fonctions d'un commis principal desdits équipages au grand parc de l'armée, manuscrit du XVIIIe siècle. Un vol. petit in-fol., veau. . . . . . . 10 fr.

Voilà une matière nouvelle, un ouvrage par conséquent nouveau. L'auteur ne s'est pas contenté de faire l'histoire de l'art, il a fait encore l'histoire de l'artisan ou des artisans; il dit que les émeutes des ateliers ne commencent pas ordinairement par les ouvriers des forges, par les charrons, mais par les bourreliers. Les historiens militaires ne devraient pas omettre les parties administratives, car celles-ci ont toujours été les ailes de la victoire.

Réflexions sur les principales opérations des campagnes de 1757, 1758, 1759, 1760, 1761 *et* 1762 *en Allemagne*, manuscrit autographe du XVIIIe siècle. Un vol. petit in-fol., cartonné. 8 fr.

Ces réflexions se trouvent à la suite de divers mémoires originaux.

Je ne dirai rien sur cet ouvrage si ce n'est que les critiques littéraires sont fort difficiles en ce qu'elles doivent être justes, car le livre existe; tandis qu'au contraire les critiques militaires sont fort faciles et peuvent impunément n'être pas justes; car d'une bataille, de ce grand fait composé de tant de faits si rapidement évanouis, il ne reste plus qu'une légère feuille de papier, qu'un plan où l'on voit des lignes rangées, dérangées, les unes bleues, les autres rouges.

État de la dépense pour la solde et entretènement des gouverneurs, commandants des provinces, des villes, des mortes-payes, des compagnies, des gardes des gouverneurs, cinq manuscrits in-fol. originaux, année 1776, renfermés dans un portefeuille. . . . . 12 fr.

Le marquis de Vauban, fils ou petit fils du maréchal de ce nom qui avait fortifié la France, est mentionné comme gouverneur d'une obscure petite ville, aux appointements de 600 liv. Ainsi à la troisième génération peut-être seulement à la seconde, le Rhin se perd dans les sables. Que n'ai-je eu le temps de faire des recherches pour savoir comment un fort supplément d'appointemens qu'on donnait aux gouverneurs avait reçu la dénomination de *plats des gouverneurs?* Ce n'est pas tout; les gouverneurs des villes avaient encore des gardes en 1776.

Retranchements portatifs de Jean-Baptiste Parroisse, mécanicien du roi de Suède, habitant à Carrouge, manuscrit original de 1788. Un vol. in-4°, cartonné. . . . . 8 fr.

Messieurs les militaires ! cette idée est-elle neuve? pourrait-on en tirer quelque parti? Oui! non! je m'en rapporte également à vous. Quant au plan qui devait y être joint, je ne l'ai jamais vu; vous tâcherez de vous en passer.

Huit chapitres de l'histoire militaire de France pendant les années 1808, 1811, 1812 et 1813, manuscrits, les uns autographes, les autres originaux et signés. Un vol. in-fol., basane, racine bleue, dentelles. . . . . 80 fr.

Nous avons aujourd'hui, sous divers titres, une histoire militaire de France, que nous appelons histoire militaire de France, et non pas histoire de France. C'est un des progrès qu'a faits la science, bon gré mal gré. Les plus belles années de cette histoire militaire sont celles qui ont commencé à la révolution et fini avec l'empire. Voici huit manuscrits qui en sont comme autant de chapitres; je leur en ai donné le nom.

« Précis des opérations militaires du corps d'armée des Pyrénées-Orientales, commandées par le général Duhesme, pendant l'année 1808, Portes, chef d'état-major, signé; certifié conforme à l'original qui est en mon pouvoir, le maréchal-de-camp Pegot signé. »

« Extraits de l'ouvrage manuscrit intitulé : Précis des événements militaires qui ont amené et suivi le siége de Badajos par l'armée anglo-portugaise, dans la basse Estramadure, en 1811, par Edouard Lapène, capitaine au corps royal d'artillerie. »

« Relation de la seconde défense de la place de Badajos, assiégée et prise par les Anglais en 1812, par le colonel du génie Lamare, et signée par lui. »

« Notes sur les campagnes de 1813 et 1814, extraites des mémoires et du journal d'Autencourt, major du régiment des lanciers polonais de la garde impériale, incluses dans une lettre de l'auteur. »

« Précis historique sur la mission extraordinaire dont fut chargé le lieutenant-colonel Jules Marnier, aide-de-camp du lieutenant-général comte Rapp, pendant le siége de Dantzick, Marnier signé. »

« Historique du siége de Saint-Sébastien, soutenu par une garnison de trois mille Français aux ordres du général Emanuel Rey, contre l'armée anglaise, portugaise, espagnole, aux ordres de lord Wellington, depuis le 28 juin 1813, jusqu'au 15 août inclus, par l'adjudant-commandant, chevalier de Sengeon, manuscrit autographe. »

« Relation du siége de Torgau en 1813. »

« Journal du siége de Thorn en 1813, avec un plan de Thorn, Dresde, le 11 juin 1813. »

Que de gloire! que de gloire! Je recommande

aux historiens de l'histoire nationale du XIXe siècle de la recueillir dans leur plus beau chapitre, de l'imprimer profondément dans la mémoire des hommes des divers états, car l'éclat de nos triomphes fait autant et plus la force vitale de la France, que le fer et la poudre de ses arsenaux. Ce n'est pas tout; les historiens de nos armées me permettront de leur conseiller de ne pas courir le risque de troubler cet éclat en controversant les faits avérés. Je pense qu'il n'est point patriotique d'ébranler la foi religieuse, ni la foi militaire. Dans cette opinion je n'ai pas mis ici quatre manuscrits autographes d'officiers généraux sur des contestations relatives à la guerre de la Vendée qu'il faut couvrir d'oubli, et à la bataille de Waterloo qu'il faudra venger, si cette heureuse paix, dont la civilisation remercie la Providence, venait à cesser. Ce n'est pas tout encore : ces historiens me permettront aussi de leur dire que dans une prairie toute de fleurs, dans une ville toute de clochers, les fleurs seront moins belles, les clochers moins remarquables que si on les espaçait. Il me semble que de même, les batailles ainsi que les siéges pourraient être heureusement espacés dans leurs livres par de sommaires notices sur la construction des camps, le système des places fortes, par de sommaires notices sur les hôpitaux, la chirurgie et la médecine militaires, par de sommaires notices sur les variations de l'habillement, de l'équipement, de l'armement, sur l'amélioration de la fabrication des armes et de la poudre, par de sommaires notices sur l'administration, les intendants, les munitionnaires. Où sont, dans nos histoires des armées, les noms des administrateurs Hallé, Pétiet, Wilmauzi, du salpêtrier Chaptal, et de tant d'autres qui, sans jamais avoir tiré un coup de fusil, ont fait tant de mal à l'ennemi? Mais un instant! Ceux qui connaissent mes opinions littéraires pourraient m'objecter que, dans l'*Histoire de Napoléon et de la grande armée*, on se passe fort bien de ces notices. L'objection serait forte; car je regarde cet ouvrage comme étant égal à tout ce que les âges modernes et les anciens âges ont en ce genre produit de plus beau; et si j'avais écrit comme ce qu'ils ont produit de plus beau je ne l'effacerais pas.

CHAPITRE V.

HISTOIRE DES CHEMINS ET DES INGÉNIEURS, DES POSTES ET DES MAITRES DES POSTES, DES TRAVAUX HYDRAULIQUES DES RIVIÈRES ET DES CANAUX.

CHEMINS.

Nous savons et l'on saura comment sont construits les chemins d'assises de pierres cassées, les chemins anglais, dus à Mac-Adam, imités non pas en France, mais dans une terre française, à l'île Bourbon, où le gouverneur civil, M. Betting de Landcastel, a ravivé le travail, la civilisation et le commerce dans toutes les parties de l'île par ces nouvelles et solides voies, le long desquelles sont pour ainsi dire tout à coup écloses de belles maisons, de nombreuses sucreries qui ont augmenté la fabrication du sucre, de dix millions à cinquante millions de livres : aussi, plusieurs années après sa retraite, les habitants ont-ils voulu que le nouveau canal qu'ils viennent de creuser portât son nom et fût comme l'expression permanente de leur reconnaissance.

Nous savons et l'on saura comment sont construits les chemins de fer dus encore aux Anglais, qui avec le temps cercleront l'Europe et le Globe d'un pôle à l'autre.

Mais nous ne savons guère et peut-être ne saurons-nous jamais comment ont été construits nos chemins au XVe siècle et aux siècles antérieurs. N'allez pas à cet égard demander des documents aux conservatoires de manuscrits ; il n'y en a pas. Eh! pourquoi n'y en a-t-il pas? C'est parce que, du moins à ma connaissance, nulle part et dans aucun temps on n'en a recueillis ; mais à mesure que nos histoires se videront de pages d'éloquence, de pages de mots, qu'elles se rempliront de faits, de toute sorte de faits, ces documents seront plus recherchés ; on en recueillera partout, et ils deviendront moins rares.

Portefeuille contenant quatre-vingt-quatorze pièces originales, relatives aux ponts et chaussées depuis l'année 1381 *jusqu'à l'année* 1707. . . . . 100 fr.

En attendant, voici ce que pour mon compte e suis parvenu à amasser :

XIVe siècle. Pièces mentionnant, mais sans détails, des constructions de ponts dormants, de ponts-levis, de ponts de pierre, de ponts de bois, mentionnant des parties de constructions de routes, de réparations de routes, mais sans détails. A noter qu'en ces temps les ponts des grands passages étaient fortifiés par des portes et des tours, aux extrémités et au milieu. En ces temps aussi les ouvrages étaient dirigés par des maîtres des œuvres qui ne s'appelaient pas encore ingénieurs, qui ne portaient pas encore le collet et les parements de velours rouge brodé d'or.

XVe siècle. — Il y a plus de détails sur les constructions. Outre des maîtres des œuvres il y avait des contrôleurs, qui étaient sans doute les ingénieurs en chef. Leurs appointements étaient de six livres cinq sous par trimestre.

XVIe siècle.—Plus grands détails sur les constructions, sur les turcies et levées des rivières du Loir et du Cher, sur les *eschines de paulx*, pilotis faits avec des tiges d'arbres de quinze à vingt pieds enfoncées jusqu'à fleur d'eau. Il y est encore parlé des *empalements*, des couronnes pour l'écoulement des eaux, du battage des terres. Il y est aussi parlé des turcies et levées de la Loire, des chemins de Paris, des pavés des chemins. On y trouve une quittance du 16 août 1578, d'un maçon entrepreneur du pont que le roi entend estre fait entre le quai des Augustins et le quai de la Mégisserie.

XVIIe siècle. — Pavés des chemins. Quittance d'un commis à la recette générale des ponts et chaussées de France, 2 avril 1633. Lettres de nomination. Quittances, ordonnances, états au vrai. Comptes. Contrôleur provincial; contrôleur général des ponts, chemins et chaussées. Intendant des turcies et levées de France. Tailles qui leur sont affectées.

Lettres originales concernant une partie de chemin à construire dans la vallée de Barcelonnette, *année* 1733. Un vol. in-fol., rélié en parchemin. . . . . 10 fr.

Ces lettres offrent dans leur ensemble comme une espèce de dissertation sur les moyens les plus économiques de faire une route et des ponts ou des arches dans les gorges et les précipices des Alpes. Le ministre, l'intendant de la province, les consuls, chacun parle à son tour. On y propose la construction par corvées. On y propose aussi d'accepter l'offre de la commune, ou, comme on disait alors, de la communauté de Lauzet, qui voulait se charger de la construction. Le rapport du commandant, depuis maréchal de Maillebois, en forme de lettre, signé de lui, semble être d'un homme de l'art, d'un bon ingénieur; c'est un petit monument.

Mémoire sur les routes de la généralité de Montauban, manuscrit copié de la main du géo-

graphe Buache, en l'année 1754. Un vol. petit in-fol., parchemin. . . . . 12 fr.

Je n'ai pas eu, je n'ai pas même vu de plus ancien manuscrit traitant spécialement de la construction des chemins. Il doit cependant y en avoir de plus anciens, et en grand nombre; car il n'est pas possible que tous les manuscrits antérieurs aient été détruits. En attendant qu'on les découvre, fixons bien la date de celui-ci. J'y trouve joint une note que Buache a écrite sur un petit carré de papier, attaché avec une épingle, portant que monsieur Bornier, ingénieur, lui a prêté ce mémoire le 8 avril 1754, veille de son départ, et qu'il le lui a rendu le lendemain. Buache avait un bon esprit; il sentait le prix de ce mémoire; il le copia en entier en un ou deux jours, bien qu'il n'ait pas moins de quinze pages. Ce qui rend précieux ce manuscrit, ce n'est point parce qu'on y propose de faire à Byas, sur l'Aveyron, un beau pont de marbre qui ne devait pas plus coûter qu'un pont de pierre; ce n'est pas même parce que les chemins y sont décrits, station par station, lieue par lieue, avec la plus louable exactitude; mais c'est parce qu'il y est parlé d'empierrements, genre de construction qui a le plus avancé l'art. J'ai consulté des ingénieurs, et des plus élevés, relativement à la date de l'invention des empierrements. Ils m'ont répondu qu'on pouvait la faire remonter jusqu'au milieu du siècle dernier. Cela s'accorde assez avec la date de cette note. Cependant je ne puis être de cet avis. Le mémoire a pour objet la description d'une route de quarante ou cinquante lieues, en grande partie terminée; d'où il faut induire qu'elle avait été commencée depuis vingt ou trente ans, c'est-à-dire vers 1730 ou 1720. Or comment supposer qu'elle a été commencée juste la première année de la mise en pratique de l'invention des empierrements? d'où je conclus que cette invention remonte au moins à la fin du XVIIe siècle. Je le crois ainsi, et je le croirai jusqu'à preuve du contraire.

Mémoire sur la construction des chemins par corvées acquittées indistinctement par les citoyens de tous les états, ou en argent ou en travail.

Ce manuscrit et les trois suivants. . . . 8 fr.

Autre mémoire sur la construction d'une partie de route dont l'évêque de Rodez propose à la ferme générale de faire en commun la dépense.

Autre mémoire sur la fixation du chargement des voitures circulant sur les grandes routes.

Recueillons! conservons!

Projet d'un pont à construire à Tartas, fig.

Carte routière de Paris à Neufchâteau. 4 fr.

Carte de la route de Versailles à Rheims, par Delisle, année 1722. . . . . 6 fr.

Profil de la route de Vitry à Gournay.

Plan de la route de Rouen à Alençon.

Ces deux cartes renfermées dans un portefeuille. . . . . 5 fr.

Carte instructive des chemins pour aller de Fribourg en Souabe, année 1695.

Cette carte, de trois pieds de long sur deux de large, marque les villages que le chemin traverse et les nombreuses maisons dont il est bordé.

Chemin de Fribourg à Constance, carte manuscrite du XVIIIe *siècle, neuf pieds de long.*

Voulez-vous savoir si un chemin est fréquenté, s'il a été fait utilement? Voyez s'il est bordé de hameaux, de villages, de villes; partout où le terrain penche, partout où il y a de l'argent à gagner, il y vient de l'eau, il y vient des hommes, des maisons. Les cartes itinérographes qui, dans le genre de celles du XVIe siècle ou des curieux itinéraires de ce temps, marqueraient dans l'intérieur ou bien à la marge les villages, les hameaux, les fabriques, les maisons, les hôtelleries situés le long des chemins, seraient beaucoup plus historiques et conserveraient plus durablement le nom de leur auteur.

Carte du chemin de Fribourg à Willinghen, six pieds de long sur un pied et demi de large.

Carte du chemin du fort de Kell à Fribourg, sept pieds de long sur un et demi de large.

Dans la suite ces deux cartes deviendront utiles surtout pour indiquer les redressements de chemins qui ont été faits depuis qu'elles ont été tracées. Ces redressements sont nombreux, car, soit dit littéralement comme métaphoriquement, il s'en faut bien que l'esprit humain trouve toujours à son point de départ la plus droite ou la meilleure route.

Un seul portefeuille contient ces quatre cartes. 20 fr.

Portefeuille contenant onze cartes des routes, chemins, voyeries, sentiers, sentes du territoire de Goussainville et de Tillay. . . . . . 40 fr.

Ces deux communes, situées à trois ou quatre lieues au nord de Paris, sur la rivière ou ruisseau de Crou sont aussi petites l'une que l'autre, aussi agréables l'une que l'autre, aussi heureuses l'une que l'autre ; et voici quel est leur bonheur dont elles ne se doutent pas. Elles ont ce que les autres communes, même ce que les villes, les plus grandes villes n'ont pas ; elles ont des cartes de leurs plus petits comme de leurs plus grands chemins. Ces cartes sont d'une telle dimension que plusieurs ont de vingt à trente pieds carrés. Elles sont dessinées avec tant de soin que les rangées d'arbres semblent plantées le long des chemins qu'elles bordent : si les communes de Goussainville et de Tillay ne veulent pas faire le sacrifice de vingt francs chacune, alors ce serait à la grande bibliothèque du roi, ou bien aux archives du royaume à les acheter, pour les mettre à leur casier des Chemins, où probablement il y aura encore un peu de place.

POSTES.

Portefeuille renfermant une collection de cent vingt pièces originales relatives aux anciens chevaucheurs, aux postes et relais, depuis l'année 1351 *jusqu'à l'année* 1700. . . . . . . 120 fr.

Je ne puis pas dire que dans les conservatoires de Paris il n'y ait pas d'anciens manuscrits relatifs aux postes, il y en a au moins un du XVIe siècle, et c'est moi qui l'ai vendu, je ne sais depuis combien d'années. C'est un volume écrit sur parchemin, format in-4°, qui en aucune manière ne peut entrer en comparaison avec la collection dont je vais faire une courte analyse. On y trouve d'abord les gages des chevaucheurs du roi, avant l'établissement des postes, porteurs des dépêches. On y trouve ensuite les gages des maîtres des postes, aux XVe, XVIe et XVIIe siècles. En ces temps les maîtres des postes prenaient le titre de maîtres tenant la poste, pour le roi, expression d'un usage général : receveur pour le roi, huissier pour le roi. En 1561 il y avait des postes de la cour, différentes des autres postes. En 1563 il y avait des postes françaises à Bade. En 1566 il y en avait à Cologne, ce qui pourrait faire croire que l'établissement des postes n'était pas encore général en Europe. En 1572 il y avait au moins quarante-six chevaux à la poste de Paris. On payait, si tout le monde payait comme le roi, vingt sous par cheval. En 1601 répartition ou *département de la crue des postes*. En 1605 un contrôleur général des postes. En 1634 un grand-maître des courriers et surintendant général des postes et courriers de France.

RIVIERES.

Portefeuille contenant treize mémoires ou dos-

siers, écrits au XVIIIe *siècle, sur les moyens de rendre navigables plus près de leur source plusieurs grandes rivières, sur le redressement de leurs cours, sur leur nettoyement, sur les alluvions, sur les pescheries, sur les réglements de la charge des bateaux, sur le desséchement de plusieurs parties de côtes*. . . . . 30 fr.

On ne trouve aujourd'hui de ces rares, utiles et indispensables manuscrits que derrière les trente-six clefs des archives administratives. Et véritablement ceux-là en sont sortis ainsi que bien d'autres : quand ? Je le dirai dans un autre chapitre.

Dossier composé de mémoires, de lettres originales et autres pièces concernant la navigation de la Seine, les arrivages, la rareté des combustibles à Paris, et le projet d'une gare, années 1787, 1788 *et* 1789, renfermé dans un portefeuille. . . . . 12 fr.

La première pièce est un réquisitoire du procureur de la ville de Paris, pour qu'il soit ordonné aux plâtriers, aux chauffourniers, aux ouvriers à chaudières, de brûler de la houille ou de la tourbe. Ce réquisitoire est fort notable aujourd'hui ; il ne l'était pas dans le temps. La seconde pièce est une soumission d'entrepreneur pour la construction d'une gare. Quand on a fait construire celle des Bons

Hommes, on s'est probablement passé de cette pièce qui peut-être aurait été fort utile. Les autres pièces sont des mémoires relatifs à la navigation de la Seine ; ils ont pour auteur le procureur de la ville. Un beau matin ce magistrat, craignant que les habitants manquassent de plusieurs denrées qu'amène la rivière, part ; il s'embarque, il visite en détail les bords de la Seine et des rivières affluentes, et en fait une description qui est dans ce dossier, et qui vaut la meilleure carte. On veut savoir son nom, on a raison : il se nomme ou se nommait Carny : s'il vit, je prie quelque personne bénévole de lui lire ces lignes.

Cours de la rivière de la Somme, de Saint-Cry à Saint-Quentin, toisé de distance en distance, avec la représentation des villages adjacents, quatre pieds de long.

Cette carte de la fin du XVIIe siècle, est dans un portefeuille. . . . . 6 fr.

Carte du cours du Rhin et du chemin qui longe ce fleuve depuis Othmarsen jusques à Namsem.

Cette carte faite vers l'année 1700 retrace exactement l'ancienne face des rives du Rhin avec la position des pêcheries, des gardes littorales ; elle est minutieusement historique, c'est-à-dire historique au plus haut degré.

Cours du Rhin, depuis Strasbourg jusques au fort Louis, carte de quatre pieds et demi de long.

Cours du Rhin depuis le fort Louis jusqu'au lieu de Fockenhem, carte de trois pieds de long.

Cours du Rhin depuis Othmarsen jusqu'au pont de Brisach, carte de sept pieds de long.

Autre plan d'une partie du cours du Rhin, depuis Seltz jusqu'à Philisbourg.

Ce plan est tracé à la plume.

Plan colorié du grand banc de sable et du gué du Rhin au-dessous de Bâle.

Ces six cartes contenues dans un portef. 20 fr.

Carte de la Loire, année 1720, *avec l'explication des endroits marqués par des lettres*, carte de trois pieds de long renf. dans un portef. 6 fr.

Je serais fâché que cette carte ne passât pas à un promeneur, propriétaire, habitant de ces belles rives.

Plan de la rivière de la Charente, depuis le port de Rochefort jusqu'à l'embouchure, par Digard de Kerguette, professeur royal de mathématiques et d'hydrographie, année 1775. Ce plan, de cinq pieds de long sur deux de large, renfermé dans un portefeuille. . . . . . . 7 fr.

C'est le tableau mouvant du cours de la rivière et de ses rives jusqu'aux plus petits détails, jusqu'à un arbre ; c'est un chef-d'œuvre de dessin de Pennevert et Perrain, dont la justice veut que j'écrive ici les noms.

CANAUX.

Cartes et plans du canal de Neufbrisach, en trois feuilles, année 1700.

Cartes du cours du canal de l'Avantzenau, depuis Strasbourg jusqu'à Seltz, même date, cinq pieds de long sur un de large.

Ces deux cartes renfermées dans un portefeuille. . . . . 15 fr.

Plan manuscrit du canal de la Seine près la ville de Troyes, pour le flottage du bois, construit par les adjudicataires des coupes des forêts de la haute Seine. Ce plan paraît être du XVIIIe siècle; il a un pied en carré et il est renfermé dans un portefeuille. . . . . 4 fr.

Qu'on ne perde pas de vue que l'histoire des rivières et des travaux pour leur navigation fait partie de l'histoire du territoire, qui naturellement est le premier chapitre de l'histoire de France.

Mémoire sur la reconnaissance faite en 1783, *relativement au projet d'une communication entre la Moselle et le Rhin*, manuscrit du temps. Un vol. in-fol., cartonné. . . . . 8 fr.

Canal de Cette, avec la représentation des différentes cultures qu'il traverse.

Joli plan manuscrit de la fin du XVIIIe siècle, renfermé dans un portefeuille. . . . . 5 fr.

Ancien plan manuscrit du canal de l'Ourcq, depuis sa naissance jusqu'à son embouchure, avec le plan du canal de Saint-Denis, le cours de la Marne depuis Lilly jusqu'à Paris, et une partie du cours de la Seine depuis le confluent de la Marne jusqu'à Argenteuil.

Je crois ce plan du milieu du siècle dernier, et sous ce rapport de date il est devenu fort précieux; il est colorié et d'un format grand atlas.

Plan manuscrit, tracé à la plume, d'ouvrages hydrauliques pour une dérivation de l'Ourcq, arrondissement de Meaux, année 1813.

Ces deux plans renfermés dans un portefeuille. . . . . 8 fr.

Mémoires sur le canal de Picardie. Mémoires sur les canaux de la Bretagne avec plans et dessins coloriés. Mémoires sur les canaux de Paris à Saint-Denis. Mémoires sur le canal de l'Oise. Mémoires sur le canal de Bourgogne, formant ensemble trois dossiers manuscrits de différentes époques du XVIIIe siècle, renfermés dans un portefeuille. . . . . 15 fr.

Tous ces manuscrits ont aussi appartenu au gouvernement; ils ont demeuré pendant près d'un siècle dans ses cartons; ils auraient pu cependant être fort utiles, puisque plusieurs des projets qu'ils contiennent ont été exécutés, et que les autres, qui pourraient probablement l'être de même, ne le seront que dans longues années et peut-être jamais s'ils ne tombent en bonnes mains. Autre observation : ne devrions nous pas imiter nos savants et prudents ancêtres ? On lit dans le dernier projet un extrait des registres de la faculté de médecine de Paris, consultée en l'année 1726, sur les dangers des exhalaisons des terres à ouvrir pour le canal de la plaine Saint-Denis. On aurait pu la consulter encore sur le danger des exhalaisons des eaux du canal. Heureusement les chemins de fer vont dessécher toutes ces artificielles rivières avec lesquelles serpentent, dans les plus belles et les plus riches campagnes, les fièvres périodiques, endemiques, épidémiques, peut-être un bon médecin ajouterait-il, et toute la nombreuse cruelle famille des fièvres. On me dira : mais alors pourquoi vendre les mémoires et les projets relatifs à des canaux? Oh! c'est tout simple; je ne les vends qu'avec mes observations ; je ne les vends que pour l'histoire.

CHAPITRE VI.

HISTOIRE DU COMMERCE ET DES COMMERÇANTS.

Réflexions sur le commerce, manuscrit du milieu du XVIIIe siècle. Un vol. in-fol., cartonné. 15 fr.

Ces réflexions sont excellentes ; et si elles portaient le titre d'indroduction à l'histoire du commerce, elles le justifieraient par leur exposition méthodique, leur clarté, leur justesse. En les lisant, je me disais que l'auteur était commerçant ; il ne l'était pas, mais il avoue qu'il fréquentait beaucoup les commerçants. Il appelle de toutes ses forces l'absolue liberté du commerce.

Portefeuille contenant des chartes relatives au commerce, au nombre de douze, depuis l'année 1378 *jusqu'à l'année* 1765. . . . . . 10 fr.

Par respect pour l'histoire du commerce, j'ai veillé avec le plus grand soin à ce qu'aucune charte qui pût y avoir rapport se glissât dans les autres collections. Voici quelques extraits de celles que j'ai pu rassembler.

En 1378, en 1437, les élus vendaient au nom du roi les foires, c'est-à-dire que, dans les terres domaniales, ils affermaient les droits de perception sur les marchandises.

A différentes époques, concessions et créations de foires.

En 1598, contrôleurs, visiteurs, marqueurs de cuirs en titre héréditaire.

En 1636, en 1684 lettres d'ajournement devant les juges marchands; sentences de ces juges.

Concession de quatre lieues de territoire, faite en 1674, par la compagnie des Indes occidentales aux Jésuites, pour l'agrandissement de leur baronnie des Islets.

Brevet d'actionnaire de la compagnie des Indes de l'année 1701.

En 1705, rachat à prix de finance, fait par le corps des marchands, des arts et métiers, pour la suppression des offices d'auditeurs des comptes des arts et métiers.

En 1765, lettres de mercier-droguiste, épicier, avec enseigne.

Je n'ai point, là, il s'en faut bien, vidé tout le portefeuille.

Mémoire touchant le commerce qui se fait dans les diverses parties du monde par rapport aux Hollandais, manuscrit de la fin du XVIIe siècle. Un vol. in-fol., veau brun, filets. . . . . 18 fr.

Le premier chapitre est l'histoire du commerce, depuis le Xe siècle jusqu'à la fin du XVIIe. L'auteur est vraiment un homme du XVIIe siècle, car il connaît fort bien l'histoire du commerce pendant cette dernière période. Il connaît bien aussi le commerce des périodes précédentes, mais pas aussi bien, car il omet les Espagnols et les Portugais au XIVe et au XVe siècle. Il omet bien aussi dans ces deux siècles les Français et même les Anglais; mais en cela il n'y a pas de reproches à lui faire, car ces deux nations aujourd'hui les plus commerçantes étaient les moins commerçantes dans ces temps. La narration de cet auteur est d'ailleurs fort bonne. Vous voyez pour ainsi dire le génie du commerce caractéristiquement personnifié sortir de sa plume, changer successivement son trône de différentes villes d'Italie en différentes villes d'Allemagne, ensuite en différentes villes des Pays-Bas; l'élever à Bruges, lorsque la découverte de l'art de saler les harengs y joint l'immense commerce du poisson salé à celui des manufactures; à Anvers, lorsque les guerres civiles eurent ruiné Bruges; à Amsterdam, lorsque les guerres religieuses eurent ruiné Anvers. Un tableau plein et vivant du commerce de la nation hollandaise et de la nation française, où, comme dans deux grandes boutiques, l'une en face de l'autre, l'on voit rangées sur de larges tablettes les marchandises des deux pays, s'offre au chapitre IX. On y trouve aussi de très grands détails, entre autres l'évaluation des marchandises importées et exportées par la France, terminée par la balance de commerce, la perte, le gain, la soulte.

L'auteur, grand partisan de la liberté de commerce, nous apprend que le ministre Colbert la protégeait à ce point qu'en temps de guerre, quand les Hollandais fermaient leurs ports aux vaisseaux Français, il continuait à ouvrir ceux de France aux vaisseaux Hollandais. Colbert, avant d'avoir été un fin ministre, avait été marchand et fin marchand.

Commerce de la Lorraine, année 1738. Un vol. in-fol., cartonné. . . . . 12 fr.

Ce manuscrit est du temps ; il paraît être original : il donne et l'état commercial, et l'état agricole, et l'état financier de cette grande province.

Portefeuille Commerce de Nantes. . 25 fr.

Ce portefeuille renferme un mémoire, signé par les juges consuls sur l'état du commerce de Nantes, année 1731 ; et, ce qui est bien autrement précieux, un cahier écrit vers ce même temps, contenant les réponses aux questions faites sur l'industrie et le commerce de la subdélégation de cette ville. J'ai toujours regardé Nantes, dont les anciens tarifs ou pancartes étaient si célèbres, comme la ville classique des octrois et des péages. Je ne savais pas avoir si bien raison. On trouve à la fin de ce manuscrit l'état des péages seigneuriaux. Je lis qu'il y en a dix-sept ; Comment dix-sept ? Je continue à lire ; il y en a vingt-cinq, tous différents, tous à perceptions différentes : Le droit du saint Sépulcre, Le devoir de Loire, Le droit de l'escaffe... Le droit de grandes... de petites unzaines... Le droit de miode... Le droit de clarigo... Le droit de boîte. Tous ces péages n'éprouvaient ni réclamations ni difficultés, excepté un, celui de la Madelaine, qu'on refusait de payer à la dame Folonneau. Les Bretons sont obstinés, têtus ; il fallut les faire assigner devant le sénéchal qui eut à prononcer sur le maintien de la coustume des bestiaux et *porticols* à la tour de Firmil, ou péage de la chapelle de la Madelaine.

Portefeuille Commerce de Touraine. . 6 fr.

Un différend sur les diverses franchises des foires de Tours, élevé entre les échevins de cette ville et les fermiers généraux, donna lieu au mémoire sur le commerce de Touraine contenu dans ce portefeuille. On y trouvera aussi le rapport fait à la ferme générale.

Portefeuille Foire de Beaucaire. . . 30 fr.

Ce portefeuille renferme tous les documents les plus authentiques et les plus variés sur cette importante foire, aux années qui ont précédé notre révolution, années où elle était, pendant quinze jours, le marché général de l'Europe. Dans ces documents s'offrent toutes les branches du commerce de la France: quincailleries, tissus, épiceries, drogueries, tout y est, même le tableau du droit des douanes, avec les entrées et sorties par le bureau d'Arles.

Portefeuille Commerce des colonies, Commerce de Guinée et de l'Inde, Commerce de la côte de Guinée, Commerce de l'Amérique, Traite des noirs. . . . . 8 fr.

On lit dans le mémoire Commerce de la côte de

Guinée, écrit vers la fin du XVIIe siècle : « Cette car-« gaison pourroit produire plus de cent dix marcqs « d'or ; et s'y c'estoit moitié or et neigres, elle pou-« roit produire 100 marcqs d'or et plus de 300 bons « neigres » comme qui dirait 300 bons chevaux.

Mémoire autographe d'Hardancourt sur la compagnie des Indes, depuis son établissement en 1664, petit in-fol., cartonné. . . . . . 8 fr.

Portefeuille Compagnies de commerce, Compagnie des Indes, Compagnie de Saint-Domingue, Compagnie du Sénégal. . . . . 6 fr.

Ces trois dossiers sont composés de pièces originales ou du temps. Le dossier des Indes renferme entre autres dix tableaux dorés sur tranche, qui épargneront bien du temps et de l'encre à celui qui voudra écrire notre histoire commerciale ou coloniale.

Portefeuille Commerce des étrangers. Commerce des Hollandais. Mémoire sur le commerce particulier d'Amsterdam et de sa banque. Commerce de Bruxelles. Mémoire sur le commerce de Bruxelles. Mémoire sur les décrets du gouvernement de Bruxelles et du prince de Liége. Commerçe des Anglois. Représentation des com-

missaires du commerce et des plantations, faite à la chambre des Lords, 27 *mars* 1735. 10 fr.

Tous ces manuscrits sont originaux ou du temps.

Portefeuille Commerce des grains. . 14 fr.

Il renferme sept mémoires sur le commerce des grains; ce sont des manuscrits originaux du XVIIIe siècle.

Portefeuille Histoire des raffineries et du commerce du sucre. . . . . 20 fr.

Ce portefeuille contient deux dossiers. L'un est un ancien dépouillement des mémoires des propriétaires des raffineries, ou des lettres des intendants relatives au commerce du sucre. L'autre est en même temps un traité de la fabrication et une histoire du commerce du sucre. Ces deux manuscrits sont du milieu du XVIIIe siècle.

Portefeuille Science du commerce. . 20 fr.

Il y a un petit traité de commerce de spéculation, un petit traité de commerce de commission, un prospectus d'une école de commerce, écrit en 1784 et signé par le célèbre conventionnel, avocat du clergé, le premier des gardes généraux des archives du royaume, Lecamut, et non pas Lecamus, comme ordinairement mais fautivement on l'écrit.

Portefeuille **Primes**. . . . . 20 fr.

Il y a un mémoire sur les primes au XVIIe siècle et au XVIIIe. Il y a aussi un rapport sur les primes, sur les primes de la traite des noirs.

Mémoire sur le commerce et la marine, manuscrit de 1729. Un vol. in-fol., veau fauve, dentelles. 15 fr.

Les chambres de commerce s'étant aperçu, il y a cent et quelques années, que chez les ministres leurs mémoires étaient souvent couverts par d'autres mémoires, ou bien à cause de leur longueur laissés au fond des cartons, en firent extraire les parties les plus essentielles et en formèrent un volume qu'elles firent relier en veau et le leur présentèrent; c'est ce même volume. Je dois ajouter qu'elles le décorèrent d'un beau frontispice, et, ce qui vaux mieux pour les ministres, alors comme aujourd'hui si occupés, elles y joignirent une table des matières et une carte géographique de l'année 1720, car il faut tenir compte de tout.

Portefeuille *Avis des chambres de commerce sur des demandes faites par des manufactures*. . . . . 50 fr.

Il y a vingt-un mémoires ou dossiers, depuis l'année 1720 jusqu'à l'année 1789; et dans ces documents originaux se trouve écrite, au XVIIIe siècle, l'histoire réunie de l'industrie et du commerce dans leur rapport avec le fisc de la ferme et le fisc des douanes. On y voit aussi l'état de plusieurs célèbres manufactures.

Portefeuille Minutes des procès-verbaux des séances du conseil du commerce, années 1721, 1722, 1723 et 1724, manuscrit in-fol., dont les feuilles sont enfilées, peut-être depuis plus de cent ans, avec un lacet à ferret en cuivre très acéré. 50 fr.

Qui dirait que les minutes du conseil du commerce, formant le plumitif de ses arrêtés, de ses avis, de ses opinions pendant les trois années qui suivirent les vingt premières de son institution; qui dirait que ces minutes, au lieu d'avoir été religieusement conservées dans les archives du ministère ou religieusement portées aux archives du royaume, auraient été mises au rebut et se trouveraient ici exposées en vente? Il a fallu que celui qui a fait notre première histoire nationale, qui sentait si bien le prix de ces documents uniques en ce qu'ils contiennent les vrais matériaux de la partie du commerce, et, sous plusieurs rapports, de ses mystères et de ses secrets, rencontrât tout à point les marchands papetiers, au moment qu'ils revenaient de l'encan public où ils en avaient fait leur curée.

Procès-verbaux des séances du conseil de commerce, années 1722, 1723 *et* 1724, manuscrit original. Un vol. in-fol., basane, racine bleue, dentelles. . . . . 50 fr.

Je rachetai à l'issue de ce même encan plus d'une grande corbeille de titres qui tombèrent dans mes mains presque en même temps que le gouvernement les faisait sortir des siennes. Du reste j'avertis que je parle de loin, de fort loin. Mais veut-on savoir en quoi ces minutes et ces registres ont un si grand prix? Alors je dirai que je ne connais pas de tableau du commerce français plus vivant, plus varié. Dans une séance, en 1721, vous voyez un fabricant de mousseline. Dans une autre, c'est la saisie d'une montre, d'un buste de marbre, comme venant d'Angleterre. Dans une autre, c'est une saisie de planches de cuivre représentant Sainte-Marguerite, Sylla, Marius contre laquelle réclamait un pauvre graveur. Dans une autre ce sont des permis de transit et de chargement de blé d'Inde. Dans une autre se présentent le tableau, les scènes de la fameuse peste de Marseille. Dans une autre s'offre le carrosse périodique de Picardie, tout frauduleusement rempli d'indiennes. Je ne choisis pas. Ajoutez les discussions variées sur les nombreuses fabrications, les discussions variées sur les propositions des chambres de commerce. Aussi mes vœux sont-ils que ces importants manuscrits redeviennent une propriété publique et passent ou dans les archives du ministère, ou dans les archives du royaume, ou qu'au refus de ces établissements ils passent à des chambres de commerce, à des écoles de commerce, à des écoles d'économie politique; et dans cette intention, je prescris ici plus spécialement qu'ailleurs à l'officier priseur de n'ouvrir les enchères sur les mises à prix partielles qu'après avoir essayé la mise à prix générale de tous les manuscrits du chapitre.

CHAPITRE VII.

HISTOIRE DE LA COUR ET DES COURTISANS.

Panneteries de la cour des rois de France, XVIe *et* XVIIe *siècles, précédées de celles de la cour des comtes d'Artois,* XIIIe *et* XIVe *siècles.* Un vol. in-fol. de deux pieds de long, sur dix pouces de large, basane, racine verte, dentelles. . . . . 160 fr.

Les cent trois petits rouleaux manuscrits qui forment ce volume des dépenses de bouche de la cour des princes et des rois de France, depuis le XIIIe jusqu'au XVIIIe siècle, sont comme de longues anciennes tables chargées de pains, de vin, de pièces de viande, de gibier, de fruits, que l'on voit pour ainsi dire payer, peser, diviser, couper, distribuer.

Table de la comtesse d'Artois.

« Lundi XVIe août année mil IIc IIIIxx XVIII : Pain
« XVII sols. Nappes XVIII deniers. Vin XXII sols I de-
« nier. Fruicterie VI sols... Somme de la journée
« VI liv. X sols I denier. — Dimanche XIXe septem-
« bre... Cuisine... Garnison madame XX pièces
« char...

Table de madame de Savoie.

« Mercredi IX août M CCC XXXV : Pour VII pastés
« de bresme II sols... Pour un cent de tartes à III de-
« niers cascunes... Pour un cent de darioles de
« cresme... Pour LX pastés de venaison XI deniers
« cascun... »

Table de Henri III.

« Lundy deuxième décembre mil cinq cents qua-

« tre vingt cinq, Cuisine... becasses... un poulet « d'Inde xxv sols... xii allouettes v sols, gélinotes... »

Table de la reine de Navarre.

« Jeudi, onzième juin mil v^{c} iiii^{xx} vii, quinze « douzaines de pains... vin cleret... bœuf de ser- « vice... bœuf salé... chevreaux... pièces de four... » Cette belle princesse payait tout plus cher que le roi Henri III son frère; mais il faut dire aussi qu'elle demeurait sur le sommet de la haute montagne d'Usson et au milieu des Normands du midi.

Table de Louis XIV.

« Samedi xiv avril 1668... poisson d'eau douce... « de marée... vin pour le poisson. »

Toutes ces panneteries, depuis le xiie siècle, jusqu'au xviiie, sont divisées en Panneteries, Echansonnerie, Cuisine, Fruicterie, Fourrière. Dans cette partie d'administration comme dans bien d'autres tout était pour ainsi dire réglé, régi comme par un ancien rituel de cour. Mais ne croyez pas que dans les panneteries il n'y eût que les articles de dépense qu'on vient de lire; il y en avait bien d'autres; et voilà ce qui en varie singulièrement la physionomie. Par exemple, on lit à la date du 28 mars 1298: « Item à une fame qui garit Robert monseigneur de « son œil por poivre qui lui estoit entré dedans. —

« Le xxxie jor de mars donné au roy des escoles de « Hesdin qui vindrent voir monseigneur vii sols. » Fait à remarquer pour l'histoire de l'instructio n publique; les écoles de la ville, leur roi à leur tête, vont au xiiie siècle faire visite au prince.

Collection de six cent quarante sept pièces originales relatives à l'ancienne cour de France, renfermée dans une boîte. . . . . 200 fr.

Est-ce que l'ancien habit de Louis-le-Hutin ou de Louis XII ressemblait aux habits fracs de Louis XVIII ou de Louis-Philippe Ier? Eh bien! l'ancienne cour ne ressemblait pas davantage à la cour actuelle. On en est convaincu surtout quand on a, ainsi que moi, examiné, pièce à pièce, la grande brassée de parchemins qui forme cette collection.

Aumôniers, chapelains; oh! que d'aumôniers, de chapelains! Prédicateurs; oh! que de prédicateurs! Confesseurs; oh! que de confesseurs du roi, de confesseurs du commun! Je préviens les demandes de la curiosité. Les confesseurs avaient-ils des honoraires? Oui! En 1633, ils avaient par an douze cents livres.

Gouverneurs, gouvernantes des enfants de France.

Grands officiers de la cour; petits officiers de la cour: y a-t-il des uns et des autres? Sur les uns je remarquerai qu'en 1378 le chambellan du roi de Navarre lui revendait du drap; qu'au xvie siècle la cour était remplie de gentilshommes italiens, *gentilhuomini della camera del re ;* sur les autres qu'il y avait de petits officiers falotiers du duc d'Orléans, de petits officiers trompettes de la chambre.

Portiers ; portiers, tant et plus : à la bonne heure. Il y avait tant de portes !

Valets ; grands valets, petits valets... valets de fourrière, valets des épagneuls, valets aussi nombreux qu'un régiment, non quand il vient de la guerre, mais quand il y va.

Laquais ; laquais du corps du roi, laquais du corps de la reine. Dans cette sous-division de collection est une quittance signée par le fou Brusquet, si célèbre sur notre théâtre, dont au moins la signature n'a rien de plaisant.

Bouche ; on ferait un gros dictionnaire des titres ou des fonctions des officiers de la bouche du roi et de la bouche du commun. Galopins, enfants de cuisine, qui souvent étaient des vieillards, porteurs en cuisine, hateurs en cuisine, potagers en cuisine, sauciers en cuisine, écuyers de cuisine, sommeliers de broches ; queux, maîtres-queux, gobelet-vin, conducteur de la haquenée du gobelet de la reine, sommeliers d'échansonnerie, maistre des garnisons des vins, échansons, gobelet-pain, boulangers, panneliers.

Ecurie ; autre gros dictionnaire. Ecuyer d'écurie passe ; capitaine de vingt chevaux. Capitaine des mulets. Je transcris ici avec plaisir une quittance de l'année 1510 : « Pour avoir faict XIII couvertures de « drap bleu, X aux mulets qui portent les coffres de « la chambre du roy, II à deux autres mulets qui « portent les coffres de la chapelle et I pour l'autre « mulet qui porte le lict sur lequel le dict seigneur re- « pose le jour quand il chevauche... » Bon roi ! Bon roi ! il sommeille, il rêve, il sourit, il voit la France heureuse. On voit par la date que c'était Louis XII.

Vénerie ; autre gros et plus gros dictionnaire. Aide de vol pour héron ; piqueur des oiseaux de la chambre ; piqueur pour pie ; garde perche de la grande fauconnerie ; garde à cheval des plaisirs du roi ; sous-lieutenant des toiles ; valets des grands lévriers de la chambre ; valets des chiens par quartier ; maître valet des chiens ; boulanger des chiens.

Filles d'honneur ; dames d'honneur de la reine : oui ! oui ! eh! pourquoi pas?

Filles, femmes de service : il est fort difficile de classer les pièces de cette sous-division ; car, outre celles qui concernent les lavandières, les femmes de chambre des filles et des dames d'honneur, il y a des mandements de paiements à faire à une demoiselle de la reine, à des nourrices, à la gouvernante *de toutes les nourrices retenues des enfants de France depuis la naissance du roi.*

Nains, naines, *plaisantes* folles ; leur nourriture,

leurs habillements. Ici nous sommes à la cour du XVIe siècle.

Ménagerie; ours, lions, chameaux, autruches, civettes, singes, *ordinairement à la suite du roi*, porte le compte. Ici encore nous sommes toujours à la cour du XVIe siècle.

Marchands suivant la cour: dans un de leurs comptes j'apprends qu'en 1612 il y a eu un carrousel, bien antérieur, comme on voit, à celui de 1662, qui a donné son nom à cette célèbre place destinée à recevoir l'obélisque, à être la merveille des places du monde. J'y apprends aussi que du temps du jeune Louis XIII on portait des robes de velours fond d'argent, laine à la turque. Vous ne savez pas trop comment étaient ces robes, ces étoffes; ni moi non plus.

Artisans suivant la cour. Ils avaient ainsi que les marchands leurs brevets; et plusieurs, comme le père de Molière, étaient en même temps valets de chambre. Dans un de leurs comptes, daté du 31 octobre 1637, je trouve que lorsque le roi était en deuil, il s'habillait de violet jusqu'au bout du fourreau de son épée.

Jardiniers, terrassiers. J'ai encore mis dans cette sous-division des pièces relatives aux décorateurs, aux architectes des jardins; car où les mettre?

Secrétaires; il devait y avoir des secrétaires

de tout rang et de toute espèce; il y en avait.

Argentiers, trésoriers; on pouvait encore moins se passer de financiers. Leur antique nom d'argentiers, de clercs de la chambre aux deniers, était, de même que les anciennes formes de leurs comptes, leur ancienne langue conservée dans des temps très rapprochés de nous.

Savants gens de lettres; on voit dans *l'Histoire des Français des divers états* qu'il n'y en avait jamais eu autant à la cour que sous le règne de Charles VIII, Louis XII, François Ier, Henri II. On voit ici qu'ils prenaient le titre de poète portier du roi, poète astronome, mathématicien, valet de chambre du roi. J'ai aussi recueilli dans cette sous-division la signature de plusieurs historiographes, lecteurs ou bibliothécaires du roi.

Police; la cour avait une police et une très sévère police qui était entre les mains du prévôt et du capitaine des gardes de la porte. Je ne puis dire s'il y avait une police particulière pour les femmes; mais on trouvera ici une quittance des gages d'un maréchal de la salle des filles de la reine.

Pensions; ici elles commencent au XIVe siècle; mais certainement elles avaient commencé avant ce temps. Elles sont accordées à des chevaliers, des gens de guerre, bien, bien; à des magistrats, bien; à des veuves, très bien; à des princes, il pouvait absolument y en avoir de nécessiteux. Mais pourquoi est-ce que je trouve là ce riche duc de Bourgogne du xve siècle? Je tiens aussi dans ma main nombre de quittances de gentilshommes. Voulez vous savoir pourquoi ils sont là? C'est qu'ils sont italiens de la ville et du temps de Catherine de Médicis. Je tiens aussi dans ma main des quittances de favoris: il va sans dire aussi qu'elles sont des favoris de Henri III. Je tiens encore des quittances de belles; il va sans dire qu'elles sont des belles de Henri IV.

Dons; il y a quelques dons de chevaux, quelques dons d'orfévrerie; tous les autres sont des dons d'argent monnayé. Qu'avait fait Marguerite de Lorraine pour recevoir douze mille livres? A ma connaissance elle avait fait les amours du grand Alcandre. Qu'avait fait le prince de Conti pour en recevoir cent mille? A ma connaissance, rien.

Chartes diverses; en suivant l'ordre chronologique il s'offre d'abord, au xive siècle, un mandement de payer à la reine la ferme des pannages de plusieurs forêts de Normandie; la vente de dix porcs faite à l'hôtel du roi; la quittance d'un enfant d'honneur; le compte d'un libraire du roi; la quittance d'un maître d'armes du roi; la quittance d'un maître paumier du roi.

De même que les grandes foires ont servi aux

progrès du commerce, les grandes cours ont de même servi aux progrès de la civilisation. Vous voulez que je dise aussi qu'elles ont altéré les vertus? sans doute; dépravé les mœurs? sans doute. Il en sera toujours ainsi de tous les grands rassemblements de femmes désœuvrées et d'hommes qui n'ont rien à faire.

Ecrous des dépenses des écuries du roi, années 1509, 1513, 1521, 1583, 1589 et 1610, manuscrit original. Un vol. in-fol. basane, racine rouge, filets. . . . . 90 fr.

Je recommande à ceux qui s'occupent de recherches historiques, de ne pas s'arrêter à la superficie, encore moins au titre d'un manuscrit. Ici ils lisent: *dépense des écuries*, et ils se disent: j'ai autre part le prix des ferrures, des harnais, des fourrages; ou, ce qui est pire, je n'en ai pas besoin; ils posent le manuscrit. Et moi je leur crie: Avancez! lisez! S'ils ne dédaignent pas mes conseils, ils trouvent d'abord dans l'écrou de 1509 qu'en ces temps qui touchent au xve siècle, la cour avait une bibliothèque portative, une chapelle portative; que d'un château à l'autre elle faisait porter ses lits, ses garde-robes, ses tapisseries; que les harnais des chevaux étaient de velours et d'or; que cette cour guerrière n'avait pas moins de deux chariots pour les armures particulières du roi, ne brûlait pas moins de deux cents fagots pour sécher les lieux où ces armures étaient déposées. Mais se douterait-on que dans les écuries du roi de France il y eût, comme dans celles du roi de Maroc, des chameaux? Fort bien! dira quelqu'un, cependant j'aimerais mieux savoir combien de pages il y avait, et comment ils étaient habillés. Il y en avait quarante-sept. Je ne puis vous dire comment ils étaient habillés; je puis seulement vous dire comment ils étaient coiffés; ils portaient un chapeau jaune. Si l'on avance encore, si l'on ouvre l'écrou de l'écurie de François Ier, on rencontre tout aussitôt le jeune roi au milieu de ses plaisirs. Il lui faut un cheval, je me trompe, un mulet pour porter ses habillements de masque. On veut peut-être encore savoir si dans ce temps les artistes de la cour allaient à pied. Non, car ces écrous mentionnent les chevaux des peintres Bourdichon et Jean de Paris.

Trésorerie générale de la vennerie, fauconnerie, oiseaux de cabinet, toiles des chasses, année 1763. Un vol. in-fol., veau brun. . . 8 fr.

Autre même compte, année 176 . Un vol. in-fol., veau brun. . . . . 8 fr.

Ces manuscrits sont du temps; ils ont appartenu au comptable. Autant vaut savoir ce que le roi dépensait pour ses chasses, que ce qu'il dépensait pour autre chose. Dépense de l'année 1763, trois cent quarante-cinq mille francs ; de 1764, trois cent quarante-trois mille francs. Suit la revue de la petite armée infanterie et cavalerie, à la tête de laquelle Louis XV allait faire la guerre dans les belles forêts de Meudon et de Fontainebleau.

Ces manuscrits sont singulièrement curieux ; ils le sont à chaque chapitre, à chaque article.

Journal des dépenses du trésor royal des restes de 1787, *arrêté le* 1er *juillet* 1791, *par les commissaires de la trésorerie, en présence des commissaires de l'assemblée nationale*, manuscrit original. Un vol. in-fol., bas. verte, bronzée. 20 fr.

Ce journal, ouvert par la cour de Louis XVI, a été subitement fermé par la révolution ; au-delà des signatures de Condorcet et de M. Merlin de Douai, les feuillets en sont demeurés et en demeureront à jamais en blanc. La partie écrite mentionne, mais sommairement, des dépenses fort variées, fort singulières, fort curieuses.

Recueil de pièces originales comptables ordonnancées par le trésorier général de la liste civile, aux années 1791, 1792. Un vol. in-4°, cart. 8 fr.

Si je n'ai pas les plus anciennes pièces comptables des dépenses de la vieille cour de France, j'ai incontestablement les dernières. Il y en a du maître de musique de la reine; ce n'était cependant pas trop le temps de chanter. Il y en a une autre du maître de danse; non plus que de danser. Il y en a des tambours; je comprends cela! J'ai vu avec plaisir qu'il y en avait aussi du directeur de la belle et célèbre carte des chasses.

*Lettres de M. R*** à M. M*** sur ce qui s'est passé à la cour depuis la mort de Louis* XV *jusqu'au* 18 *novembre* 1774, manuscrit du temps. Un vol. in-12, demi-reliure. . . . . 6 fr.

L'histoire des batailles est l'histoire de France des colléges; l'histoire de la cour est l'histoire de France des gens du monde. Est-ce à dire qu'il ne faille pas recueillir les matériaux manuscrits de l'histoire militaire? J'ai dit et j'ai prouvé tout le contraire. Est-ce aussi à dire qu'il ne faille pas recueillir les matériaux manuscrits de l'histoire de la cour? Certes non; car, à plusieurs égards, ce sont les matériaux de l'histoire du plus haut état de la société.

Compte des recettes et dépenses de la cour des comtes d'Artois, années 1297, 1298, 1306, 1313, 1316, 1317, 1333, 1334, 1335, manuscrits originaux sur vélin. Un vol. in-fol., basane, racine rouge, dentelles. . . . . 160 fr.

Il faut recueillir surtout avec soin les matériaux manuscrits de la cour des grands vassaux ou des princes; car, tandis qu'aux archives du royaume les tablettes plient sous le poids des comptes de la cour de France, les documents sur les petites cours manquent ou sont très rares; et, comme on va le voir, ces documents n'ont pas le moins d'intérêt. La cour d'Artois avait un séjour, c'est-à-dire une maison de plaisance à Hédin. Dépense jour par jour. Mention d'une robe linge ou robe chemise. Achat de poules pour les faucons. Livrées de draps, de pelleteries, de plissons; hommes, femmes sont habillés par les tailleurs du comte: il va sans dire que le fou, le physicien, les enfants de la chapelle ou musiciens étaient habillés par ces mêmes tailleurs. Il y a dans ce manuscrit de bien riches pages; ce sont les inventaires des meubles, des joyaux de la comtesse. On y voit des tentures, des lits brodés aux armes du roi de France, du roi d'Angleterre. L'or, l'argent, les pierreries brillent de toutes parts. Amis des arts, historiens des arts, venez étudier ici l'industrie des anciens âges, surtout dans les meubles. Il y a aussi un petit inventaire de bibliothèque, je dirais d'une bibliothèque de dame si avec les romans de *Tristan*, *des Fées d'outre-mer*, *de l'Ordener maistre Trencre*, *du Renard*, *de le Violette petit* et autres, si avec des livres de religion, il n'y avait *ung roman des guerres monseigneur de Bourgogne*, surtout *ung roman des coustumes de Normandie*. Rien n'est plus intéressant pour les décorateurs des théâtres représentant les scènes du XIVe siècle que ce long passage : « Parties commandées à Croisilles pour le « poisson, le serpent à trois testes... pour toutes « choses appartenant à l'armement d'ung cheva- « lier... » Tantôt la cour d'Artois voyage, tantôt elle reçoit le roi. Continuellement variété.

Dépenses de bouche et autres de la cour des contes d'Artoys, années 1312, 1323, 1328. Un vol. petit in-fol., bas., rac. verte, dent. . 60 fr.

Poulailles, chars, gibiers ; grande et grasse cuisine qui au carême devient subitement maigre ; toujours poisson, toujours harengs, toujours cresson jusqu'à Paques. Les autres dépenses concernent ou la fourrière, ou les messages, ou les écritures de la cour, ou d'autres objets.

Compte de recette et dépense de la maison du comte de Montpensier, petit-fils du roi Jean, année 1396, manuscrit original sur vélin. Un vol. in-fol., basane, porphyre gris, dentelles. 60 fr.

Le duc de Berri, fils du roi Jean, voulut accoutumer son jeune fils à se conduire lui-même dans le monde. Il détacha le comté de Montpensier de son duché d'Auvergne, et le lui donna en apanage pour qu'il allât y établir sa cour dont ce manuscrit est le compte. Je vois dans les chapitres de recette que les revenus de ce jeune prince ne suffisent guère et que son bon père ne refusait pas de grands suppléments d'argent. Je vois aussi dans le chapitre des dépenses celles des aumônes et de l'aumônier, celles des gages et pensions où se trouvent en tête les gages du chambellan du duc de Berri, le mentor de cette jeune cour, comme le donnent à entendre les lettres de retenue écrites à la fin du compte. Les dépenses des maîtres veneurs de la vénerie m'ont paru être les plus considérables; le principal goût du jeune maître était pour la classe.

Ce sont les mises d'Aufroy Guynot, trésorier et receveur général, année 1430, manuscrit du XVIIe siècle, sur papier. Un vol. in-fol., maroquin rouge, dentelles. . . . . 120 fr.

Ce manuscrit est une copie littérale de l'original d'une ompte aujourd'hui sans doute détruit; il contient les dépenses en tout genre de la cour du duc de Bretagne, et presque toutes les lignes en sont historiques, instructives, curieuses, piquantes. Par exemple, je lis, page première. « A la royne d'Angleterre, « mère de Monseigneur, sur les revenus de la comté « de Nantes. A maistre Jéhan Rat, cirurgien, venu

« vers le duc pour le guarir de la goutte... » A la page suivante, « VI tasses d'argent dorées, données « à l'archevêque de Tours, venu vers le duc en em- « bassade de par le roi. A maistre Jéhan Doguet, « procureur général de Bretagne, que le duc or- « donna à chevaulcher par Bretagne en la compagnie « des ambassadeurs du Pape en exigeant les dixies- « mes sur les gens d'église. A plusieurs compagnons « et joueurs de la ville de Rennes, pour avoir joué « devant le duc le mystère de la passion et résurrec- « tion de N. S... » Ainsi des autres pages. Il y est d'ailleurs parlé beaucoup d'ambassades et de guerres contre les Anglais.

Estat de la dépense que Madame la duchesse d'Orléans vous ordonne estre faite à la chambre aux deniers de sa maison, pendant la présente année 1693. Un vol. in-fol., basane, porphyre gris, dentelles. . . . . 35 fr.

Vraiment c'était une maîtresse femme que cette princesse de Bavière, mère du régent; elle était à tous égards, et surtout à l'égard de ses réglements, bien digne d'entrer dans l'économe maison d'Orléans. Tout est compté, pesé, apprécié, fixé, dans celui-ci : « Menu de viande de bouche, pour servir en un « grand plat et deux petits... Disné, un potage d'un » chapon et un jarret de veau, XLIX sols. Un potage

« de deux poulets au vermichel, xx sols. Un autre « potage d'un canard aux choux, xxiv sols... « Entrées... pour jours maigres... vin de poisson... » Il y a pour la table de la duchesse, pour celle de ses dames et filles de compagnie, pour celle de ses grands officiers, un nombre de plats qui étonne d'abord l'imagination ou sur les forces digestives de ce temps ou sur le luxe inutile des viandes; mais attendez! les grandes ou hautes tables ont comme dans leur dépendance d'autres tables inférieures qui vivent de leur desserte, et celles-ci en ont d'autres; en sorte que par ces savants arrangements la magnificence ne coûte pas plus que le nécessaire. Au chapitre de la cire on voit des articles de bougie de cire blanche, et, ce qui est à remarquer, des articles de bougie de cire jaune pour la chambre de la duchesse. Viennent les chapitres des chandelles d'hiver, des chandelles d'été, du bois, du charbon d'hiver, du bois, du charbon d'été : ensuite les chapitres paille, les chapitres fournitures, dont plusieurs articles appartiennent à l'histoire du commerce. Ce réglement est un vrai budget de dépenses, réglé pour toute l'année, sans que les officiers ordonnateurs aient l'espoir d'obtenir ou de faire allouer des suppléments.

Compte de recette et dépense de la maison de la Reine, seconde douairière d'Espagne, depuis l'année 1727 *jusqu'à l'année* 1732. Un volume in-folio, basane, racine verte, dentelles. . . . . 80 fr.

Une jeune princesse française part du Palais-Royal, arrive à la cour d'Espagne où bientôt elle devient reine. Le roi son époux a dix-huit ans : elle en a dix-sept... Qui n'aurait prédit une nombreuse lignée royale! Mais le sort, jaloux de tant de jeunesse, de tant de bonheur, trempe une de ses flèches dans le mortel venin de la petite-vérole. Le jeune roi tombe. La jeune reine, restée seule, s'en retourne en France, vêtue d'habits de deuil; et de la cour qu'elle ramène ou qu'elle rassemble, elle remplit le palais du Luxembourg. Cette reine est Marie-Louise d'Orléans, épouse de Louis Ier, second roi d'Espagne de la dynastie des Bourbons; et ce compte est le compte de sa cour. Le premier chapitre, celui de la recette, porte son revenu à deux cent huit mille francs, répondant, par la comparaison des prix de ces temps avec les prix du nôtre, à environ quatre cent mille francs, revenu qui aujourd'hui n'est pas fort extraordinaire à Paris, et avec lequel cette petite reine entretenait, sans faire de dettes, ainsi qu'on le voit par son compte de quatre années, sa cour en partie espagnole et en partie, en plus grande partie française; car s'il y avait une camériste mayor, des caméristes ordinaires, une layafata, un majordome, des écuyers cavalcadours, des cavalerisques del campo, tout le reste de sa maison était composée de Français. Et ne croyez pas qu'ils fussent en petit nombre. Il y avait des officiers de bouche, de gobelet, de fourrière, d'écurie, des officiers de toute espèce de service, en nombre si grand que l'on ne pouvait les loger au palais. Encore n'était-ce pas là toute sa cour; il y avait une aumônerie, un clergé, une compagnie de gardes-du-corps français à cheval, une compagnie de gardes suisses à pied; et ajoutez une compagnie bien plus nombreuse de concierges, de portiers, de grands et de petits suisses. Du reste, point de cour sans pages; aussi y en avait-il à la cour de la jeune douairière. Il y avait premier médecin, médecin ordinaire, médecin du commun, chirurgiens, apothicaires. Le premier chapitre de dépense est tout rempli de sommes payées sur le *bossillo*, la cassette. J'ai parcouru avec attention tous les autres chapitres. Les plus historiques m'ont paru être les deux derniers. Dans celui des dons, l'avant-dernier, la jeune reine est entourée de ses dames d'atour, de ses femmes de service, de ses officiers, se présentant tous la main ouverte. On y remarque la trésorière des carmélites qui se présente aussi la main ouverte. Si son titre de dépositaire du couvent annonce qu'elle ne peut avoir d'argent en propriété, mais seulement en dépôt, hommes et femmes ont dans tous les temps échappé à la rigueur des choses par l'indulgence des mots. On y voit aussi au nombre des pensionnaires le confesseur de la reine qu'elle avait amené d'Espagne ; ce confesseur était un moine de Catalogne : il portait dans la maison le nom de père catalan, nom que les copistes du compte, qui ne connaissent pas cette province d'Espagne d'où ce bon religieux était originaire, ont pris et ont partout écrit comme un nom propre patrimonial: au père Catalan: payé encore au père Catalan. Dans le 10e et dernier chapitre la reine est entourée d'artisans, de menuisiers, de coffretiers, de vitriers, d'artistes, de peintres, de doreurs, de marbriers, d'orfèvres, d'artificiers, de tapissiers, de miroitiers, de lingères, de brodeuses, de coiffeuses; et au milieu de ce joli monde se montrent çà et là des clercs, des vicaires aux convois, tenant à la main les états des frais de funérailles. Dans ce même chapitre il est fait aussi mention d'une chaise de poste achetée douze cents livres, et d'une berline achetée quatre mille. Il fallait que les fabriques de chapeaux fins ne fussent pas encore très multipliées : « Au chapelier, pour deux castors, trente six livres. » Il fallait aussi que celles de bas ne le fussent pas non plus et qu'en ce temps on portât des bas rouges : « Pour deux paires de bas écarlate, vingt-quatre « livres... » Cette bonne, jeune, jolie reine, dont les jardins étaient situés au milieu de la savante jeunesse de Paris, devait aimer à se montrer aux grands écoliers de son âge : naturellement elle devait avoir sa petite part de vanité, d'ailleurs bien pardonnable à son sexe et à son âge ; et je ne suis pas surpris de trouver dans l'état de ses officiers un garde-bijoux. Je remarquerai qu'en France, au Luxembourg, elle se plaisait à signer, comme en Espagne, à Saint-Ildefonse *Io la Reyna.*

Compte de recette et dépense de la maison de la reine, seconde douairière d'Espagne, année 1732. Un vol. in-fol., basane, racine rouge, dentelles. 30 fr.

Tandis que le compte précédent est pour quatre années, celui-ci n'est que pour une. Il y a bien les mêmes chapitres ; mais il y a moins de faits, on doit s'y attendre.

Compte de recette et dépense de la maison du duc d'Orléans, année 1748, manuscrit du temps, sur vélin et en forme probante. Un vol. petit in-fol., maroquin bleu, dentelles. . . . . 150 fr.

Il est des manuscrits fort précieux, comme appartenant à une haute antiquité ; il en est d'autres fort précieux, comme appartenant à des temps très modernes. Tel est celui-ci qui, dans toute sa grande épaisseur, est plein de la cour où quelques années après est né notre roi Louis-Philippe. Aussi ai-je lieu d'attendre que les enchères en doubléront la mise à prix, et même la tripleront si je le décris bien, si je le fais bien connaître : Recettes ; tous les duchés, toutes les principautés dont la nombreuse famille royale porte aujourd'hui le nom ainsi que plusieurs autres anciens grands fiefs titrés forment autant de riches chapitres; les forêts, autre fort riche chapitre; le canal d'Orléans, autre fort riche chapitre. Un des plus riches chapitres est la vente des offices ou des droits sur les offices de magistrature civile, criminelle, policière, militaire de ce grand apanage qui, aux portes de Paris, s'offrait comme une espèce de petit royaume. J'y ai trouvé toute sorte de recettes, jusqu'à la perception d'un droit sur le graveur de l'hôtel des monnaies d'Orléans. Les dépenses annoncent encore bien plus un petit royaume. Prenez l'ancien calendrier de la cour de France, et à mesure que vous nommerez un grand, un petit officier, je vous dirai : au Palais-Royal, il y en avait un de même ! il y en avait un de même ! Y avait-il une vénerie, une grande, une petite écurie ? y avait-il une chancellerie, une aumônerie ? y avait-il une garde ? y avait-il des chevaliers d'honneur, des gentils hommes servants ? y avait-il des maisons séparées du jeune prince, de la jeune princesse, avec des officiers particuliers ? y avait-il des dames, des filles d'honneur ? y avait-il des médecins, des chirurgiens, des apothicaires du corps? J'ai déjà d'avance répondu; j'ajouterai qu'il y avait même ce qu'il n'y avait pas à la cour du roi; il y avait une faiseuse de bouillie en titre d'office ou d'emploi. L'histoire des arts mécaniques peut avoir quelque chose à prendre dans les chapitres des réparations et des embellissements du Palais-Royal, du couvent de Sainte-Geneviève, où s'était retiré et où, je crois, mourut le duc d'Orléans, né dans la cour au moins philosophique du régent son père.

Recueil de pièces originales comptables, concernant les dépenses de la cour du comte de Provence, MONSIEUR, *depuis Louis* XVIII, *à Grosbois et à Brunoy, années* 1775, 1776 *et suivantes*. Un vol. in-4°, cartonné. . . . 12 fr.

Parmi ces pièces, trois sont à noter : l'une est un état nominatif de propriétaires d'Epinay, auxquels le comte de Provence accorde une indemnité par arpens et par perches à raison des dommages qu'avaient causés sur leurs terres les lapins de la forêt de Sénart qui lui appartenait. Ces dommages furent évalués à 654 livres 10 sous. La seconde est un compte de sceaux d'argent, de cuivre, montant à 1644 livres 11 sous. On y lit : « Un grand sceau « pour servir de sceau secret, 250 livres. » Je me fais cette question : comment un sceau peut-il être secret? J'ai eu en ma possession un registre du milieu du xve siècle, intitulé *Registre du sceau secret du conseil du duc de Bourgogne ;* je me faisais la même question. La troisième pièce est un mémoire de labours pour les remises à gibier et les plantations d'arbres à Brunoy. L'évaluation des prix est faite et signée par le premier architecte du comte de Provence ; c'était le fameux Chalgrin, architecte de l'arc de triomphe de l'Etoile dont les rivaux et les envieux ont par leurs contrariétés et leurs déclamations tenu pendant vingt ans la tête abaissée sous des échafaudages déserts. Enfin, et je suis bien aise de finir par cette réflexion ce chapitre, enfin ce superbe monument, la parure de la France, vient d'être glorieusement terminé ; en le voyant les hommes dont on a aussi voulu contrarier et abaisser les œuvres prendront courage.

CHAPITRE VIII.

HISTOIRE DES DOUANES ET DES DOUANIERS.

Recueil de cinquante-huit pièces originales, concernant les douanes, depuis l'année 1360 *jusqu'à l'année* 1787. Un vol. in-fol., basane, racine verte, dentelles. . . . . 60 fr.

Combien les denrées, les marchandises payaient d'entrées dans telle ville, dans telle autre, dans tel port, dans tel autre ; combien en tel temps, combien en tel autre ; qui payait, qui ne payait pas ; quelles étaient les perceptions dans les différents bureaux ; au profit de qui se faisaient les perceptions ; quelles étaient les villes, quelles étaient les hommes exempts des douanes, des péages, des octrois ; c'est ce que nous apprennent ces cinquante-huit chartes. Que ne puis-je ici en faire le dépouillement, une à une ? On aurait là d'excellents documents sur les tarifs des anciennes portes commerciales de la France.

Chest chou ke li viniers ont payet de l'assise (de Tournai) *dou vin pour l'an mil* CCC XXVII, rouleau en parchemin de trois pieds, renfermé dans un étui. . . . . 20 fr.

Le droit de douane ou d'entrée à Tournai était de 4 livres par tonneau, et il rendait par mois douze ou quinze cents livres. La marge droite de ce rouleau est marquée vis-à-vis chaque nom d'une petite coche triangulaire, en sorte qu'à cet égard c'est une longue taille en parchemin, entaillée comme une taille en bois.

« *Rôle original des wisnaiges par eau et par terre de la ville de Condé, année* 1563. Un vol. in-fol., cartonné. . . . . 30 fr.

C'est un de ces précieux manuscrits qui disent beaucoup depuis la première jusqu'à la dernière ligne, quand on sait les faire parler. « Nous, Bernard « Hochart maître ès arts, et Jéhan Sauvaige, hommes « de fiefs à la comté de Haynaut et court de Mons, « scavoir faisons que ce jourd'huy, quinzyesme jour « du mois de juillet mil v^{c}. et soixante-trois, com- « parut personnellement par devant nous Noel Béhu, « demourant à la ville de Condé, en l'aige de soixante « ans ou environ, marchant wisnaigier du grand et « petit wisnaige par eauwe qui se prend et liève au « proufit de la seigneurie d'icelle ville sur la rivière « d'Escault; et là, en droit, ledit Noël Behu, de sa « bonne et agréable volonté, sans constrainte dist « et certifia à la requeste de Artus de Lecene, re- « cepveur d'icelle ville, par sa foy pour ce jurée et « franchie en la main de l'ung de nous les dicts hom- « mes de fiefs, que, a passé le terme de quarante ans « encha, il a tenu et occupet de cense lesdicts wis- « naiges en recepvant les droits et deuz telz et ainsi « qu'ils sont cy-après speciffiez... desquels dicts « droicts de wisnaiges sont francqz et exempts de « tous, les villes et villaiges que s'ensuit si comme: « Vallenchiennes, Mons, Anthoing, Bury, Wyens

« et Mortaignes; semblablement tous manans et « habitans d'icelle ville de Condé sont francqz et « exempts dudict droict de wisnaige es dictes villes « et villaiges. » Je reprends le texte : *hommes de fief en la court de Mons*. Donc les hommes de fief ou hommes attachés au fief à cause de leurs seigneuries ou de leurs tenements fonciers étaient astreints entre autres services à celui de juge. *De soixante ans ou environ*. Donc il n'y avait pas encore de registres d'état civil. *Par sa foi jurée en la main de l'ung de nous*. Donc en prêtant serment on donnait la main à celui qui le recevait. *Qu'il a tenu à cense lesdicts wisnaiges*. Donc on donnait à ferme les droits de douane. *Le terme de quarante ans en cha*. Donc ces droits s'établissaient par l'usage de quarante ans. *Desquels droits sont exempts*. Donc plusieurs villes ou villages les payaient; donc plusieurs autres villes ou villages ne les payaient pas. J'en avertis les archéographes; ce n'est pas à la première, ni souvent à la seconde lecture d'une pièce qu'on peut en tirer tous les documents d'histoire qu'elle contient.

On voit encore dans ce rôle qu'il y avait sur l'Escaut, au passage de Condé, deux péages, deux droits, dont l'un, le grand appartenait aux bourgeois de la ville si aujourd'hui vous ne voulez plus les appeler les seigneurs, et l'autre, le petit, appartenait au seigneur de la Marche. Voici comment ce rôle commence : « Premiers, de chacune navée de « sel aux seigneurs.... VIII sols blancs et... IIII vas- « seaux de sel. Item à le margine appartenant à mon- « seigneur de la Marche, singulièrement pour le petit « wisnaige, un vasseau de sel. Item la navée de harang, « aux deux seigneuries... VIII sols blancs et... IIII^{c} de « harang, et à monseigneur de la Marche pour le « petit wisnaige, I^{c} de harang. Item la navée de pois- « sons aux deux seigneurs... VI sols blanc, item... « IIII grans poissons et à monseigneur de la Marche « un grand poisson. Item la navée de bled à houlle, « IIII sols blancs... »

A la suite de ce rôle en est un autre *du visnaigc par terre*, et à la suite deux autres rôles de tonlieu, d'étalage entièrement étrangers à ce chapitre.

Pancarte du péage fraise et commandise de Tours, année 1588, rouleau en parchemin de quatre pieds de long et d'un et demi de large, renfermé dans un étui. . . . . 15 fr.

Très ancien tarif de péage du XIIe ou XIIIe siècle. Puisque les hauberts, les haubergeons à mailles y sont portés au nombre des marchandises, ce tarif annonce aussi qu'il a été primitivement fait dans un temps où la France était toute en armes ; car on y lit un fort grand nombre d'articles pour les poitriniers, les harnois de derrière, les cuissarts, les jambiers, les ganteletz. Notons aussi que lorsqu'il y avait, comme au péage de Tours, plusieurs seigneurs copéagers partageants, il y en avait quelquefois un comme le sire de Beuil, qui levait un droit de commandise qu'il ne partageait pas.

. . . .

Portefeuille contenant des titres et actes originaux relatifs à l'association faite entre les marchands navigants sur la Loire contre les châtelains des bords de cette rivière, XVe, XVIe *et* XVIIe *siècles, au nombre de quarante-cinq pièces*, les unes petites comme des avis de percepteur, les autres grandes comme des portes. . . . 120 fr.

En voici d'après un dépouillement exact la rapide analyse.

Ce fleuve qui, descendant des montagnes des Cevennes, parcourt longuement les populeuses campagnes du centre de la France, qui appelle sur ses bords tant de belles villes, était autrefois dominé par de hauts et forts châteaux que réfléchissaient ses ondes. Les marchands dont les châtelains entravaient ou tourmentaient le commerce, prirent sans doute patience jusqu'au XVe siècle; mais alors ils firent entre eux une association pour protéger leur défense commune. Ils se constituèrent à l'hôtel de l'Autruche, à Orléans, en assemblée de *députés des marchands des villes, navigant et fréquentant la rivière de*

Loire. Ces villes anséatiques, si on veut bien me permettre cette expression, ces villes qui envoyaient ces députés c'étaient presque toutes les villes commerçantes entre la Seine et la Loire. Trois délibérations de la ville de Nantes relatives à leur élection, sont comme trois petits monuments municipaux de cette ville. Ces députés étaient salariés, et ils avaient leur procureur général, leurs commis gérants, leur trésorier de l'aide que le roi avait permis aux marchands de ces villes de s'imposer sur eux-mêmes : ils avaient aussi leurs avocats, leurs procureurs à la cour présidiale d'Orléans et au parlement de Paris, où leurs procès étaient jugés en vertu de la concession du *committimus*. Voyons maintenant comme cette fédération sut affranchir successivement son fleuve. En 1429 le seigneur de Fromentières veut prendre plus que les droits du tarif de son péage de Saint-Michau. Aussitôt un sergent va lui signifier des lettres du roi pour qu'il ait à mettre fin à ses exactions; et sur son refus il l'ajourne en justice. En 1451, le sire de Rossignac, seigneur de Meance sur l'Allier, s'empare d'un chargement de dix milliers de fer que portait un bateau échoué sur cette rivière. La fédération n'était pas seulement pour la navigation de la Loire, mais encore pour celle des rivières affluentes. Elle ne perd pas de temps. Complaintes, assignations des marchands devant le parlement où le seigneur de Meance est condamné à la restitution avec dépens. En 1498 et années suivantes, la fédération, qui avait déjà fait réprimer bien d'autres extorsions des seigneurs, a aussi à faire réprimer les extorsions des financiers. Elle s'adresse à la cour des aides qui, en termes de greffe, dit dans plusieurs arrêts aux péagers, aux grennetiers, aux contrôleurs : N'ayez à l'avenir à visiter les bateaux des marchands de sel, que lorsqu'ils descendront à terre pour vendre leur chargement ; n'ayez, gourmands que vous êtes, à vous faire inviter à dîner ; et quand les bateaux des marchands navigueront au milieu de la rivière, allez avec un bateau recevoir le péage ; et si vous ne voulez pas aller vers lui, ne le forcez pas à venir vers vous, pourvu qu'en passant il vous jette l'argent dans un navet, une pomme, ou un bâton fendu. Victorieuse une seconde fois de la féodalité, notamment contre la veuve du seigneur de Montejean, née princesse de Bourbon, et contre le seigneur de Boutervilliers et contre Iuvenal des Ursains, qui, sous couleur de pénitence, pinçaient indûment les provisions de figues et de raisin sec des bateaux passant sous leurs tours ; victorieuse de la finance, la fédération de la Loire s'attaque au clergé et obtient aussi d'autres arrêts, d'abord en 1525, contre le chapitre de Saint-Martin de Tours, ensuite en 1529, contre celui de Saint-Aubin d'Angers, par lesquels il est enjoint à leurs fermiers de s'en tenir strictement aux anciens tarifs. Ce n'est pas tout : la fédération ne craint pas de se mesurer avec les corps municipaux, avec celui de la ville de Dezize qui imposait sur les bateaux un péage pour la construction de son pont. Elle le fait assigner en 1606 devant le conseil du roi ; la victoire lui demeure encore. Cette collection offre pour l'histoire des douanes intérieures au XVIe siècle plusieurs pancartes curieuses. Vient enfin le XVIIe siècle, vient le grand roi Louis XIV, vient le grand ministre du commerce Colbert : la fédération n'a plus à s'occuper que du curage, du nettoyage des digues, des travaux hydrauliques de la Loire. Je me garderai bien d'omettre que dans des lettres de Charles VIII, données à Tours, le 15 mars 1483, en faveur des marchands fréquentant la rivière de Loire, il est dit : « Charles VII par l'advis et déli« bération des seigneurs de son sang et lignage et « gens de son grant conseil et des troys estats assem« blez à Saumur, en l'an mil cccc et trente, » avait ordonné que tous les péages établis sur la Loire depuis soixante ans seraient abolis. Une autre pièce qui est un mémoire présenté au parlement de Paris, sous le titre de *Raisons proposées par les marchands de Paris fréquentant la rivière de Loire*, mentionne de même ces états et porte, article 2e : « Le roi Charles, l'an 1430, en ses troys estatz

« tenus à Saumur, fist ung édit... » Ainsi, en 1430 il y a eu des états-généraux dont on n'a point parlé ou dont on n'a guère parlé. Ainsi le conseil d'état délibérait avec les états-généraux. J'ai remarqué au XVe siècle que, par la volonté du roi, souvent le conseil d'état faisait partie du parlement, et que souvent le parlement faisait partie du conseil.

Mémoire sur le commerce des différentes parties de l'Europe, considéré relativement aux douanes de la France, manuscrit in-fol. feuilles encadrées, enfermé dans un portefeuille. . 40 fr.

Avec beaucoup d'argent on peut faire faire un bon mémoire sur les douanes et le faire copier par un bon copiste. Ce manuscrit, que je crois de l'année 1740 ou environ, a appartenu au gouvernement qui, pour son argent, avait et de bons faiseurs et de bons copistes.

Réflexions sur les droits auxquels sont assujéties les toiles de coton, en exécution de l'arrêt du conseil du 5 septembre 1759, manuscrit du temps, formant un cahier in-fol., cartonné. 20 fr.

Ce sont de fort bonnes réflexions ; il y en a une entre autres qui mérite d'être notée. L'auteur propose d'imposer à leur entrée en France les mousselines d'après leurs poids, afin de forcer le fabricant étranger à n'importer que des tissus fins, afin de forcer le fabricant français à perfectionner ses filatures pour pouvoir soutenir la concurrence. Dans le reste du mémoire on voit l'industrie, le commerce aux prises avec le fisc ou les fermiers du fisc.

Relevé des états du cuivre importé des différentes parties de l'Europe aux années 1782, 1783, 1784 et 1785. Un vol. in-fol., cart. 15 fr.

Il est probable, ainsi que paraît l'indiquer la première ligne, que ce manuscrit a été un des éléments du livre de la balance du commerce.

Portefeuille contenant treize mémoires ou dossiers dont les uns sont relatifs à des projets d'entrepôt entre la France et l'Allemagne, et les autres concernent les douanes de France et sont suivis de tableaux. . . . . 40 fr.

Ces manuscrits du XVIIIe siècle et du XIXe siècle ont aussi appartenu au gouvernement, et sont en forme probante; ils ont différentes dates. On trouve dans ces dossiers l'écriture et le seing du célèbre et respectable Ternaux, le seing de M. Benjamin Delessert, lorsque, du temps de l'empire, il demandait l'importation de balles de coton. Ce qui encore m'a paru remarquable c'est l'embrigadement militaire des douaniers au commencement de la révolution et de l'histoire de leurs faits d'armes, tantôt contre les contrebandiers, tantôt contre les ennemis.

Péages de dessous le pont de Poissy, depuis l'année 1781, *jusqu'à l'année* 1789, manuscrit original. Un vol. petit in-fol., cartonné. . . . 6 fr.

On enferrait la Seine, en cet endroit, pour quatre ou cinq mille francs que rendait chaque année ce péage.

Inspection des douanes de l'arrondissement de Vannes, manuscrit autographe de l'inspecteur Sannois, année 1810. Un vol. petit in-4°, veau porphyre, dentelles. . . . . 8 fr.

C'est une statistique d'un arrondissement de douanes, faite avec méthode, et de quelques manières qu'on veuille l'entendre, bien écrite.

J'ai à dire maintenant ici que j'avais minuté dans ma tête une sortie contre les douanes ; car je ne les aime guère ; mais, réflexions faites, j'ai finalement pensé qu'il ne me suffisait pas, surtout dans un moment aussi décisif, d'avoir lu un assez grand nombre de livres d'économie et tous les manuscrits de ce chapitre pour avoir publiquement un avis sur cette matière. J'aime mieux m'en rapporter aux chambres, pourvu que les pairs, les députés personnellement intéressés aux dispositions de la loi, ne votent pas. Je désirerais même qu'il en fût ainsi lorsqu'il s'agirait des lois de traitements, ou d'autres lois qui intéresseraient certains pairs ou certains députés. Je voudrais que la tribune fût indistinctement ouverte à tous, mais que le scrutin ne le fût pas. Je verrais alors avec plaisir, tantôt les gens de guerre, tantôt les gens d'église, tantôt les gens de lettres, tantôt les administrateurs, tantôt les magistrats, tantôt les gens d'autres états rester fixés à leurs places. Je sais bien, si une pareille proposition était faite, ce qu'on pourrait dire contre. Je sais encore mieux ce qu'on pourrait répondre.

CHAPITRE IX.

HISTOIRE DES ÉCOLES, DES ÉCOLIERS ET DES MAITRES.

Enquête relative à des dimes demandées par le maitre-escol du chapitre Saint-Martin de Tours, année 1433, rouleau en parchemin de trois pieds et demi de long, renfermé dans un étui. . . 12 fr.

Inutilement on voudrait savoir qu'étaient les écoles des anciens, nous n'avons pas une histoire des Grecs des divers états, une histoire des Romains des divers états, une histoire des diverses parties de la société de ces temps. Je ne répondrais pas cependant qu'il n'en ait été faite, car cette idée de la vraie histoire qui n'est que la réponse que se fait un esprit juste à cette question : qu'est-ce que l'histoire ? doit être aussi ancienne que la raison ; mais ces histoires des divers états, dans le cas où elles aient existé, ont sûrement péri par leur forme narrative, didactique, seulement supportable quand il s'agit des guerres des nations, du sort des rois et des peuples. Toutefois, bien que l'on tienne beaucoup à savoir qu'étaient les écoles des anciens, on tient davantage à savoir qu'étaient au temps passé les nôtres ; et à cet égard je viens offrir quelques documents, entre autres ce long rouleau relatif au maître-escol d'une abbaye où nous voyons que l'instruction publique était entre les mains du clergé, que la charge du maître enseignant était érigée en bénéfice, dotée de champs, de prés, de vignes, de bois, de dîmes qu'on ne payait pas toujours sans procès et sans enquêtes.

Testament de monseigneur maistre André d'Averton, chanoine chancelier de l'église de Tours, année 1533, manuscrit original, sur vélin. Un vol. petit in-fol., cartonné. . . . . . . 25 fr.

Entre autres clauses il y en a plusieurs relatives aux grandes écoles ; et voilà pourquoi cet acte se trouve dans le chapitre de l'instruction publique. Le testateur donne une maison, un jardin et de l'argent pour bâtir de grandes écoles, où il paraît qu'il ne devait y avoir qu'une seule classe. Une chapelle desservie par deux chapelains, suivant le testament, et suivant le codicille par un seul, devait être l'oratoire de ces écoles. Le testateur veut que les écoliers, conduits par leurs maîtres, aillent, le jour anniversaire de son décès, aux galeries de l'église chanter les prières des morts autour de sa tombe. Dans ce testament se trouvent d'ailleurs des clauses à recueillir pour l'histoire de l'église : un des chanoines du chapitre de Tours était chancelier ; un autre chevalier. Le testateur était chancelier. Il avait les écuries d'un seigneur : chevaux, mulets, rien n'y manquait. Il avait une litière. Il veut que le prix des mulets soit employé à faire une lame de cuivre pour le tombeau de son père, et une autre pareille lame pour le sien. Sa cave n'était pas moins bien fournie que son écurie ; il dispose de son vin rouge, de son vin clairet ; et sans doute qu'il n'était ennemi ni de l'un ni de l'autre, car ses tasses d'argent ne pesaient pas moins d'une livre et demie chacune.

Recueil de soixante-deux pièces originales concernant l'instruction publique, contenues dans un portefeuille. . . . . 80 fr.

Il y a quelque temps qu'un grand écolier que

j'exhortais à s'adonner à l'archéologie dans l'intervalle de ses études se mit à rire lorsque je lui recommandai surtout les documents sur l'instruction publique. Il rit bien davantage lorsque je lui dis que l'histoire des écoles, des écoliers et des maîtres devait faire partie de l'histoire de France. Cependant je n'eus pas grand' peine à lui prouver que rien n'était plus vrai, car il était ici comme tous les Français, comme les hommes de toutes les nations, intéressé à donner gain de cause à la raison : Mais, se prit-il à me dire, que peut-on trouver ? que puis-je recueillir sur notre état? Mon ami, lui répondis-je, tenez, voilà ce que j'ai retiré de différents sacs de vieux parchemins : Sentence pour le prieur et gouverneur des écoliers de Cluni; c'est ainsi qu'en 1407, dans certains colléges, s'appelaient vos maîtres. Lettres de Charles VI, année 1415, par lesquelles les régents et les écoliers sont exemptés du dixième accordé au roi par le clergé, ce qui prouve que dans les hautes écoles, maîtres et écoliers étaient alors ecclésiastiques, et plus privilégiés que les ecclésiastiques : mon jeune ami! les rois ne sauraient trop étudier notre histoire; ils ne sauraient trop honorer l'enseignement. Lettres de Charles VII, décembre 1463, relatives à l'érection de l'université de Bourges : mon ami! si vous avez bien écouté la lecture que je viens de vous en faire, vous devez savoir maintenant de quelle manière étaient organisées ces anciennes universités appelées aussi études généraux. Voulez-vous voir des lettres du bon roi Louis XII, relatives au don de cinquante sous fait à un jeune écolier de votre âge pour lui aider à continuer ses études? les voilà! Voilà aussi des lettres de grade du XVIe siècle et des siècles suivants parmi lesquelles vous remarquerez celles de chirurgien, année 1668, où les noms des professeurs qui prennent le titre de conseillers du roi sont, ainsi que le nom du récipiendaire, écrits en grosses lettres d'or: ce diplôme est donné par le lieutenant du premier barbier et chirurgien du roi, on s'en doute. Voilà des lettres d'exemption du paiement des décimes en faveur des docteurs en théologie: elles sont de l'année 1551. Le roi ne pouvant alors privilégier tous les grades, voulut privilégier les plus hauts. Vous avez entendu parler de Ramus, régent au collége de France. Eh bien! voici une de ses quittances notariées, du 2 juin 1563, où il est qualifié de noble et scientifique personne, maistre Pierre de la Ramée, lecteur ordinaire du roi, principal du collége de Presles; et de plus, il est plusieurs fois aussi qualifié de seigneur, de seigneur de la Ramée. Vous saurez en outre qu'en ce temps le Roi n'ayant pas d'argent et ayant des rentes sur l'hôtel-de-ville, le paya en rentes. A cause du nom de Ramus le grand écolier consentit à apprendre ce qu'étaient les rentes sur l'hôtel-de-ville. Je lui montrai des pièces du XVIIe siècle et du XVIIIe, qui lui semblèrent curieuses. Il en voulait cependant rejeter deux : les lettres de Louis XIV portant permission au père Léonard Frison, jésuite, de faire imprimer ses œuvres *opera poetica et orationes panegiricæ*. Je lui fis observer que c'étaient les œuvres d'un professeur et qu'elles étaient destinées à l'enseignement. L'autre pièce, qu'il voulait rejeter, était des vers français, du XVIIIe siècle, écrits sur vélin, relatifs au pensionnat de Vierzon, terminés ainsi :

> Otez cinquante francs de la somme cinq cens,
> Vous saurez ce qu'on doit de pension par an.

J'y consentis ; je savais bien que, réflexions faites, il ne le voudrait plus. Effectivement il ne le voulut plus. Ces pièces, dont je lui donnai une connaissance fort sommaire, sont celles qui forment ce recueil. Mais où trouver une de ces anciennes lettres de librairie accordées par l'université à des conditions de science fort rigoureuses, fort honorables pour les libraires? où? là, dans cette même collection.

Phædrus novus, seu novæ fabulæ, *circa annum* 1599 *scriptæ*. Un vol. petit in-fol., veau rose, dentelles. . . . . 120 fr.

En 1564, Gabriel Faërne composa des fables latines, à la prière du pape Pie IV. En 1598, François Pythou découvrit dans les chartriers de Saint-Remi, à Rheims, le manuscrit des fables latines de Phèdre. Les fables latines durent donc être en grande vogue à la fin du XVIe siècle, et plusieurs gens de lettres durent s'exercer à en faire. L'auteur de celles-ci en a fait au moins six livres : il n'y a ici que le sixième ; mais ce seul livre est plus étendu que tout Phèdre, tout Faërne. Ce dernier a intitulé son recueil *Phedrus alter;* j'ai intitulé celui de l'anonyme, son contemporain, *Phedrus novus*, et je conseille à celui qui publiera ce manuscrit de ne pas en changer le titre. Allons! Messieurs les libraires éditeurs, c'est une bonne affaire qui se présente ! J'en connais parmi vous plusieurs qui sont en état de faire un bon livre, à plus forte raison une bonne préface où sera célebré cet accroissement de gloire de notre littérature latine. Et les éditions de recommencer, de s'épuiser. Vous ne dites rien ! Mais il y a derrière vous un jeune professeur d'humanités qui veut se faire un nom par une édition de fables latines inconnues, et un protecteur par une belle dédicace. Oh! ce n'est pas tout ; il a remarqué la longueur de ces fables, doubles ou triples de celles de deux autres fabulistes : Voilà, s'est-il dit, pour mes écoliers de quatrième ou de troisième. Je veux les avoir. Je ferai faire cette année un habit de moins. Il court aux enchères : je mets vingt-sous! vingt-francs! adjugé. Ce jeune professeur a raison de placer son argent sur des fables latines écrites au siècle de François Ier. Il ne risquera que de gagner de la gloire et de l'argent.

Amulius, tragedia in v actus, manuscrit du milieu du xviie siècle. Un vol. petit in-4°, fig. veau brun, filets. . . . . 80 fr.

J'ai souvent ouï dire et j'ai souvent dit moi-même combien il serait heureux de trouver une de ces anciennes tragédies latines de collége dont j'aurai bientôt occasion de parler; celle-ci en est une que l'écriture et la reliure rendent également authentique. Les frontispices de chaque acte sont ornés de belles figures dessinées à la plume. L'action est une conjuration de Romulus et de Remus contre Numitor. Le poète a écarté, et non sans cause, la scandaleuse histoire de la Vestale qui accoucha du premier roi de Rome. Faustulus n'en dit qu'un mot en passant, et en passant vite. Bien que l'auteur ait écrit en assez bon latin, il est à croire qu'aujourd'hui les écoliers ne s'amuseraient guère à la représentation de sa pièce. On peut en tirer quelques bons extraits pour l'histoire de l'instruction publique, et ensuite lui donner une honorable place dans une grande collection théâtrale.

Distributiones præmiorum in collegio Sorbonæ

Plessæo, ab anno 1685 *ad annum* 1718 *factæ*, manuscrit original des XVIIe et XVIIIe siècles. Un vol. in-fol., maroquin rouge, fleurdelisé, avec le monogramme du collége sur les plats. . . . . . 60 fr.

J'espère que lorsqu'on aura lù cet article, le manuscrit semblera avoir une plus grande valeur, car outre qu'il offre comme une pépinière de jeunes plantes, de jeunes enfants devenus dans la suite des hommes illustres dans les lettres, les arts, la magistrature, les finances, les armes, tels que les Bignon, les Lebeau, les Leroi, les Wailly, les Morlet, les Larcher, les Loménie, les Molé, les d'Aguesseau, les Laborde, les Noailles, les Dillon, il fournit à l'histoire de l'instruction publique des documents qu'elle ne manquera pas de mettre à profit. En l'année, et sans doute plusieurs années avant l'année 1685, jusqu'à l'année et sans doute plusieurs années après l'année 1718, les classes d'humanités de l'université de Paris étaient la septième, la sixième, la cinquième où l'on faisait des thèmes, des versions; la quatrième où l'on faisait des versions grecques, des versions latines, des amplifications latines; la troisième, la seconde, la rhétorique, où l'on faisait des amplifications latines, des vers latins, des amplifications grecques : il y a apparence que ces dernières études, quoique les mêmes pour ces trois classes, allaient toujours en s'élevant jusqu'à la rhétorique dont le cours était de deux ans. C'était à la mi-août que finissait l'année scolaire; et en ce dernier jour étaient donnés des prix pour chacune de ces différentes parties d'enseignement. Il y avait aussi, pour toutes les classes, des prix de mémoire qui étaient bien gagnés, car on a de la peine à croire les respectables attestations des maîtres sur les longues parties de catéchisme, d'évangiles, d'églogues, de chants de poème, récités d'un bout à l'autre, *sine errore*, *sine hesitatione*. Ce même jour était encore diversifié par des exercices publics sur les orateurs, les historiens; car je vois que vers le commencement du siècle dernier on laissa entrer l'histoire dans les classes; mais sûrement ce n'était pas plus que ce n'est aujourd'hui, du moins dans plusieurs colléges, l'histoire des divers états, des diverses parties de la société dont l'histoire des petites et des grandes écoles, si inutile, si étrangère aux écoliers, fait cependant partie. Ce qui surtout diversifiait le plus cette belle journée et contribuait le plus à la rendre solennelle et brillante, c'était la tragédie latine à laquelle régens et écoliers attachaient tant d'importance que le procès-verbal de distribution des prix parle toujours fort en détail de la manière dont la pièce avait été jouée, et donne des éloges aux acteurs qui s'étaient distingués. En général, je ne puis m'empêcher de remarquer avec quelle bienveillance, quelle affection sont faites les notes sur ces jeunes et studieux écoliers. On aime volontiers à rendre justice aux hommes qui ne sont pas encore et aux hommes qui ne sont plus.

Histoire des Assyriens, des Mèdes, des Perses; etc. Historia Assyriorum, Medarum, Persarum, etc. Parisiis, in regio Ludovici magni collegio, anno salutis 1687, *quæ pertinet ad S. B. Glucq,* manuscrit très probablement de l'auteur. Un vol. in-12, reliure du temps. . . . . 16 fr.

J'aime bien ces ingénieux encouragements des Jésuites qui excitaient toute l'application de l'élève par l'appât de se voir auteur et de se voir relié.

Rhetoricæ preceptiones, auctore d. d. Carolo Rollin, regio eloquentiæ et in Sorbonæ Plessæo rhetoricæ professore 1690. — *Geographiæ institutiones auctore d. d. Petro Billet, humanitatis in Sorbonæ Plessæo professore*, 1689. . 40 fr.

Ces deux volumes, écrits de la main de l'élève Garnier, sont reliés dans cet ordre en un seul volume in-4°, veau fauve. L'écriture en est fort belle. Les premiers feuillets sont ornés des portraits gravés de Cicéron, Démosthène, Aristote, et les derniers de cartes de Sanson.

Universa metaphisica in Marchianno, anno 1691. Un vol. in-4°, veau fauve. . . . . . . 10 fr.

C'est encore un autre cahier de ce même Garnier.

Vous qui lisez ces lignes, convenez-en ou bien j'en conviendrai pour vous : vous aviez cent fois vu sur l'étale du libraire, ces manuscrits; mais vous vous étiez dit : A quoi pourraient-ils donc me servir ? Qu'ils restent là! Et ils y sont restés, jusqu'à ce qu'un jour les ayant aperçus et les ayant examinés, je reconnus bientôt qu'ils pouvaient être utiles, qu'ils pouvaient nous apprendre, à certains égards, quel était vers la fin du XVIIe siècle, l'état de l'instruction publique : et véritablement ils nous disent d'abord que si, dans les humanités, on enseignait la géographie, c'était en latin ; que si en rhétorique, on donnait les préceptes de l'art, c'était en latin ; que la métaphysique, comme la logique, comme les mathématiques étaient latines. Quelqu'un m'empêche de poursuivre et me demande si Carolus Rollin est Rollin auteur de l'*Histoire ancienne, du Traité des Etudes;* et parce que la mémoire de cet excellent homme est avec raison universellement chérie, il ajoute, sur ma réponse affirmative : N'allez pas au moins reprocher à Rollin le cumul des chaires. Vous voyez qu'il ne s'en cachait pas, qu'il l'écrivait sur le frontispice de son traité; telle était la mode parmi les gens de lettres de son temps, et telle elle est encore aujourd'hui. N'allez pas non plus, ajoute-t-il, lui reprocher de professer en latin, car telle était aussi de son temps la mode; et votre Mentelle, et votre Delille, et votre M. Laromiguière, qui ont depuis professé au Plessis, au collége de France, auraient, s'ils eussent été ses contemporains, professé en latin ainsi que lui et les auteurs de ces différents traités. Je lui réponds que c'est possible et même vraisemblable, et que ce que j'improuve dans ces traités c'est le fond; car Mentelle n'eût jamais professé aux Français de Louis XIV la seule géographie de Ptolomée; Delille, s'il eût, comme Rollin, soupé avec Bossuet, Fléchier, Boileau, Racine, La Fontaine, eût mis dans sa rhétorique quelques lignes françaises de leurs ouvrages; et M. Laromiguière, notre célèbre historien de l'intelligence de l'homme, n'eût jamais écrit dans ses cahiers latins que toutes nos idées viennent des sens ainsi que le disait Aristote aux Grecs, ou qu'aucune n'en vient ainsi que Descartes l'avait fait croire aux Français.

Dialogue de l'Amitié, traduction de A. A. D. B., soubz les auspices du R. P. Lejay, manuscrit du commencement du XVIIIe siècle. Un vol. in-4°, vél. dorures. . . . . 15 fr.

C'est le manuscrit autographe d'un jeune traducteur, sans doute le fils d'un personnage de ce temps.

Je viens de faire remarquer ces différentes manières ingénieuses, que les jésuites employaient pour exciter l'application.

Manière d'étudier et d'enseigner dans les colléges des oratoriens, année 1716, manuscrit autographe. Un vol. in-fol., veau bronzé, filets. 80 fr.

On pensera avec raison qu'un cours des études, un abrégé des méthodes d'une célèbre société enseignante, doit avoir une place remarquable dans le recueil des matériaux pour l'histoire de l'instruction publique. Le plan de cet ouvrage est fort simple, fort bon, c'est tout un. L'auteur parcourt successivement les classes d'humanités et de rhétorique, entre, sort, fait avec sens et sagacité ses observations sur chacune. Il parle ensuite des théâtres des colléges; il dit que l'usage de jouer la comédie dans les colléges était près de cesser. Il dit qu'il était aussi d'usage que chaque collége composât et donnât chaque année une tragédie française. S'il en était ainsi, il ne se faisait pas moins de cent tragédies nouvelles tous les ans, et peut-être Corneille, Racine, Crébillon, Voltaire ont-ils là commencé leur apprentissage : peut-être même leurs tragédies lues et admirées dans le monde entier, sont-elles restées empreintes de quelques vers, peut-être même de quelques scènes de collége. J'applaudis à l'auteur de vouloir fortement que dans l'enseignement on s'applique à l'étude de la langue nationale. Il était probablement de règle chez les oratoriens qu'un manuscrit destiné au public ne devait pas sortir de la maison sans avoir été soumis à l'examen et à la censure. On trouve au commencement un jugement écrit sur une demi-feuille de papier collée au verso de la couverture, qui est d'un homme aussi bon que poli, et aussi poli que spirituel : mais à la fin du manuscrit on trouve une réponse à ce jugement dont l'auteur appelle au père général. Je ne citerai de ce jugement qu'une critique, et véritablement elle est fort notable. L'auteur, dans le chapitre Histoire, se contentait de quelque peu de chronologie, de quelques généralités, de quelques résumés : oh! oh! lui dit son confrère l'examinateur : « Il me semble qu'on ne « sait pas l'histoire des peuples comme il faut, quand on « n'a pas des notions de leurs principales cérémonies « de religion, de leur manière de vivre, de se vêtir, « de se loger, de leur commerce, de leurs occupations, « de la forme de leurs jugements, de leurs contrats, de « leurs mariages, de leur manière d'élever leurs en« fants, de leurs exercices, de leurs funérailles, de leurs « testaments, en un mot de ce que l'on entend par le « nom général de mœurs... » Le bon esprit d'oratorien que celui-là! Malheureusement il vivait il y a plus de cent ans; mais son excellente raison revit dans d'autres excellentes raisons; il y aura jusqu'à la fin de la race humaine des oratoriens qui ne reconnaîtront que la vraie histoire nationale pour la vraie histoire nationale. Toutefois que je rappelle ici une observation, aujourd'hui fort vulgaire : c'est que les progrès de la société tiennent beaucoup à ceux de la langue. Que fallait-il pour que l'histoire nationale *l'histoire des Français des divers états* fût faite, il y a un siècle, dans une des maisons de l'Oratoire? Il fallait que ce qu'on appelait alors les mœurs, on l'appelât les diverses parties de la société, les divers états. On aurait vu, par une meilleure langue, que ce qu'on appelait si mal l'histoire des mœurs, était la vraie et la seule histoire nationale. Combien du reste ne devons-nous pas être indulgents envers la langue historique du commencement du XVIIIe siècle, puisque maintenant au milieu du XIXe nous employons les mêmes expressions; et en voici la preuve. L'année dernière, qu'il y avait seize fauteuils à la fois vacants à l'académie des sciences morales et politiques, nouvellement reconstituée, je me mis dans les rangs des candidats. On imprima le titre de leurs ouvrages. *L'histoire des Français des divers états*, des diverses parties de la société, des diverses parties de l'ordre social, s'y trouvait sous le titre d'*histoire des mœurs*. Par cette raison, ou par autre, la porte resta fermée pour moi. Je sentis, et je sens encore, l'affront que reçut la première histoire nationale qu'ait eue l'Europe. Que faire? Ne plus s'exposer à de nouveaux ballottages; je me le suis promis et juré. Eh bien! je ne parviendrai pas aux honneurs littéraires, soit! Cependant si l'on écrit sur la pierre de ma tombe: auteur de l'histoire des Français des divers états, personne jamais ne marchera dessus.

Ars rhetorica, auctore patre de La Sante, anno 1740, manuscrit du temps. Un vol. in-4°, basane, racine rouge. . . . . 12 fr.

Cette rhétorique, faite cinquante ans après celle de Rollin, ouvre enfin ses pages latines à la prose et aux vers français. On trouve à la suite de la rhétorique un traité de versification, et à la suite un recueil de petites poésies où il y a avec la traduction latine de l'ode à la fortune de Rousseau, de nombreux distiques et dictons dont, en ce temps, étaient charbonnés les murs des classes; et en outre, des sonnets ou pièces de vers latins contre les cloches des colléges, contre les bancs, contre la férule, contre la paresse, contre la gourmandise, surtout contre les femmes.

Philosophiæ prima pars, sive logica, Luteciæ 1748. Un vol. in-4°, basane, racine, filets. 12 fr.

Cet épais manuscrit destiné aux colléges, comme on le voit à la page 3, est à conserver pour les matériaux de l'histoire de l'enseignement dont fera sûrement partie cette carte des nébuleuses régions où l'esprit humain s'est égaré si long-temps.

Réglement du séminaire Saint-Sulpice, relatif au dortoir, à la table, aux exercices de la maison, manuscrit du XVIIIe siècle, sur vélin. Un vol. grand in-8°, basane violette, dentelles. 20 fr.

Si j'étais supérieur de ce séminaire, je ferais acheter, n'importe à quel prix, ce manuscrit ; et quand mes séminaristes se plaindraient de la rigueur de la règle, je leur dirais en leur lisant ce réglement : Mais voyez donc comment, il y a moins de cent ans, vous étiez menés : « Lever à cinq heures du « matin ; oraison partie à genoux, partie debout ; « ensuite la messe, tous en surplis, ou au moins en « manteau long. A onze heures le premier coup du « dîner ; lecture, nu-tête et à genoux, d'un chapitre « du Nouveau-Testament, suivi de son examen par- « ticulier. Au dernier coup du dîner... » Il y a sur le détail du service plusieurs choses curieuses. Ce manuscrit de la plus belle écriture est original. Il porte écrits d'une autre main des adoucissements à la règle. Il offre la naïve image de toutes les institutions humaines.

Réclamation d'honoraires faite auprès du

conseil royal d'instruction publique par l'architecte Vaudoyer, année 1821, cahier in-fol., manuscrit original, accompagné du devis estimatif et de deux plans du collége de Sorbonne. Ces trois pièces renfermées dans un portefeuille. . . . . . 6 fr.

Il est un nouveau proverbe qui, s'il n'a pas encore passé dans la langue nationale, a du moins passé et est fort enraciné dans la langue populaire; ce proverbe est: Travailler pour le roi de Prusse, c'est-à-dire travailler pour rien. L'architecte Vaudoyer qui a divisé tous les bâtiments de la Sorbonne, premier et second étage, pour la nouvelle destination de ce collége, ne veut pas avoir travaillé pour le roi de Prusse; il demande six mille francs, au moins trois. Le conseil réduit les trois mille à mille, et il fait payer en sus les cuivres des plans qui ont été gravés. La faculté des lettres, comme le supérieur de Saint-Sulpice, ne peut rien faire de mieux que d'acheter ce manuscrit et ensuite de le serrer dans un lieu à serrer les titres, qui existe peut-être, mais qui ne se trouve pas indiqué dans les plans, car il n'y a pas d'archives.

CHAPITRE X.

HISTOIRE DE L'ÉGLISE ET DES ECCLÉSIASTIQUES.

Incipit regula domini Isidori junioris, manuscrit du VIIIe siècle, sur vélin. Un vol. in-8°, maroquin bleu, dentelles. . . . . 240 fr.

Incipit regula à domino patre et sancto Fructuoso relicta, manuscrit du VIIIe siècle sur vélin. Un vol. in-8°, vélin blanc, dentelles. . . 160 fr.

Je vais rapporter ici une petite anecdote qui n'est étrangère ni à la paléographie, ni à la bibliographie manuscrite: Feu M. l'abbé Lépine, un des vénérables piliers du cabinet des manuscrits de la bibliothèque du roi, et je dois ajouter de la science, était un jour à examiner avec moi le prix d'un manuscrit nouvellement apporté à la bibliothèque. Je lui fis remarquer qu'il était évidemment incomplet : Oh! me dit-il, ayez pour principe que d'un manuscrit, comme d'un pâté, tous les morceaux sont bons. Nous ne pouvons espérer qu'un manuscrit que nous envoie le VIIe, le VIIIe siècle, puisse toujours nous parvenir par un espace de mille ou de onze cents ans, sans laisser quelques feuilles en route. Je lui ai encore ouï dire que lorsqu'un feuillet était à moitié déchiré il fallait, excepté dans des cas très rares, achever de le déchirer; car le manuscrit pourrait tomber entre les mains d'un ignorant qui, voulant complets les livres manuscrits comme les livres imprimés, laisserait, à cause de ce feuillet déchiré, périr tel manuscrit dont la valeur est décuple, centuple d'un manuscrit complet.

Si donc la mise à prix de ces deux manuscrits est si différente, cela vient surtout de la plus ou de la moins grande épaisseur.

Institutiones collationes monachorum, autore Cassiano, manuscrit du IXe siècle sur vélin. Un vol. in-4°, maroquin vert, dentelles. . . . . 140 fr.

Il paraît que ce manuscrit contient les institutions des moines sous la forme de conférences, ainsi que l'abbé Willart, chanoine bibliothécaire de Saint-Martin de Tours, l'a écrit dans la note qui est en tête. Je crois, d'après la préface même de ce manuscrit, que l'auteur d'une contre-note, écrite à côté de la note de l'abbé Willart, s'est trompé lorsqu'il a prétendu que l'abbé a confondu les institutions de Cassien avec ses conférences. Je n'ai pas les œuvres de cet auteur; je les ai inutilement demandées dans deux bibliothèques de Paris; mais que j'aurais voulu les avoir pour pouvoir porter sur la contre-note la lourde et insolente biffure en croix dont a été bâtonnée la note du bon abbé!

Histoires des miracles des Saints, manuscrit du IXe siècle sur vélin. Un vol. grand in-4°, maroquin rouge, dentelles. . . . . 180 fr.

Ce manuscrit est latin, c'est inutile à dire. Le style approche quelquefois de la simplicité biblique, et le lecteur, continuellement charmé du monde surnaturel où il est entré, chemine volontiers et va jusqu'au bout des quatre livres de cet ouvrage, tout rempli de la vive foi chrétienne qui se montre si énergiquement dans ces expressions : *cum Cassius missarum solemnia peregisset et misteria sacre communionis accepisset e corpore exivit.* J'ai lu bien des traités du sublime; je n'y ai rien trouvé de plus simple ni de plus beau.

Incipit liber sacramentorum, editus à beato Gregorio papa, qualiter missa romana celebratur per anni circulum, manuscrit sur vélin du IXe siècle, lettres noires et rouges. Un vol. in-4°, formant un gros carré, presque un cube, maroquin rouge gaufré. . . . . 1000 fr.

Les cinq premiers feuillets sont ornés de peintures, de dorures, et plusieurs pages offrent des caractères de musique, notamment celle de la bénédiction du cierge, *benedictio cerei*. Ce manuscrit serait, dans les plus belles bibliothèques des princes, un des plus antiques monuments de la liturgie et des arts. Savants clercs, savants de l'Europe, il ne tient qu'à vous d'entendre la messe du IXe siècle : vous en avez là toutes les prières, toutes les cérémonies; le prêtre est là tout habillé vis-à-vis l'autel.

Liber Aurelii Augustini episcopi contra Faustum manicheum, *primum volumen. De vita patriarcharum, vel figuris prophetarum*, *secundum volumen*, manuscrit original du Xe siècle sur vélin. Un vol. in-fol., basane porphyre, dentelles. . . . . 80 fr.

Liber sancti Augustini de quattuor virtutibus, manuscrit du XIe siècle sur vélin. Un vol. in-4°, basane porphyre rouge, dentelles. . . . . 50 fr.

Epistole beati Pauli, man. du XIe siècle sur vélin. Un vol. in-4°, basane porphyre, dentelles. 60 fr.

Peut-être demandera-t-on en quoi ces manuscrits peuvent-ils servir à l'histoire. Ils peuvent servir à l'antique histoire de l'église. Ils peuvent servir aussi à celle de la paléographie : et à cet égard je dirai qu'à ma grande surprise j'ai vu plusieurs riches bibliothèques de particuliers, même des bibliothèques de villes qui manquaient de manuscrits de ce genre. Ce sont des médailles des temps passés ; il faut en avoir au moins quelqu'une.

Mélanges des saintes écritures et des martyrologes, avec musique, manuscrit du XIe siècle sur parchemin. Un vol. in-fol., de quinze pouces de long sur six de large, veau bleu, dentelles. 120 fr.

Si l'on disait qu'au XIe siècle, il y avait comme à notre XIXe des mélanges de prose, de vers, de musique, d'hymnes, de pseaumes, de descriptions architecturales, on ne le croirait pas à moins d'avoir vu ce manuscrit.

Tractatus epistole ad Philemonem, manuscrit du XIIe siècle sur vélin. Un vol. in-4°, basane porphyre gris, dentelles. . . . . 40 fr.

Mêmes observations.

Lectiones in vigiliis, manuscrit du XIIe siècle sur vélin. Un vol. in-8°, basane violette, gaufrures. . . . . 50 fr.

La grosseur de l'écriture de ce dernier manuscrit est surtout remarquable sur un petit format qui m'a paru disproportionné, qui ne l'a point paru à l'antique écrivain.

Cartulaire de l'abbaye de Saint-Euroul. Un vol. n-4°, maroquin bleu, dentelles. . . . . . 300 fr.

Voilà bien un vrai cartulaire dans toute la rigueur de la définition de l'Académie : pour comble de bonheur il est complet, si l'on entend par complet un manuscrit qui se trouve dans l'état où il était depuis très long-temps, et c'est encore à noter dans un cartulaire. Plus de la moitié de celui-ci est écrite au XIIIe siècle ; le reste au XIVe, d'où il suit qu'il est vraiment original. Autre remarque : toutes les chartes latines sont à titres français, et toutes les chartes françaises sont à titres latins.

Collection de sept cent trente-six pièces originales depuis l'année 1215 *jusqu'à l'année* 1797, *pour servir à l'histoire de l'église*, contenues dans une boîte. . . . . 250 fr.

On n'a pas besoin de réfléchir long-temps pour voir que c'est parce que le clergé a été pendant un grand nombre de siècles seul dépositaire des lumières, parce qu'il a toujours fait corps et qu'il a toujours habité dans des enceintes sacrées, que ses monuments sont nombreux et chronologiquement continus depuis la plus haute antiquité chrétienne. Cette collection remonte au XIIe siècle : elle se recommande aussi par sa diversité. Celui qui la possédera pourra, au moyen de quelques notes de liaison, en faire un beau volume qui offrira l'histoire de l'église de France sous une toute nouvelle face. On n'en doutera pas en lisant seulement le sommaire de quelques pièces.

En 1257, le bon pape Alexandre IV, représentant l'indulgence de l'église envers la plus fréquente inclination des femmes, adoucit les rigueurs du silence claustral : Bulle de la 3e année de son pontificat, relative aux religieuses de l'abbaye de Sainte-Marie, dans le Lyonnais.

En 1293 et années suivantes, inspections monastiques conventuelles des autels, des chapelles, des cloîtres, des dortoirs, des réfectoires, des cuisines, des greniers, des caves, et en même temps informations de la vie religieuse et morale des moines. Douze rouleaux portant le procès-verbal de visite du visiteur nommé par le chapitre général de l'ordre de Cluni : *Visitavimus domum... claustrum... sunt viginti monachi...* Le lecteur, depuis le commencement jusqu'à la fin, assiste à ces visites aujourd'hui si historiques.

En 1298, les rois pacifient les différents des monastères, transaction entre le couvent de Nazaret et Guillaume de Mont-Olive faite, aux instances du roi de Jérusalem.

En 1304, l'église battait monnaie. Lettres royaux confirmant les priviléges du chapitre de Nevers.

En 1328, richesses métalliques des sacristies, inventaire de la sacristie de l'église de Saint-Vaast d'Arras.

En 1352, églises armées. Quittance du capitaine de l'église de Terouène pour service d'arbalètriers.

En 1363, l'église accorde une décime au roi. Rouleau du compte de cette décime pour le diocèse de Blois.

En 1369, hommes assermentés des églises. Serment fait par Jéhan de la Mothe à l'église de Langres.

En 1393, prisons féodales des églises. Mémoire du chapitre de Nevers contre le doyen.

En 1489, l'eglise consent, au moins une fois, à ne pas parler latin, à parler même la langue méridionale. Fondation d'un anniversaire dans l'église de Sainte-Eulalie en idiome bordelais.

En 1498, enquêtes pour vol fait aux sacristies. Monitoire fulminé par l'église de Nevers.

En 1700, acte du pouvoir laïque relativement à la juridiction ecclésiastique ; c'est la transition à la célèbre constitution civile du clergé. Arrêt du conseil d'état relatif aux absences des chanoines du chapitre de Vincennes.

Obituaire de l'église métropolitaine de Sens, manuscrit du XIIIe siècle et siècles suivants, grosse et belle écriture rouge, noire, lignes longues, sur beau vélin. Deux vol. in-fol., veau noir, dentelles d'argent. 240 fr.

Oh! le bon manuscrit! Comment cette ancienne ville métropolitaine de Sens n'a-t-elle pas fermé ses portes pour l'empêcher de sortir! Là est, à presque tous les feuillets, la topographie historique de ses rues ainsi que celle de plusieurs autres villes. Je lis, 1er feuillet: *Obiit symon decanus... domus nostre de foro senonensi...* 4e feuillet : *Obiit dominus Alexander domus apud marchellum...* 9 feuillet: *Obiit magister Petrus de Thorignaco... domus sita in vico pergamenarie...* Il y a aussi l'histoire de l'architecture des maisons; même feuillet: *Domus sita subter turrim quam edificavit.* Il y a aussi l'histoire des mœurs, 1er feuillet: *Item distribuantur in pane pauperibus... item pauperibus distribuantur quinque solidos...* Il y a l'histoire des finances: 2e feuillet... *Eadem die obiit Adam cantor... distribuantur* xxx *solidos percipiendos in censibus de pontibus super Yonam...* Les nombreux feuillets suivants ne sont pas moins riches, s'ils ne sont plus riches. Encore deux observations sur ce manuscrit : on a bien dit que l'église avait toujours les mains ouvertes pour recevoir, mais on n'a pas encore dit que souvent l'église donnait à l'église. Dans cet obituaire il y a sans doute beaucoup de *miles*, de *burgensis*, qui donnent, mais ils sont en bien moindre nombre que les *canonicus*, les *episcopus*. L'autre observation est que ces obituaires, qui passaient dans les nécrologes sous ces paroles : *Obiit qui nobis dedit campos, prata, boscos, decimam agnorum lanæ, sextuaria frumenti portenda super equos suos, ad molendina nigra, ad molendina alba... medietatem vini de pressorio...* étaient chantés sur l'air du récitatif de notre musique dramatique, au milieu de la nuit du temple, au milieu des cierges allumés, et devenaient de riants tableaux de la vie agricole qui charmaient la longueur des saints offices. Clercs de l'église française actuelle ! vous avez reçu, vous recevez aussi des dons, vous avez laissé les obituaires, les nécrologes dans les anciens bréviaires ; et ce n'est pas en cela seulement que vous avez moins d'esprit que vos prédécesseurs, quoique cependant, j'en conviendrai, il vous en reste beaucoup encore.

Services du conte, manuscrit original de l'an 1303. Un vol. in-4°, basane noire, dentelles et ornements d'argent. . . . . 40 fr.

Ce manuscrit, bien qu'il soit complet, n'a que peu de feuillets ; mais tout ce qu'il dit est précieux pour l'histoire de la plus imposante partie de notre ancienne liturgie : « L'an mil ccc et troys, le premier

« lundy de septembre feu fez à Saint-Estienne de « Bezançon li service monseigneur le conte, et doune « criée en la ville por luy. » Aussitôt que Robert II, comte XIV de la première dynastie des ducs-comtes de Bourgogne capétiens meurt, toutes les cloches de la Franche-Comté témoignent leur douleur par leur lugubre tintement; toutes les églises s'illuminent de tous leurs cierges, de toutes leurs torches : à Besançon on brûle neuf cents livres de cire, et dans les autres églises de la province, il en est proportionnellement ainsi. En même temps partout on chante; à Salins il n'y a pas moins de trois colléges de chanoines, de trois abbés pour célébrer l'office. Tout le monde est bien payé; les honoraires sont portés en marge : on se réjouit ou du moins on fait bonne chère en pleurant : « Item pour les despens de mon- « signour Hue de Lielle et de sa compaignie XL livres « XIII solz. » Voyez d'ailleurs sur les repas funèbres, à mon XVe siècle, l'histoire du pauvre et l'histoire de l'artisan. Ce n'est pas tout, on fait des distributions *as ospitouls, as malades* : on en fait surtout *as pouvres*. Ces aumônes s'appelaient *dones criées*. On les annonçait à plusieurs lieues à la ronde. Voyez encore à ce même siècle l'histoire du pauvre. Quelques auteurs modernes disent que Robert II mourut en 1305; ils le savent bien, mais ce compte écrit en 1303 le sait mieux.

Summa de pœnitentia extracta de summa Raymundy et de apparatu aut etiam glosis, manuscrit du XIVe siècle sur vélin. Un volume in-4°, demi-reliure. . . . . 40 fr.

Vous ne voulez pas acheter ce manuscrit, encore moins le lire. Je l'ai acheté, je l'ai lu, je l'ai lu même jusqu'aux dictons, aux petites pièces de vers, écrites sur les gardes. J'y ai appris que cette somme avait été écrite en l'année 1357. La première page est à recueillir dans l'histoire des rites et surtout de l'instruction populaire. Le prêtre qui confesse, y est-il dit, doit s'enquérir du pénitent s'il sait le *pater*, le *credo* et l'*ave;* s'il ne les sait pas, le prêtre doit exiger qu'il apprenne au moins le *pater* et l'*ave*. Il doit lui enseigner la forme de la confession : « Quod « sedeant humiliter ad pedes sacerdotis : femina se- « deat ex transverso, id est ex latere, precipuè si est « juvenis, ut sacerdos non respiciat in faciem mu- « lieris. » Ce latin est fort prudent; j'en infère d'ailleurs qu'alors le confessionnal ne consistait que dans le fauteuil ou la chaise du confesseur. Dans les chapitres suivants vous avez la série des différentes infractions à la loi divine. Chapitre des péages; là se trouve la doctrine sur les péages licites. Chapitre des guerres justes, injustes; les unes et les autres sont très bien caractérisées, et dans les guerres justes seulement la restitution du butin n'est pas ordonnée.

Autres chapitres; défense aux clercs de porter les armes, de verser le sang. Autres et autres chapitres qui ne sont nullement étrangers à l'histoire des divers états ou des diverses parties de la société. Ceux qui ont vu ce manuscrit pourraient avec raison me reprocher de n'avoir pas fait remarquer la reliure dont les plats, tendus d'une étoffe de soie, se montrent à travers ses grillages gothiques recouverte d'une mince lame de bois. Il serait facile, au moyen d'un emporte-pièce, d'imiter à bon marché ces grillages et de donner une nouvelle variété à la reliure.

Compte de la grand'chambre de l'église de Troyes, année 1388, manuscrit du temps, sur vélin. Un volume in-fol. max., basane racine bleue, dentelles. . . . . 80 fr.

Le siècle revit dans ces grands parchemins de Champagne. Voyez-vous le chanoine chambrier qui vient rendre ses comptes à ses confrères assis sur les longs bancs à dossier de la salle capitulaire? Je l'entends qui lit : « Est assavoir que le florin d'or « appelé franc a valu pour tout l'an dessus dict vingt « sols tournois... Le royal d'or... Le gros denier « d'argent... » Alors tous ou presque tous les comptes commençaient par l'évaluation des monnaies. « Recettes des molins aux toilles... Des maistres « de la rue des Cronals pour molins à draps... Des

« hommes et femmes qui doivent chevaiges... De la « taille de... De la taille de... Recettes extrava- « gantes... Vendue de froment... de soigle... d'orge... « d'avoine... prix, prix... Distribution de froment... « aux frères prescheurs... Despenses et mises... à « l'avocat de l'église... au procureur de l'église... « Vin présenté au bailly de Troyes... Vin présenté « aux noces de la nièce messire Jehan des Char- « mes... »

Sequitur valor equivalentis de beneficiis non taxatis in civitate et diocesi nivernensi, solvi ordinatis pro persecucione unionis sancte matris ecclesie per concilium ecclesie gallicane, Parisiis celebratum die XVII *mensis marcii, anno domini m° ccc° nonagesimo nono,* manuscrit original sur vélin. Un volume petit in-folio, cartonné. . . . . 15 fr.

Il y a, sur ce manuscrit, deux observations à faire pour l'histoire de l'église gallicane et pour celle de l'église du Nivernais. Les doubles élections des papes excitaient, comme dans toute l'Europe, de grands troubles dans toute la France et y occasionnaient d'onéreuses levées de deniers. Le rôle de celles qui furent faites dans le diocèse de Nevers offre à la fin du XIVe siècle l'état complet du clergé inférieur, sur lequel nous avons si peu de documents.

Compte original du célerier de l'église de Troyes, manuscrit de l'année 1408, écrit sur vélin. Un vol. in-fol., maroquin vert, dentelles. . . . . 60 fr.

Quel manuscrit peut être plus précieux pour les habitants et le clergé de Troyes? Le premier chapitre, recette en argent, vous fait promener dans les anciennes rues de bois, ou de maisons en bois de cette ville. Ensuite vous sortez dans la belle et plainière campagne qui s'étend autour de ses remparts; vous en voyez les différentes cultures. Le second chapitre, recette des pensions que doivent les paroisses, vous offre les processions de l'église de Troyes parcourant les campagnes, vous mentionne les dons faits, les rétributions payées par les pauvres curés aux riches chanoines de la ville. Dans le chapitre suivant, les nouveaux chanoines paient leur bienvenue aux anciens. Dans le chapitre de l'extravagant et les chapitres suivants, ventes des denrées de toute sorte à diverses mesures, à divers prix. Au chapitre Dépense ordinaire, vous vous trouvez dans les foyers de cette nombreuse famille capitulaire : « Pour « le quotidien des enfants appelé l'ieau benoiste, pour « chacun samedi v sols... Pour les enfants de Saint-« Loup qui dient respons à la messe... Pour les « marguilliers des cloches... Pour les stations... Pour « les festes... Denrées... argent... distributions ma-« nuelles... Aultres despenses : façons des vignes. »

Là il vous semble être invité aux vendanges. « Pour « pitances..... Pour journées de vendangeurs..... « Payé au closier (au vigneron)... Courtoisie à la « femme du closier qui appareilla lesdites vendanges, fit le ménage... Pour fouler... Pour entonner le vin... Pour graisser, pour oindre le « pressoir... Au closier pour depaisseler (ôter les « échalas)... » Remarquez encore ce mot qui du midi, où la vigne est bien plus ancienne que dans le nord, est venu dans la Champagne avec l'art de la cultiver; et remarquez aussi ailleurs comme les mots sont passés de la langue de la marine méridionale, de la marine de la Méditerranée, à la marine septentrionale, par conséquent moins ancienne : « Pour assermenter « les dites vignes... Journées d'hommes... Dîmes... « Culture... Binages des vignes... » Riches et longs détails, partie de manuscrit à mettre sur la table d'une société d'agriculteurs assemblés ou d'un de nos comices agricoles. Ces détails tiennent dix feuillets in-fol. Je ne sais pourquoi je ne les arrache pas pour les porter à la collection de l'agriculture. Chapitre Dépenses judiciaires. Chapitre Dépenses communes frais faits par le célerier, louage, nourriture des chevaux, voyages des closiers à Troyes. Je note les mots suivants pour l'histoire de l'agriculture : « A Simon Fou- « chery, closier général de l'église pour sa robe XL « sols... » Il y avait donc un vigneron général, un vigneron supérieur qui inspectait les nombreux vignerons des différents domaines de vignes mentionnés dans ce compte. Je note aussi que les vignes, naturellement les propriétés les mieux closes, s'appelaient clos, et les vignerons closiers. Quand lirai-je une histoire de notre agriculture, faite sur les anciens manuscrits? Quand? Le reste de ce chapitre, qui est tout rempli de différentes dépenses d'un grand ménage capitulaire est à tous égards fort instructif. Les chapitres de la recette et de la dépense du blé ouvrent aux lecteurs les vastes greniers, les vastes boulangeries de l'église; ils terminent ce beau manuscrit. On y voit chaque fils de la maison aller, non suivant son plus ou moins grand appétit, mais suivant sa plus ou moins grande dignité, prendre une plus ou moins grande becquée; on voudra bien me passer ce mot qui fait si vivement image.

Liber divine doctrine, date per personam dei patris, loquentis intellectui gloriose et sancte virginis Katherine de Senis, manuscrit du xve siècle sur papier. Un vol. in-8°, avec une couverture en bois, tendue de vélin gaufré, orné d'une couronne et ayant d'un côté un *W*, et de l'autre côté un *P*. . . . . 20 fr.

La théologie d'une belle vierge, de sainte-Catherine de Sienne, a quelque chose de plus attrayant que la théologie des saints docteurs; toutefois, je me bornerai, pour ce moment, à faire remarquer l'ancien papier sur lequel ce manuscrit est écrit; c'est l'ancien papier italien, bien supérieur à notre ancien papier de ce temps.

Comptes des recettes et mises des rentes assignées à l'office des anniversaires de l'église de Troyes, année 1410, manuscrit original sur vélin. Un vol. in-fol. max., bas., rac. rouge, fil. 80 fr.

Ce compte finit par les dépenses obituaires; c'est bien. Il y a dans la partie des anniversaires forains des documents agricoles sur le travail des champs, des vignes, des jardins, sur l'étendue de l'horticulture des environs de Troyes; c'est bien encore. Il y a aussi dans le chapitre des moulins des documents sur les moulins à blé, à huile, à draps; c'est bien. Mais dans ce chapitre il y a, et c'est à noter, des documents sur les moulins à toile, à *peille*, c'est-à-dire sur les anciennes papeteries de Troyes, je dirais les plus anciennes de la France, si le mot *peille* ne me faisait croire que celles du midi les ont précédées. On ne saurait recueillir avec trop de respect l'histoire de la papeterie, mère de l'imprimerie, qui a changé les destins du monde. Dans ce manuscrit on trouve : « Bartholomin Parisien a pris le molin à papier, « appelé le molin aux toiles, » premier nom des papeteries : plus loin : « le molin à blé... qui jadis « fut aux toiles. » plus loin : « A Jéhanne la Bu« ronne pour les pastures devant les molins qui « furent aux toiles. » Ce qui annonce peut-être la décadence de ces papeteries, du moins quant au nombre; plus loin : « De Laurent espicier pour les « molins à la peille... » plus loin : « De Gilles et... « lesquels prirent une des roues du molin à papier « de la moline... » plus loin : « ... Et le dit... « fera curaige en la rivière de Seine... payera le « rouage accoustumé pour les vannes transives... » plus loin : « Dudit Laurent pour la maison du « tendour... de l'étendage... » plus loin : « De « Jacquinot Leduc.. sont tenus de maintenir la « maison dudit molin comme elle se comporte de « pelles, torches, aussi à icelui molin maintenir de « fusiaux, manivelle... bracons, chevilles, potor, « entre-paulx et chanlaten... » plus loin : « De « Gilles le peuvrier (l'épicier) pour les molins à « papier... appelés les molins le Roy... » J'ai parlé au XVe siècle de cette dernière papeterie. Voyez l'histoire de l'Artisan.

S'ensuit les mises faites par le trésorier de l'église Saint-Vaast d'Arras, année 1437, manuscrit original. Un vol. in-fol., cartonné. 30 fr.

De même que l'église doit occuper un grand espace dans l'histoire des siècles, de même les monastères doivent en occuper aussi un grand dans l'histoire de l'église. Celui de Saint-Vaast d'Arras était un des plus célèbres par son ancienneté, par son opulence. Il n'y a qu'à lire ses vieux comptes. C'est immense que la seule dépense des parements ou de la parure du temple, en étoffes de soie, en orfèvrerie. Combien magnifique était alors le culte! Les pavés du chœur et de la nef se couvraient, suivant les saisons, de nattes ou de verdure, en même temps que d'innombrables lampes illuminaient les voûtes. « Item pour deux douzaines de lampes de « voirre... » Quelques articles après : « Item pour « deux douzaines de lampes de voirre.. » Ce compte est, comme les calendriers, divisé en douze mois, dont l'un est entièrement occupé par la dépense du cierge pascal ou arbre à cire. Pour le faire il fallait un demi-quintal de cire de toute espèce; il fallait vingt livres de poix; et quoi encore? du vert-de-gris, de l'huile de lin; et quoi encore? plusieurs pots de terre et grande quantité du fil d'Anvers; il fallait des charpentiers pour le dresser, des peintres pour peindre les toiles, les décorations, les armoiries du saint, de l'abbé et des seigneurs; il fallait des doreurs pour écrire les lettres et les nombres d'or. Cet arbre, haut de plusieurs coudées, terminé par plusieurs branches, excitait par l'éclat de ses couleurs, de ses dorures, de ses formes et de ses ornements barbares, la dévotion et la joie des peuples, la dévotion et l'admiration des grands, la dévotion et l'orgueil des savants Bénédictins qui délibéraient longuement sur sa structure, ou, pour parler comme le compte, sur *l'istoire de l'arbre du moustier*. On sera bien aise de lire aussi avec moi dans ce compte : *Item pour le taux du roi des défaillans*. C'était celui qui tenait la feuille de pointe. Il y avait encore le royalme de valets du grenier. J'ai noté ces expressions : rien n'est petit dans les études de la langue liée à l'histoire des anciens usages. Mais si j'ai bonne oreille, j'entends ici le lecteur : « Pourquoi donc ne proposez-vous pas le rétablissement des rois des défaillants, qui seraient utiles en tant de lieux, à commencer par les plus hauts, par les deux chambres? Vraiment oui, de bons et sévères rois des défaillants donneraient un salutaire mouvement à la chose publique, à la respublique, comme on disait dans le savant et latin XVIe siècle.

Sermones de tempore, manuscrit de l'année 1450, circà, sur vélin. Un vol. in-8°, veau gris, gaufrures, filets. . . . . 20 fr.

Incipit tractatus de institutione confessorum reverendissimi patris et domini, domini, Antonini, archiepiscopi florentini, ordinis predicatorum, manuscrit sur vélin de l'année 1468, in-8°, maroquin bleu, gaufrures, dentelles. . . . . 20 fr.

Les anciens sermons sont quelquefois des tableaux de la société; je l'ai dit au XVe siècle, et j'en ai cité un bien grand nombre dans mes notes. J'y ai dit aussi que les manuels de pénitence renfermaient de bons fragments pour l'histoire de tous les états. Qu'on lise dans ce traité de l'institution des confesseurs, manuscrit dont la copie a été faite par Pierre-Christofle, qui l'a terminée *hora* VIIe *diei*, *M.* CCCC *L* VIII les chapitres *circa barones*, *circa judices*, *circa advocatos*, *circa medicos*, *circa scholares*, et autres chapitres.

Enqueste sur la vie et les miracles de la dame Marie de Maillé, pour sa canonisation, faite à la demande de Jacques de Bourbon, comte de la Marche, et du gardien des cordeliers de Tours, manuscrit original du XVe siècle, sur vélin. Un vol. in-fol., cartonné. . . . . 35 fr.

Dans ce manuscrit d'un genre si rare on apprend comment on canonisait les chrétiens les plus vertueux; comment d'une grande dame on faisait une grande sainte. Cette enquête offre d'ailleurs au lecteur attentif plusieurs faits à noter pour l'histoire.

Cartulaire original du Chapitre de Sens, année 1462. Un vol. in-fol., maroquin rouge, dentelles. . . . . 600 fr.

Voici encore un autre vrai cartulaire, suivant la définition de l'Académie et suivant celle de Furetière qui est bien meilleure. Il a tous ses feuillets, et, depuis le premier jusqu'au dernier, il est rempli des plus riches documents. Je sais maintenant d'où vient le proverbe, disputer la chape de l'évêque, car ce cartulaire renferme plusieurs chartes où l'archevêque de Sens et ses nombreux suffragants, parmi lesquels était alors l'évêque de Paris, reconnaissent, mais non sans contestation, qu'à leur première entrée dans l'église métropolitaine ils devaient donner au Chapitre la chape dont ils étaient revêtus. J'apprends dans ce cartulaire encore bien d'autres choses ; j'y apprends l'histoire des Chapitres de cette partie du clergé, qui avait la fougue de la démocratie et l'orgueil de l'aristocratie. Ce cartulaire est une espèce d'arsenal de bulles du pape, de lettres des rois de France, de priviléges, d'immunités, d'accords, de concessions, de toute sorte d'actes, de toute sorte d'armes, avec lesquelles le grand corps du Chapitre de Sens, composé d'élémens si divers, d'élémens ecclésiastiques, *canonici*, *prebendati*, d'élémens laïques, *donati*, *matricularii*, d'élémens féminins, *sorrores capituli*, se défendait contre les

13*

archevêques, avec lesquelles souvent il les attaquait. Ce cartulaire est aussi, à d'autres égards, une espèce de nécrologe de passions, de dissentions cléricales, qui varièrent, animèrent la vie de ces bons chanoines de Sens, comme elles varient, animent encore ce véridique manuscrit qui en est le dépositaire.

Pièces d'un procès entre la haute et la basse forme du Chapitre de Nevers. Salvations pour la basse forme, cahier en parchemin format in-4°. — *Arrêt des requestes du palais en faveur de la basse forme, année* 1491, rouleau en parchemin de douze pieds de long sur deux de large. — *Autre arrêt des Requestes en faveur de la basse forme, année* 1494, rouleau en parchemin de quatre pieds de long sur un et demi de large. — *Transaction entre la haute et la basse forme, année* 1497, rouleau en parchemin de deux pieds de long sur un et demi de large. Manuscrits originaux contenus dans une boîte. . . . . 70 fr.

Dans le cartulaire du Chapitre de Sens l'archevêque est *accusé* devant le pape d'être l'oppresseur du haut chœur. Ici nous voyons le haut chœur ou la haute forme de l'église de Nevers, accusé d'opprimer le bas chœur ou la basse forme. Le haut chœur s'appelait la haute forme, parce qu'il était assis sur les hautes stalles ou hautes formes; le bas chœur s'appelait par la même raison la basse forme. Des biens ecclésiastiques dotaient la haute, la basse forme. La haute forme se prétendait administratrice non-seulement de ses biens, mais encore de ceux de la basse forme. Peut-être la haute forme, en administrant les biens des deux formes agrandissait-elle une part aux dépens de l'autre; tant y a que la basse s'en plaignait, comme on le voit dans ses salvations; tant y a aussi que les Requêtes du palais reconnurent la justice de ses plaintes en lui adjugeant les revenus et les distributions qu'elle réclamait. Enfin quand la haute forme eut perdu au parlement deux batailles contre la basse, elle s'adoucit et finit par où elle aurait dû commencer, par une transaction ou traité de paix. On sent bien qu'il n'est pas possible, dans une rapide analyse, de rapporter tous les nombreux faits curieux relatifs aux prétentions respectives des différents clercs de l'ancienne cathédrale de Nevers.

Partitiones terrarum dominiorum et omnium revenutarum Capitulo Senonensi et canonicis prebendatis partibilibus ejusdem ecclesiæ spectantes, facte et accordate, anno Domini 1510, *in Capitulo generali.* Un vol. in-4°, basane, racine violette, dentelles. . . . . 30 fr.

Je ne crois pas avoir lu de latin plus plat, comme disent les écoliers ; je dirai moi de latin plus approchant du français que celui de ce recueil du docte et vénérable Chapitre de Sens. On y trouve des constitutions et des ordonnances relatives à ses officiers ecclésiastiques ou civils pour les perceptions des fruits et des revenus ; on y trouve aussi d'autres réglements relatifs à l'ordre dans lequel les bénéficiers doivent recevoir leurs rétributions. On y trouve les états des différentes classes des chanoines qui reçoivent les gros fruits, des chanoines de l'autel, des chanoines du trésor, des chanoines de Saint-Jean ; l'état des terres et des domaines avec leur valeur ; l'état des cens, des lods et ventes ; l'état des bourgeoisies, des mairies ; l'état des dîmes, l'état des menues dîmes, *pisorum*, *alliorum*, des laines, des porcs, des oies, des veaux, enfin l'évaluation des divers revenus par parties séparées, l'évaluation territoriale, ferme par ferme. C'est un monument d'agriculture peut-être unique pour cette partie de la France.

In nomine Domini, amen. Noverint universi et singuli presentes, pariter atque futuri, hoc presens publicum instrumentum processus visuri, lecturi atque audituri, anno 1517. Un vol. in-fol., parchemin, cartonné. . . . . 8 fr.

Ainsi commence ce manuscrit qui est l'original du

jugement d'un procès concernant la double élection de l'abbé de Bonlieu. Il y a là beaucoup de formes judiciaires monastiques fort utiles pour l'histoire de la procédure latine ecclésiastique; et il nous en reste bien moins de monuments que de celles des officialités ou cours d'église.

Vestiaires, bottes, chevauchies et pencions des religieux, abbé et couvent de l'abbaye de Saint-Vaast, année 1525, manuscrit original sur vélin. Un vol. in-fol., basane violette, filets. 90 fr.

Vous avez vu, au musée de peinture, des intérieurs de couvents. Eh bien! chaque feuillet de ce manuscrit est un tableau de ces intérieurs, et un tableau vrai. Premiers feuillets ou premiers tableaux. Salle de vestiaire où l'on voit appendus à côté de l'atelier du tailleur, d'abord les beaux vêtements de monseigneur l'abbé, des seigneurs grand prieur, second, tiers, quart prieur, les vêtements des dignitaires, des prêtres; ensuite les vêtements avec fourrure non de martre sous beau drap de Bruges, mais d'agneau sous serge brunette; car ce sont les vêtements des enfants en escole: ils ont aussi des muffles, des gants; et comme l'abbé, et comme tout le couvent, ils ont des bottes. Autres feuillets, autres tableaux. Pension des gens du monastère, des avocats, des procureurs généraux, des solliciteurs.

Mais voyez donc les richesses des moines ! Ils ont leurs procureurs, leurs gens d'affaires gagés, pensionnés, à toutes les grandes cours de justice, à celles de Malines, de Saint-Omer, d'Amiens, de Senlis, à celle du parlement de Paris, cela va sans dire. Autres feuillets encore, autres tableaux encore. Pensions des médecins, des apothicaires; infirmerie. Autres tableaux; grandes, moyennes, et petites cuisines, gouvernées par un sénéchal, car il y avait un sénéchal de cuisine, comme il y avait un sénéchal de cellier, un sénéchal de réfectoire. Et ensuite quelles fêtes ! Quelle magnificence, quelle grande magnificence ! On comptait cent et tant de moines à table, qui mangeaient peut-être pour deux ou trois cents convives, s'il faut en juger par les approvisionnements. Je crois inutile d'ajouter que le couvent faisait toujours bonne chère; il paraît que la meilleure se faisait, ou dans la chambrerie de l'abbé, ou *sous la voulte*. Ces splendides couverts semblent encore servis et, si l'on peut parler ainsi, fumer sur les pages de ce compte : toutefois ces pages, et celles-ci particulièrement, ont leur endroit et leur envers. On frémit en lisant le détail des frais de la torture donnée dans un des tribunaux de justice de l'abbaye à la fille Peronne. Il est parlé d'un grand feu qui brûlait, de torches allumées. Il fallait que dans ces temps on louât des chemises et des vêtements pour les personnes torturées, car le compte fait mention du louage de ces sortes de vêtements. Il fallait aussi qu'on coupât les cheveux à ceux qu'on torturait, car le compte en fait aussi mention; il fait mention encore du vinaigre et de la moutarde employés pendant la torture. Il dit combien coûta le vin donné entre les diverses tortures pour rétablir les forces de l'accusée. Maintenant nous pouvons, si nous voulons, nous représenter cette femme Peronne, au lieu d'une larronne ou d'une empoisonneuse, telle sans doute qu'elle était, une jeune fille persécutée par l'homme auquel elle n'avait pas voulu céder, une jeune victime de roman, une jeune héroïne d'opéra où tout est si beau à la chandelle.

Mises ordinaires, faites et payées par Denys-Jéhan Hourguenel, trésorier de l'église Saint-Vaast d'Arras, pour l'an 1528, vélin. Un vol. in-fol., cartonné. . . . . 25 fr.

Comme un siècle change le monde, même dans les lieux qui par esprit d'institution changent le moins! La forme du compte de la trésorerie n'est plus la même; et les dépenses, si elles ne changent pas d'objet, sont bien modifiées, à commencer par l'arbre de cire qui ne tient plus une aussi grande place. Luther commençait à prêcher; Calvin était né.

Statuts de la confrérie du Saint-Sacrement de l'église monseigneur Saint-Martin de Longuy, diocèse de Chartres. manuscrit original de l'année 1535, sur vélin. Un vol. in-4°, cart. 10 fr.

Dans les statuts, quels qu'ils soient, il y a toujours quelque chose à apprendre; dans ceux-ci, qui sont des statuts d'associations laïques sacerdotales, de ces fraternités enrichies des dons des confrères, devenues ensuite entièrement ecclésiastiques et que le clergé avait fini par imposer aux décimes, il y a des cérémonies remarquables, entre autres celle de l'élévation de l'hostie entre deux flambeaux, à la messe des morts, pendant laquelle une seule chandelle était allumée sur chaque autel de l'église.

Hymni totius anni, manuscrit du XVIe siècle, sur vélin. Un vol. in-8°, basane, racine verte, dentelles. . . . . 10 fr.

Ce curieux rituel d'hymnes est à conserver pour l'histoire de la liturgie. Les lettres initiales sont en couleur, et l'écriture est très belle.

C'est le Martyrologe de l'église de Saint-Germain de Fexenville, manuscrit du XVIe siècle sur vélin. Un vol. in-fol., basane, racine violette, dentelles. . . . . 35 fr.

Qu'est-ce que le martyrologe d'une église? Eh!

c'est un discours sur le martyre de son saint. Non certes! Ou bien peut-être, par extension, un discours sur la vie de son saint, soit docteur, soit confesseur : point! point! L'extension est bien plus grande, car ce martyrologe, fait à peu près comme tous les autres martyrologes que j'ai vus, parle d'abord des terres, des vignes, des prés possédés par la fabrique de l'église, avec leurs limites et confrontations; ensuite de ses rentes en blé, en argent, avec le nom des personnes sur qui elles sont assises; enfin le calendrier en grosses lettres des principales fêtes de l'église, où sont écrits dans les spacieux intervalles les noms des bienfaiteurs, les jours où l'on doit acquitter les devoirs des fondations, les messes, les offices, les *libera*, les aspersions des tombes, terminent le manuscrit.

Compte de la trésorerie de l'église et abbaye de Saint-Vaast, année 1565, manuscrit original sur vélin. Un vol. in-fol., basane, racine jaune, dentelles. . . . . 80 fr.

Je prie le lecteur de se reporter au dernier article de Saint-Vaast. Le monde claustral changea encore bien davantage lorsque Luther eut prêché, lorsque Calvin prêchait, ne cessait de prêcher. L'arbre de cire se rapetissait, ne cessait de se rapetisser; mais il y avait des choses qui n'avaient pu changer et qui ne changèrent pas : telles étaient les nombreuses places, les nombreux emplois, les nombreux employés, les nombreux serviteurs de toute sorte; telles étaient encore les fondations, les usages, surtout certaines fondations, certains usages, les distributions de pains, de vin, de fromages, de tartelettes, qui égaient plusieurs endroits de ce compte; on y retrouve tout et à la même place.

Mises et payes faites par le receveur de l'église Saint-Vaast d'Arras, année 1573, manuscrit sur vélin. Un vol. in-fol., bas., rac. verte, fil. 60 fr.

Mêmes observations que pour le compte de la trésorerie, année 1528. Cinquante ans du XVIe siècle avaient porté une grande différence au monastère. Son extérieur était bien toujours le même; il avait bien toujours, pour ainsi dire, la robe et le capuchon; mais les traits de son visage insensiblement changeaient. Visage me paraît bon, toutefois si l'on veut face, absolument face; soit, et la paix!

Liber ebdomadarii ad usum ecclesiæ insignis abbatiæ sancti Stephani cadomensis, ordinis sancti Benedicti, manuscrit original, année 1609, écriture rouge, noire. Un vol. in-4°, cartonné. . . 7 fr.

Ce rituel est à conserver pour l'histoire des usages de l'église.

Ensuit les constitutions, statuts et ordonnances de la confrairye des traize fraires... establye en l'église parroichialle de Saint-Germain de Brieux, diocèse d'Évreux, suivant et conformément aux indulgences de nostre saint père le pape Léon, le VIIe *juillet* M V^c^ et XIV, manuscrit original sur vél., de l'année 1645. Un vol. in-fol., basane, racine verte, filets. . . . . 30 fr.

Ce manuscrit ne m'est venu qu'après avoir été offert à plusieurs personnes qui avaient refusé de l'acheter à quelque prix que ce fût. Véritablement il était pourri, tombant en lambeaux, effacé, illisible. M. Ysabeau, relieur, a entrepris avec succès d'en rejoindre les morceaux, et il a fait preuve d'une main habile et légère. M. Frédéric de Fontannois, jeune et laborieux paléographe, n'a pas entrepris avec moins de succès d'en lire, d'en deviner et d'en raviver l'écriture. L'un lui a rendu le corps; l'autre l'ame; ils l'ont ressuscité, et maintenant, pour continuer la métaphore, j'ajoute qu'il parle, et voici ce qu'il dit : « Premièrement a esté statué, ordonné et « estably que ladicte confrairye sera régie et gou- « vernée par traize notables, honorables confraires, « servants en icelle, qui serviront et y demeureront « leur vie durant... et le premier d'eux dict et « appelé antien fraire... Item est ordonné que cha- « cun, ou l'un desdicts antiens fraires avec le fraire

« qui sera nommé pour prendre le baston... rece-
« vront... administreront... rendront compte... » Description du bâton que portait le roi ou bâtonnier de la confrérie. Banquet donné par le roi aux confrères, payant chacun leur part de dépense. Prières et services funèbres pour les trépassés... offrandes, luminaires. « Les confraires, en signe d'union et fra-
« ternité, porteront tous un petit chaperon, ainsi que
« plusieurs autres confrairyes portent... lesquels
« seront de pareils draps, semblables couleurs et fa-
« çons... » Un frère devient-il malade, tous les frères sont tenus d'accompagner le viatique en chaperon, une torche à la main : meurt-il, tous les frères sont tenus d'assister aux funérailles, en chaperon, une torche à la main. Le frère mort est remplacé par élection. Le frère élu reçoit l'investiture par le chaperon, et aussitôt tous les confrères l'embrassent à la ronde.

Compte de la value et revenue du buffet de l'abbaye Saint-Vaast d'Arras, année 1651, manuscrit original sur vélin. Un vol. in-fol. max., basane, racine jaune, filets. . . . . . . 60 fr.

J'avais attentivement examiné tous les précédents comptes de l'abbaye Saint-Vaast. Enfin j'en trouvai un tel à peu près que je désirais de le trouver, un qui comprît l'entier système d'administration de cette grande maison ; c'était celui-ci. En effet parcourons-le rapidement. On voit d'abord que l'abbaye a le haut domaine seigneurial, sur une partie de la ville d'Arras, qu'à ce titre elle perçoit le tonlieu sur plusieurs sortes de denrées et de marchandises ; on voit ensuite qu'elle a aussi de grands revenus en rentes et en dîmes. Aux recettes succèdent les dépenses. Dépenses pour l'habillement, la chaussure, pour les pensions des officiers, pour les gages des serviteurs. Bientôt le compte vous emmène dans la grande ferme de l'abbaye ; vous assistez aux travaux des champs et des prés. On paie devant vous les salaires. Un autre chapitre vous emmène dans les cuisines des religieux et dans celle de l'abbé où l'on prépare les poissons, les viandes. Ce compte parle des solennels repas, des fêtes, et notamment de celle du fondateur, le roi Thierry qu'il appelle Théodoric. Point de fête sans chantres et point de chantres sans vin. Toutefois je suis forcé d'en convenir, le compte ne parle que des chantres de la Passion. Je le répète : tout le monastère est dans ce compte. Un peu plus loin s'offre l'infirmerie avec ses offices et leurs provisions, tout le dispensaire et ses tablettes. Enfin, en avançant, je lis que les bénédictins plaidaient. Je n'en suis pas surpris, qui terre a, guerre a, et les bénédictins avaient beaucoup de terres. Le chapitre des procès n'est pas le plus court. Le roi de France et le roi d'Espagne plaidaient aussi ; mais ils n'avaient pas seulement un avocat, ils en avaient chacun cinquante mille, qui faisaient à qui mieux mieux valoir la logique des mousquets et des canons. Le compte du buffet de l'abbaye Saint-Vaast finit par la dépense des sauvegardes français ou suisses, mis aux bois et aux blés pour les défendre contre les avocats du roi d'Espagne et même quelquefois contre les avocats du roi de France.

Règle des Carmes, manuscrit du XVIIe siècle. Un vol. in-16, maroquin noir, filets, avec fermoirs. . . . . 6 fr.

Certes les règles des Carmes sont fort communes ; les coutumes du noviciat de Pastrame, recueillies dans le même volume, le sont moins : mais ce qui fait le vrai prix de ce manuscrit, c'est le grand nombre de jolies gravures dont plusieurs sont avant la lettre.

La Vie de notre vénérable sœur et mère Anne-Thèrese de Prechonnet, religieuse et fondatrice du monastère de la Visitation de Montferrant, en Auvergne, manuscrit du commencement du XVIIe siècle. Un vol. in-4°, parchemin. . . 8 fr.

On ne peut lire sans attendrissement la vie de cette pieuse Anne-Thérèse. Ses parents la donnent à la reine Marguerite, première épouse de Henri IV; elle rencontre un jeune prince qui croit voir en elle une fille d'honneur comme les autres, et qui en reçoit un soufflet tel qu'il n'eut plus qu'à se retirer, elle avait alors quatorze ans; elle aimait excessivement la parure; elle se parait pour avoir un époux. Enfin elle en a un, mais jaloux, mais terrible, et en outre maître d'un fort château qu'il habitait. Cependant avec le temps le mari change, devient un pieux et débonnaire mari. A sa mort aucun obstacle ne s'oppose plus à la vocation d'Anne-Thérèse de Prechonnet; elle se fait religieuse, et bientôt elle est fondatrice d'un monastère. Plusieurs faits de cette vie sont à recueillir pour l'histoire.

Carte manuscrite figurant les sous-divisions des cinq assistances de la société des jésuites, adhérente à son portefeuille. . . . . 9 fr.

Cette carte paraît être du milieu du XVIIe siècle; c'est un original qui a été ou qui devait être gravé, comme on le voit par les mots écrits en encre rouge, *bord du cuivre*. Elle est précieuse en ce qu'elle rectifie la statistique du nombre des maisons des jésuites, soit en France, soit en Europe, soit dans les autres parties du monde. On lit dans des notes au crayon, écrites au dos, que celui qui la possédait voulait bien la vendre, ou en termes de librairie qu'il emploie, bien la placer.

Pensées chrétiennes, manuscrit du XVIIe siècle. Un vol. in-4°, maroquin rouge, filets, tr. d. 12 fr.

Qui a fait cet ouvrage? Certes je ne sais : mais ce n'a pu être qu'un homme d'un excellent esprit, car je ne connais pas d'ecclésiastique français qui eût pu le désavouer, soit pour le naturel du style, soit pour la liaison des raisonnements. À qui primitivement a appartenu cet ouvrage, dont l'écriture est superbe et le papier du plus beau de Hollande? Je ne sais pas non plus; peut-être à Mademoiselle de la Vallière, à Madame de Montespan, à Madame de Maintenon. Mais je puis assurer qu'en l'an XI de la république il avait passé entre les mains de Jacques Toulon, logeur, car il a écrit sur les contre-gardes ce que lui devait, pour diverses fournitures, Jean-Claude Flamorant, carabinier.

État des revenus du temporel du prieuré de Saint-Yon-sous-Boissy, archevêché de Paris, manuscrit original du XVIIe siècle. Un vol. in-4°, parchemin. . . . . 8 fr.

Je désire que l'on conserve avec soin de pareils manuscrits, non pour l'histoire de l'église, il n'y a guère que ces lignes qui la concernent : « Le prieur « a le droit d'exercer toutes les fonctions curiales... » mais pour l'histoire territoriale et agricole de ce canton.

Petit registre de naissances, mariages et décès de la famille Le Mire, manuscrit du XVIIe siècle. Un vol. in-8°, cartonné.

Ce petit manuscrit est probablement un extrait des registres paroissiaux de l'église de Cambrai, ou bien il les suppléait, si l'édit de Charles IX sur les registres des naissances, mariages et décès que devaient tenir les curés n'était pas encore observé dans cette ville; quoi qu'il en soit, j'y trouve que, vers la fin du XVIe siècle, la famille Le Mire exerçait l'état d'orfèvre, qu'elle avait donné des échevins à la ville de Cambrai; j'y trouve aussi des arrêtés de comptes entre parents. Si la famille Le Mire existe encore; si quelque bon Cambraisien lit ce traité, je le prie de lui donner avis que ce monument de famille est entre mes mains, et que je lui en ferais volontiers présent. Ainsi je ne mettrai pas ce manuscrit en vente; je n'en parle que pour avoir occasion d'inviter ceux qui recueillent de vieux titres, lorsqu'ils en trouveront d'un plus ou moins grand intérêt pour les familles, à les en informer. Je me suis assez souvent donné ce plaisir; je le dis parce que cela est vrai, et parce qu'il faut surtout prêcher d'exemple.

Constitutions de l'église chrétienne, manuscrit du XVIIe siècle. Deux vol. grand in-fol. cartonné. . . . . 30 fr.

Ce titre est de moi : l'ouvrage n'en a pas; on peut considérer les deux grands volumes qui le composent comme deux grands tombereaux d'excellents matériaux historiques, déposés au pied d'un édifice à élever: et pour l'élever il n'y avait presque rien à faire; il n'y avait qu'à faire du second volume, qui comprend l'histoire des principales églises d'Orient et d'Occident et de leurs dotations, le premier, en retranchant toutefois l'extrinsèque et inutile chapitre sur le fameux serment du roi Jacques ; ensuite faire le second volume du premier où il est traité de la constitution et de la hiérarchie des représentations cléricales. Qui que vous soyez, qui avez tant parlé de l'église, tant crié contre l'église, osez dire que les représentations nationales, ce grand présent de la raison, qui sépare si heureusement les âges nouveaux des anciens âges, n'a pas commencé dans l'église. Osez le dire, et je vous répondrai que vous ne connaissez pas cette partie de l'histoire que je trouve ici entière, complète et d'ailleurs écrite sur bonnes autorités; ou si vous la connaissez, convenez que vous n'avez pas su en tirer cette conséquence. En effet, dans la constitution de l'église, il y a des assemblées ou conciles diocésains qui députent aux conciles provinciaux, des conciles provinciaux qui députent aux conciles nationaux, des conciles nationaux qui députent aux conciles universels ou œcuméniques. Si tels n'ont pas toujours été les rapports des assemblées ou conciles entre eux, tel a toujours été du moins l'esprit de l'église. Et dans l'ancienne représentation nationale de notre France, je vois de même des états provinciaux de petites provinces qui députent aux états provinciaux de la grande province dont la petite province faisait partie, des états provinciaux des grandes provinces qui députent aux états généraux de la nation. Et s'il n'y a pas dans le monde politique européen, de même que dans le monde ecclésiastique, des états généraux, universels, œcuméniques, les choses n'en vont pas mieux, et elles iront mieux lorsque la raison aura formé ces grands états, ces grands conciles, ces grandes assemblées des nations, d'abord pour l'Europe, ensuite pour l'Amérique, et ensuite pour l'Asie, pour l'Afrique, si jamais cela est possible. Autres conformités à remarquer : de même que durant les sessions des états généraux le roi n'a jamais été que le plus haut dignitaire de la monarchie, de même, durant les sessions des conciles œcuméniques, le pape n'a jamais été que le plus haut dignitaire de l'église. Auteurs brillants, fêtés par les libraires, traduits dans toutes les langues, célébrés par tous les peuples, vous me voyez pauvre, délaissé par la légèreté des générations au milieu desquelles je vis; vous avancez la main hors de votre auréole pour vous emparer de tout ce que j'ai dit ailleurs sur la constitution élémentaire des états provinciaux, généraux de la France, sur tout ce que je dis ici sur les conciles provinciaux, généraux de l'église, sur le rapprochement de la représentation ecclésiastique et de la représentation nationale, l'une née de l'autre. Certes si vous ne me citez pas, si alors on ne vous crie, au moins cette fois : au plagiaire! au larron! au voleur! ce ne sera pas ma faute.

Idée de l'esprit, de la conduite de feu M. l'abbé Lafitte de Maria, réformateur de l'abbaye de Saint-Polycarpe, manuscrit autographe de l'année 1741. Un vol. in-4°. . . . . 8 fr.

Ce volume est relié par l'auteur, pieux solitaire qui a rempli de croix toutes ses pages, et qui rapporte d'une manière touchante les persécutions éprouvées par son monastère; voilà encore un assez curieux monument bibliographique.

Obituaire des religieux pénitens de Picpus-les-Paris, manuscrit du XVIIe siècle, sur vélin. Un vol. in-8°, veau noir, dentelles d'argent. . 40 fr.

Sur les feuilles du fin vélin de ce manuscrit sont écrits les noms des personnes des divers états, morts dans l'ordre ou sous le sac de pénitent Picpus. Les larges espaces qu'on y voit attendaient bien d'autres noms... S'il peut y avoir un joli petit registre funèbre celui-là en est un. Le frontispice, dont le haut est élégamment drapé, offre la représentation d'un pénitent Picpus, les mains jointes, couché dans la bière. Ce petit volume par ses couleurs funèbres contraste d'une manière piquante avec les autres livres d'une bibliothèque.

Depuis que ceci a été écrit les caveaux des Picpus ont reçu le cercueil de l'homme des deux mondes. Je conserverai, ma famille conservera à jamais les lettres où il dit que *l'Histoire des Français des divers états* est la seule histoire nationale.

Manuscrit original de la traduction de l'ecclésiaste, par Sacy, sur lequel a été imprimée l'édition de 1684, *ainsi que cela est prouvé par le premier feuillet.* Un vol. petit in-fol., parchemin. . . . . 15 fr.

C'est un monument bibliographique. Les grandes bibliothèques le savent.

Compte original de l'œuvre de Saint-André-des-Arcs, ancienne paroisse de Paris, rendu par Boulard, avocat, année 1750. Un vol. in-fol., basane, filets. . . . . 6 fr.

Quelqu'un ne serait-il pas bien aise de savoir que dans une ancienne paroisse de Paris, la recette de la fabrique, il y a quatre-vingts ans, montait à environ 30,000 francs. Et d'où venait cet argent? des quêtes, des chaises. Et où allait cet argent? beaucoup en réparations, en toile, en linge, en luminaire et un peu en musique.

Compte original de l'œuvre de Saint-Jacques de la Boucherie, ancienne paroisse de Paris, rendu par Vacher, marchand, année 1750. Un vol. in-fol., veau, fig. . . . . 15 fr.

Ce manuscrit, du même genre que le précédent, est bien autrement grand; c'est un in-fol. maximus: autrement relié; ce sont d'épaisses couvertures avec un grand Saint-Jacques et de grandes coquilles d'or, gravées avec les fers de l'œuvre: autrement riche; c'est un des volumes les plus remarquables par le luxe de ses margés et les ornements à la plume de ses beaux feuillets entremêlés d'estampes: autrement intéressant; c'était la paroisse de Nicolas Flamel, et l'église est entourée des maisons qu'il habita et qu'il donna à l'œuvre: autrement poli; c'est toujours monsieur le clerc de la cure, monsieur le clerc de l'œuvre, jamais clerc tout court. J'ajoute enfin qu'il est autrement détaillé; vous y voyez, aux chapitres de recette, les seigneuries et les fermes de l'œuvre, les dons faits par les dames qui ont présenté les pains à bénir, l'argent donné par les merciers qui, la bourse à la main, ont disputé à qui porterait le dais, l'argent du tronc, les redevances, pour la cession annuelle de s chapelles, des bancs; et, aux chapitres de dépense, le paiement de l'apprentissage de jeunes artisans, les dépenses de peintures, broderies, bouquets, tapisseries, ouvrages d'orfèvrerie, les appointements des arrangeurs de bancs, des recureurs de l'aigle, des sonneurs, des grands, des petits officiers, des porte-bannières, du grand suisse qui a trois cents francs, du petit suisse qui n'en a que vingt, de leurs habits, de leurs bas, de leurs culottes, de leurs galons, de leurs chapeaux, de leurs plumes, de leurs baudriers, de leurs épées et même de l'aiguisage de leurs épées, de leur pain, de leur vin. Un des derniers chapitres est un des plus remarquables; il y a cinq ou six différents taux des prix des sermons. Ces deux comptes sont, par une singularité du sort l'un et l'autre de la même année et l'un et l'autre d'églises aujourd'hui rasées.

Inventaire des titres du chartrier de l'abbaye de Saint-Sauveur-le-Vicomte, manuscrit du XVIIIe siècle. Un volume petit in-folio cartonné. . . . . 9 fr.

Ne dites pas : A quoi bon ce manuscrit? Je vous répondrais que si les archives de l'ancienne abbaye de Saint-Sauveur-le-Vicomte, en Normandie, ont péri, il n'existe sans doute pas d'autres titres pour faire l'histoire, surtout l'histoire territoriale de cet arrondissement. Vous y avez d'abord les dénombrements des patronages, vous y avez ensuite celui des deux baronnies de l'abbaye, celui des fiefs, parmi lesquels se trouve un fief d'aînesse: autre preuve de ce qu'à cet égard j'ai dit à mon XVIe siècle, station du *Sergent de Valogne*. Je passe les rentes, les tenures sans rentes. Je m'arrête aux moulins de Saint-Sauveur. J'y « lis : ... Item une autre liasse en parchemin où sont les « droits et libertés dudit moulin... » Pesez bien ces mots : ne vous semble-t-il pas qu'il s'agit d'une grande commune comme Paris, Lyon? Voyez combien autrefois il y avait de petites existences politiques en dehors du droit commun. Cet inventaire fait encore mention de domaines fieffés, non fieffés, de nombreuses lettres de garde-gardienne, d'anciens, de très anciens comptes de recettes et dépenses, de registres, de très anciens registres de plaids de petites cours, de verderies, ce qui les rend fort précieux. Il fait enfin mention de recueils de titres de donations et privilèges, de cartulaires dont le bon rédacteur ignorait, comme on le voit à sa manière d'en parler, et le nom et la valeur historique.

Recherches chronologiques sur les moines,

manuscrit du XVIIIe siècle.—*Mémoires sur les questions qui agitent la congrégation de Saint-Maur ;* autre manuscrit du XVIIIe siècle, relié, avec le précédent, en un petit in-folio, basane, porphyre rouge. . . . . 9 fr.

J'ai dit que dans les siècles passés les moines occupaient un grand espace. J'ai dit que leur histoire n'était pas à négliger; je dirai en outre qu'on est depuis long-temps généralement injuste envers eux, et que dans leur histoire, le moyen d'être neuf, c'est d'être juste. L'auteur de cette précieuse compilation me paraît l'être. Il rapporte tout ce qui, depuis les premiers siècles de l'église jusqu'à nos jours, peut le mieux faire connaître l'état monastique. Ses documents sont originaux et chronologiquement disposés.

Le mémoire autographe ajouté à ces recherches est à peu près l'histoire de la célèbre congrégation de Saint-Maur, l'académie des inscriptions et belles-lettres du grand corps ecclésiastique.

Mémoires, remarques, titres, pièces relatives à l'ordre de Saint-Benoît, manuscrit autographe du XVIIIe siècle. Un vol. in-4°, cartonné. . . 6 fr.

Ce manuscrit sent l'huile de la lampe des bénédictins : c'est, pour l'histoire monastique, une riche petite mine.

Explication des O de l'Avent, manuscrit du XVIIIe siècle. Deux vol. in-12, veau, filets. . 6 fr.

Je voudrais que quelqu'un cherchât un ouvrage qui traitât moins de l'histoire liturgique des neuf prières de l'avent, commençant toutes par un *O*, que de leur esprit religieux; il trouverait dans ce manuscrit ce qu'il cherche. Il aurait d'ailleurs un style clair, simple, coulant, et pour ainsi dire net comme l'écriture qui est fort soignée et mélangée d'initiales rouges.

Hymnes nouvelles, latin et français, pour la fête de Saint-Spire, par Guyot, successivement bibliothécaire de Saint-Victor, prieur de Saint-Spire de Corbeil, manuscrit autographe du XVIIIe siècle, in-8°, basane, filets. . . . . 6 fr.

Qui achètera ce manuscrit? MM. les bibliothécaires de Paris qui voudront sans doute posséder les poésies latines d'un de leurs confrères : qui encore? le clergé de Saint-Spire de Corbeil qui voudra varier les chants sacrés en l'honneur de leur patron, ou le clergé de Bayeux qui compte Saint-Spire parmi les évêques de son église : qui encore? les savants qui voudront comparer aux poésies de Santeuil celles de l'un de ses successeurs.

Concorde des livres de la sagesse, manuscrit

du XVIIIe siècle. Un volume in-8°, demi-reliure, filets, tr. d. . . . . 6 fr.

Ce manuscrit, doré sur tranche, dentelles sur le plat, est d'une demi-reliure plus riche qu'une reliure complète. Il a été écrit vers le milieu du siècle dernier par un très habile écrivain. Ce n'est pas seulement un fort joli c'est aussi un fort bon livre. Je veux parler sur le travail, sur la tempérance, sur la modération, sur la vertu, sur les devoirs de l'homme dans tous les divers états, oui dans tous les divers états, je cours à la table, la table me renvoie au chapitre, au verset des saintes écritures. Je fais couler de ces sources sacrées toutes mes preuves et, si je suis éloquent, je me trouve en même temps savant. Cela n'est-il pas commode? Un jeune prêtre, un jeune prédicateur désirera sûrement d'avoir ce manuscrit indicateur; mais, comme il ne peut être encore bien riche, je n'ai pas, à cause de lui, élevé bien haut la mise à prix.

Le Sanctuaire de l'ame troublée, traduit de l'anglais de messire Jean Hayward, chevalier et docteur ès droits, par Théodore Jaquemot Genevois, manuscrit autographe du XVIIIe siècle. Un vol. in-4°, demi-reliure. . . . . 4 fr.

Ce manuscrit se trouve là, seulement parce que je l'ai.

La semaine sainte ou la quinzaine de pâques. Un vol. in-8°, maroq. rouge, doré sur tr., armes impériales fraîchement mises sur le plat. 100 fr.

Ce volume a, pour ainsi dire, son histoire. Il a été d'abord, dit-on, entre d'augustes mains françaises, d'où il a passé dans d'augustes mains étrangères, d'où il est revenu dans d'augustes mains françaises, d'où il est sorti il n'y a pas très long-temps; véritablement il est digne d'avoir appartenu à d'augustes maîtres, et de leur appartenir encore, car il est un chef-d'œuvre de patience et d'adresse. Il n'est ni manuscrit, ni imprimé; il est fait avec des caractères à jour, passés en noir, en rouge, en bleu. Quand on considère le temps qu'il faut pour une seule page, on est surpris qu'il soit épais de plus de deux pouces.

Histoire de toutes les hérésies qui ont pris naissance dans chaque siècle, et qui ont combattu l'église jusqu'à Luther, manuscrit du XVIIIe siècle. Un vol. in-fol., veau fauve, filets. . . . . 20 fr.

Cet ouvrage est un puits de science dont les eaux sont d'ailleurs fort claires, c'est-à-dire que les matières sont bien distribuées et qu'elles sont traitées d'une manière fort nette. On ne peut se plaindre que la vieille histoire bataille n'ait souvent fait taire le bruit des armes et la voix des combattants pour parler des hérésies religieuses; mais n'aurait-elle pu parler aussi des autres hérésies; je m'explique : n'y a-t-il des hérésies qu'en théologie? n'y en a-t-il pas en politique, en législation, en économie, en médecine, en littérature? n'y en a-t-il pas en histoire? oh! c'est là qu'il y en a, et d'anciennes, et de bien enracinées : par exemple, croire qu'Hérodote, Tite-Live, Tacite, Fergusson, Voltaire aient dans leurs livres d'histoire parlé des divers états ou des diverses parties de l'ordre social est une hérésie : croire que, parce qu'ils n'en ont point parlé, il n'en faut point parler, hérésie! croire que l'histoire des diverses parties de l'ordre social ne peut, aussi bien que l'histoire bataille, être classique, hérésie! croire que parce que Hérodote, Tite-Live, Tacite, Fergusson, Voltaire n'ont point employé la forme du roman on ne doit point l'employer, hérésie! croire que la vive et instructive forme du roman ne peut être classique, hérésie! croire qu'il puisse y avoir d'histoire nationale dans laquelle tout homme ne trouvera point l'histoire de son état, de la partie de l'ordre social où il est attaché, hérésie! ne point reconnaître que la science a fait depuis peu un immense pas, ou ne point vouloir le reconnaître, de crainte d'être obligé de nommer celui qui le lui a fait faire, hérésie! hérésie! ou bien, injustice! injustice! ingratitude! ingratitude!

CHAPITRE XI.

HISTOIRE DE LA FÉODALITÉ ET DES HOMMES FÉODAUX, SEIGNEURS, CENSITAIRES, SERFS.

Lecteur! je vous prie de donner une attention particulière à ce chapitre. L'histoire de la féodalité est au moins pendant neuf ou dix siècles l'histoire nationale de la France, tant la féodalité avait universellement et profondément marqué de son timbre la terre, les hommes et les choses. Cette histoire est très difficile à bien faire. Brussell, Boulainvilliers, Dubos et autres l'ont inutilement tenté. L'aigle de Bordeaux, celui de tous les aigles qui peut-être a volé le plus haut, n'a pas non plus réussi dans son Esprit des lois. Deux obstacles insurmontables se sont opposés à lui; le petit nombre de documents, la langue de ces documents de plus en plus vacillante, de plus en plus obscure, à mesure de leur plus grande antiquité: et toutefois, par cela seul que Montesquieu a tenu la plume, c'est, sous un autre nom, l'histoire féodale la mieux faite. On trouvera ici ce qui n'est ni dans l'Esprit des lois, ni dans l'Usage des fiefs, ni dans les Mémoires de l'ancien gouvernement de France, ni dans l'Établissement de la monarchie française, ni dans les autres ouvrages sur la féodalité. On y trouvera des comptes féodaux, des mémoires de serfs, des terriers, des censiers, des aveux, des dénombrements, des hommages et de toute sorte d'actes. Ici on ne s'élèvera pas plus haut que ce qui existe, mais on descendra plus bas.

C'est la valeur du doaire madame (de Bourgogne) sans la saugnerie de Salins de la demie année finissant à Pasques que li milliaire commence lqn mil ccc et cinq dont messire Odet de Lielle rent conteen la manière qui s'ensuit, manuscrit original, parchemin. Un vol. in-fol., basane, racine verte, dentelles. . . . . 40 fr.

Je commencerai le chapitre de la féodalité par trois études : l'une sur ce compte, les deux autres sur les deux comptes suivants. Qu'on se souvienne que ce qu'autrefois nous appelions glose, commentaires, remarques, réflexions, observations, nous l'appelons aujourd'hui études. Celle-ci sera comme une espèce d'introduction. «... Li fours, li molins, les amendes, « la haule, les sergenteries, les avoueries sont amoi- « sonnez par an IIIc LX livres... » Au nombre des droits des seigneurs était celui d'avoir un moulin banal où tout le monde était obligé de venir moudre son blé, un four banal où tout le monde était obligé de venir cuire son pain. Le seigneur avait aussi le droit de prendre le prix des amendes civiles ou criminelles prononcées par le juge. Il affermait aussi les places aux halles; il affermait les produits de l'office de sergent, ainsi que la haute protection qu'il accordait aux bourgeois qui s'avouaient de lui. « ... Por fagoter la chaucié de l'estang le Rogier... « Por les despens du clerc, de deux pescheurs, de « deux vallés qui pescherent l'estang CXVI solz... » Ordinairement près les châteaux il y avait un ou plusieurs étangs; le droit d'étang était un droit comme celui de garenne. Chaque étang avait un ou plusieurs gardes qui avaient des loges; ici il est fait mention d'une loge où le feu prit, où tout fut brûlé jusqu'au lit de plumes. « Item valent les scels « d'Ornans XXXVI solz. Pour la valeur du scel de la « court de Salins... IV liv... » Les perceptions sur le sceau des actes étaient tarifées et appartenaient au seigneur. « Pour la valeur du péage de Salins pen- « dant ung mois IIIIxx VIII livres XVIII deniers... « Gaiges du receveur du péage IIII solz par semaine. « Parchemin pour escripre le péage II solz... » Le péage était un autre droit seigneurial dont les clercs et les nobles étaient exempts. « ... Pour le poids « de la loye XIIII solz VII deniers. » Le poids public et les droits de pesée étaient aussi au seigneur. « Missions faictes en Bracon. Premier pour tailler,

« lier, fossoyer les vignes XVII livres XVI solz...
« Item pour vendanger... Pour relier cuves et vais-
« sels... » Point de châteaux sans terres arables, sans ferme, étable, bergerie; sans vignes, cuves, pressoirs. « Pour les gaiges de XX sergens
« qui furent mis en garnison en la saule de Pon-
« tallier. » Dans plusieurs provinces le château s'appelait la salle. « Quand Hugues de Bracon vint
« de part madame et apporta la nouvelle que messire
« Jehan de Châlons l'avait deffiée... » Entendez-vous ce terrible mot? après le défi ou burlette un seigneur pouvait ravager, brûler, tuer impunément sur le territoire de son voisin défié. Voyez ce que j'ai dit au XIVe siècle sur la législation des guerres privées. Quelles précautions, quels moyens de défense ne prenait-on pas? Ce compte est rempli d'articles de fortifications, d'armures fabriquées; il y a jusqu'à huit, dix pages de suite d'articles d'arbalettes, de quarreaux, d'artillerie, d'engins, d'artilleurs et d'engigneurs (ingénieurs). C'est là que l'historien de la partie matérielle de la guerre pourrait ramasser à jointées. Tout à côté de ces images de fers tranchants, de meurtre et de sang, il s'en présente une toute douce, l'image du culte religieux : « Missions
« extraordinaires faictes en Bracon. Pour deux
« agnes (aunes) de cendal vert pour forrer deux
« paires d'estoles et deux manipules pour les cha-

« pelles de Bracon XIIII solz... Paremens de drap « d'or... Chapes... chasubles... chandelles, buret-« tes... lanternes... » Messieurs les peintres, qui me faites quelquefois l'honneur de venir me consulter sur la disposition, les formes, les couleurs des objets des siècles passés! Je continue à extraire ce passage pour vous : « Item XLII grands targes ver-« meilles pour faire mantels, et en chascune au mi-« lieu une targe des armes de Bourgogne... » Ainsi la féodalité frappait le haut du pluvial du prêtre, de sa couleur, de ses armoiries, de son cachet. Ce compte finit ainsi : « Somme de la valeur du doaire « d'une demie année IIm Vc XXVIII livres XVII solz « I denier. »

C'est la valeur du doaire madame... de l'an mil ccc et sis, manuscrit original sur parchemin. Un vol. in-fol., bas., rac. rouge, dentelles. 60 fr.

Le compte précédent a des chapitres que celui-ci n'a pas, notamment ceux : Gages des gentils hommes, sergents et portiers; Gages d'artilleurs; Missions extraordinaires; mais celui-ci a dans son appendice un compte particulier que le précédent n'a pas. Ainsi quelquefois ces deux comptes se ressemblent, et quelquefois ils sont totalement différents. Passons à la seconde étude, naturellement elle ne doit porter que sur l'appendice : « C'est la valeur de la terre

« que Madame a en Bourgogne, hors de son doaire « d'une année, finissant à la Saint-Michel, mil ccc et « sis... Castelène... Li maires de la Castelène, des « rentes de la Castelène. » Maire n'a pas toujours eu le sens que nous lui donnons aujourd'hui ; souvent il signifiait juge; ici il signifie probablement juge et collecteur de rentes. « De la cense de la Saint-Martin d'hiver « des ommes à deniers et des comands; et croist et « decroist... » Il y avait des hommes qui étaient taxés à un denier : Il y en avait d'autres qui payaient la commandise, prestation le plus souvent entachée de servitude. On voit par les mots croist et décroist que le produit de ces droits n'était pas fixe. « Pour « la taille des ommes de Valate... Pour la taille de « la quaresme xxx livres... Pour la taille de Saint- « Michel xxx livres... » Je me réfère à ce que j'ai déjà dit sur les tailles féodales des terres, au chapitre de l'agriculture. « Pour la taille des ommes achatez « de nouvel à Jehan de Saint-Germain L livres. » Il s'agit ici de la taille des serfs dont j'aurai bientôt occasion de parler. Les dîmes, perceptions purement ecclésiastiques étaient devenues, dans plusieurs lieux, féodales; on va voir comment ici elles avaient conservé l'ancienne variété de leurs droits : « Li « dismes de Charin valent à la moisson cccv bichets IIII « minots de froment, III bichets d'avoine, I bichet « de mil, v quarterons de fèves, VI quartes d'orge,

« I boissel de noix, XXVIII masses de chanvre. » Voici encore un autre droit ecclésiastique, devenu féodal : « Pour le patronage de Saint-Vyvant « IIII livres. » On se doute bien que les seigneurs avaient le droit de forcer les villageois à venir faire le guet au château ; mais ordinairement ils préféraient une taxe en argent : « Pour les guetz de « Santan... XXX livres. » Les bourgeoisies, dont il va être fait mention, n'étaient pas toujours la même chose que les avoueries, mais elles différaient peu : « Pour la bourgeoisie Jéhan Malart VI livres de « cire... Pour lès étaux... » Voyez à mon XVe siècle, histoire du marchand, le droit féodal des étales. Les perceptions sur les marchandises étaient encore d'un grand rapport : « Pour la foire de Beuchart XXXVII livres. » Au seigneur appartenait aussi de donner l'autorisation de tenir la foire, il la faisait ouvrir par ses officiers ; et cela s'appelait vendre la foire. Voyez l'histoire du marchand. Je conviens que plusieurs auteurs ont traité de ces mêmes matières féodales, mais je renvoie de préférence le lecteur à *l'Histoire des Français des divers états* ; cela est pour moi plus sûr et plus facile.

C'est li comptes que messire Jacques de Thoraisse, chevalier chastelain de Chasteillon sur Bezançon, rent ès seigneurs tenant les comptes à Dijon pour monseignour le duc et conte de Bourgoigne des rentes appartenant à ladite chastellenie depuis le XXVe *jour de décembre mil* CCC LIX, *jusqu'au* XXVIIIe *jour de décembre mil* CCC LX, *qu'il se partit de la dicte chastellenie et aussi des paiemens et mises qu'il a faites audit terme*, manuscrit original sur parchemin. Un vol. in-fol., cartonné en parchemin. . 12 fr.

Troisième étude. Elle aura pour objet l'analyse de ce troisième compte dont le titre est aujourd'hui fort remarquable. Quoi! un grand seigneur d'une des plus grandes maisons de la province, consentait à être régisseur, homme d'affaires? Oui sans doute! et c'est parce que la féodalité dorant tout, ennoblissant tout, l'appelle châtelain et lui donne, comme aux baillis, aux sénéchaux, l'épée en même temps que l'écritoire. « De la vendue de la paisson du bois « Vauray... III^{xx} x livres. » En ces temps ou les forêts de chêne couvraient les terres, aujourd'hui chargées de beaux épis, la moisson était pour ainsi dire le gland que les animaux consommaient en grande partie sous les arbres même, et que le maître de la fôret, le seigneur affermait sous le nom de paisson ou de glandée. « ... Rapporte le chastelain « que il ha rechu de la ville de Chasteillon et des « villages de ladite chastellenie de don fait à mon- « seigneur, à la requeste de messire Jacques de

« Vienne, en florins VII^{xx} X livres... » Alors celui qui avait peu était obligé de faire des présents à celui qui avait beaucoup ; le pauvre était obligé de faire le riche ; et il faut convenir ici que ces noms de dons, d'aides, dont alors on appelait l'impôt qui, au temps présent, ne seraient que plaisants et risibles, étaient, au milieu du XIVe siècle, spirituels et adroits. « Aumosnes et rentes à tou- « jours... à l'abbesse de Motelet, pour l'anniversaire le « comte de Bourgoigne L sols... à l'abbesse de Bateux « pour l'anniversaire la comtesse Alix... L solz... » Dans tous les comptes féodaux il y a ordinairement, sous le nom de chapitre de fiefs et aumosnes, le chapitre des pieuses libératés. « Item que le « truel de Chasteillon a gaignié en truelloisons, l'an « dessus dict, IIII setier... » Il y avait un moulin banal, un four banal; il devait y avoir et il y avait un pressoir banal. Mais je ne m'arrêterai pas là ; j'ajouterai que je trouve dans de vieux titres des provinces du nord les mots techniques de la culture des vignobles des provinces méridionales : capvirade, tranchée pour l'écoulement des eaux ; pessel, échalas ; et ici truel, pressoir; d'où nous devons conclure que la culture de la vigne a été introduite dans le nord de la France postérieurement aux invasions des Teutons et des Welches. « Rentes... « cens... » Les rentes et les cens étaient les deux redevances féodales, les plus communes. Il y en avait en grains, en toute sorte de grains, en toute sorte d'animaux, en volaille surtout, en toute sorte d'objets, en toute sorte de monnaies. Si j'essayais d'en faire une nomenclature, même abrégée, je ne finirais pas, et je veux finir.

Collection de cent quatre-vingt-sept pièces originales, concernant la féodalité, depuis le XIIIe *jusqu'au* XVIIIe *siècle*, renf. dans une boîte. 90 fr.

Sans doute cette collection n'est pas des plus volumineuses; mais elle est des plus complètes. Il y a de quoi mettre une ou plusieurs pièces dans chacune des différentes tablettes ou cases d'une salle d'archives féodales. Il y a donc de toute sorte d'actes ? à peu près. Il y a donc des actes de traditions des fonds par le seigneur au censitaire? il y en a. Des reconnaissances du censitaire faites au seigneur? il y en a, et en langue d'*oui* ou langue française, en langue d'*oc* ou langue française méridionale. Des aveux, des dénombrements, des hommages? il y en a, et dans les deux langues : Des cessions, des mutations, des ventes, des retraits? il y en a : Des oppositions, des transactions, des procès, des jugements, des arrêts? il y en a : Des confiscations, des saisies? il y en a : Des sursis? il y en a : Des lettres du roi, de ses officiers? il y en a; entre autres du *bailli d'Évreux pour le roi de France, d'Angleterre, seigneur d'Irlande, duc de Normandie* relative à la rente d'une meule de pierre que devaient au roi les carriers de Houlbes. Il y a d'autres et d'autres pièces d'un intérêt piquant, historique, relatives aux droits féodaux, aux usages féodaux qui dans les anciens temps étaient ou devenaient des droits.

Mémoire judiciaire présenté au parlement où des serfs du Nivernais veulent prouver qu'ils ont toujours été libres, manuscrit original, sur parchemin, de l'an 1387. Un vol. in-fol., basane, porphyre bleu, dentelles.

Comment s'est formé ce grand réseau féodal qui, à l'époque des premières croisades, couvrait la face de l'Europe, qui la couvre encore en Russie, en Pologne, en Hongrie, qui peut-être encore la couvre dans une partie de la Suède, du Danemarck, et qui seulement en France, est brisé jusqu'à la dernière maille? Je ne sais; mais pour bien faire entendre le système des matériaux manuscrits qu'offre ce chapitre, je suppose que ce réseau s'est formé à peu près de cette manière. Un de nos vainqueurs septentrionaux, car avant l'invention de la poudre la victoire devait naturellement aller du nord au midi, fait, le lendemain de la bataille, assembler les vaincus, et tenant son épée encore fumante de leur sang, il leur dit en teuton ou en slave ce que je traduis librement en notre style du jour : Je pourrais, si c'était mon bon plaisir, vous exterminer ou vous faire esclaves, je pourrais m'emparer de vos terres, les vendre, ainsi que c'était autrefois, dit-on, l'universelle coutume chez les Assyriens, les Grecs, les Romains, cependant, comme le siècle devient de plus en plus philosophe ou, pour parler à la manière de vos nouveaux savants, devient de plus en plus religieux, de plus en plus chrétien, comme il est en progrès, et que je fais gloire d'être un homme du mouvement, je me contente de vous faire serfs au lieu de vous faire esclaves, de faire vos terres serves au lieu de m'en emparer; vous serez mes hommes de poest, de main-morte, de poursuite; vos terres seront mes terres inféodées et me paieront la moitié, le tiers, le cinquième de leur produit. Ce vainqueur avait un fort cheval, un long bras, une longue épée. Il avait une grande influence sur les autres vainqueurs de son temps; et bientôt la mode des hommes serfs, de la glèbe ou terre serve, gagne toutes les régions de l'Europe, devient universelle; et par la succession des siècles, l'église même ou du moins ses hauts ministres, se mettant à la mode, acceptent les serfs qu'on leur donne, les gardent, les gardent si bien, qu'il faut des arrêts contre le chapitre de Nevers pour lui faire lâcher ceux que mal à propos, il avait dans ses terres classés comme tels. Le mémoire que ces bonnes gens présentent dit : « qu'ils « sont francs, nés de franc ventre, qu'ils sont bour- « geois de roi, de duc ou de comte » et ils concluent à la réintégrande de leur liberté dont ils ont toujours été en saisine et pleine possession, suivant les termes de leurs défenses.

Autre mémoire judiciaire présenté au bailly de Saint-Pierre-le-Moutier, où le chapitre de Nevers veut prouver que la femme de Guillemin tailleur de Nevers est femme serve de leurs terres, année 1407, manuscrit original, sur parchemin. Un vol. in-fol., basane, racine rouge, dentelles. Ces deux manuscrits ensemble. . . . . 80 fr.

Une tailleuse de Nevers, peut-être jeune, peut-être belle, ne voulait pas être serve du chapitre; le chapitre voulait qu'elle le fût; procès devant le bailly de Saint-Pierre-le-Moutier qui donne lieu à cet autre mémoire. De même que, dans le précédent mémoire des serfs contre le chapitre, le procureur du chapitre avait répondu, non ! à chaque article de la série des faits avancés par les serfs, de même, dans ce deuxième mémoire, la serve répond rondement, non ! à chacun des articles de la série des faits avancés par le chapitre. Les serfs du siècle précédent avaient un habile avocat. L'avocat du chapitre du siècle suivant n'était pas moins habile. Il fait la généalogie de Johanne; il examine successivement les exceptions, les privilèges qu'elle invoque. Ces deux mémoires, l'un et l'autre fort méthodiquement et fort clairement écrits, forment un code de servitude féodale. C'est avec ces deux mémoires qu'on entend bien Beaumanoir, Boutillier et l'ancienne coutume du Nivernais. J'ai pensé qu'ils s'éclairaient, se commentaient mutuellement et qu'il ne fallait pas les séparer.

Mémoire sur l'affranchissement de vingt-trois communautés de serfs appartenant à l'abbaye de Luxeul, munuscrit original de l'année 1787, signé Caumartin de Saint-Ange. Un vol. in-fol., cartonné.

Voici au contraire un mémoire où des serfs aiment le servage et refusent de s'affranchir au prix d'une modique somme d'argent; c'est deux ans avant la révolution.

Homologation de l'affranchissement des serfs de la terre de Trépot, demandée au roi, année 1789, manuscrit original. Un vol. in-fol., cartonné. Ces deux mémoires ensemble. . . . . . . 12 fr.

Voici un autre mémoire où les serfs consentent volontiers à s'affranchir au prix de la som meproposée par le seigneur. Ils étaient pour ainsi dire à compter l'argent lorsque la révolution éclate et leur donne gratuitement quittance. Je ne sépare pas ces deux mémoires ; ils sont remplis de documents sur l'histoire de la Franche-Comté, sur ses habitants encore serfs à l'époque de la révolution; et ce n'était certainement pas la seule province où dans ce temps il y eut encore des serfs. Voyez l'édit de Louis XVI donné en 1779, pour l'affranchissement des serfs du domaine.

Ensuivent les menus cens deus à madame la comtesse d'Eu et les parts de ceux qui les doibvent, manuscrit sur vélin, de l'année 1388. Un volume in-fol., cartonné.

Revenons au vainqueur septentrional. Le voyez-vous entouré de chefs et de soldats impatients d'avoir part à la riche curée de la nouvelle conquête? eh bien! il leur distribue à chacun une plus ou moins grande étendue de terres, avec leurs laboureurs ou leurs serfs y attachés, et les y constitue magistrats ou anciens, vieux, sénieurs, seigneurs. Qu'arrive-t-il? ou les descendants de ces vieux, de ces seigneurs demandent aux descendants de ces laboureurs attachés à la terre, de ces serfs, plus que ne voulaient les premières lois du vainqueur, ou les serfs se refusent à payer à leurs vieux tout ce que ces premières lois voulaient : ces contestations ne cessent de se multiplier et force est alors d'écrire des terriers ou livres des droits dus aux vieux, par les terres des serfs. Les premiers terriers, *tabulæ territorii, redditus annui* durent être fort simples. Le plus ancien que je connaisse est celui de Guillaume-le-Conquérant. Les cens de l'église de Troyes, qui fait partie de la collection de l'agriculture et qui, sous un autre nom, est un terrier abrégé, ou peut être un vrai terrier, s'approche de ce temps; les Menus cens d'Eu, en est moins proche. C'est un autre terrier abrégé, ou peut être un vrai terrier, suivant la définition de plusieurs anciennes coutumes. Et d'ailleurs notons ici que les terriers variaient dans leur forme, non-seulement suivant les différents âges, mais suivant les différents territoires. On le voit dans ces deux censiers, on le verra encore mieux dans la suite de ce chapitre.

Ce sont les cens rentes et debvoirs deubz à monseigneur Guy de Lalande seigneur de Lamotte au baillage de Ceniz baillé au mois de janvier 1394, manuscrit original, écrit sur un rouleau en parchemin, long de 4 pieds, renfermé dans un étui.

« Fiéz et tenements que Olivier Libaunier con-
« fesse tenir de mon dict seigneur... assavoir... un
« hébergement et maison contenant journée et
« demy. Item VII journées et demy de terre... Item
« une demy journée de terre... Item un quart de

« journée... » Si ce n'est pas là un terrier il faut convenir que cela n'y ressemble pas mal.

Reconnaissances des censitaires de la seigneurie des Portes, faites devant la cour de Rennes, année 1453, manuscrit original, écrit sur un rouleau en parchemin, long de six pieds, renfermé dans un étui.

Cet autre rouleau-terrier mérite aussi quelques citations : « ... fut présente Gillette veuve...
« laquelle sans aucun pourforcement cognut et con-
« fessa estre hommesse, estagière, justiciable et
« obéissante de noble escuyer Simon de Langeau,
« seigneur des Portes... » Homme de corps, femme de corps, homme de foi, hommesse de foi, telle était la langue féodale, du moins en Bretagne.
« ... Fut en droit devant nous... Michel Gromier
« qui cognut et confessa... qu'il et les autres hommes
« tenant dudit seigneur doivent être sergents à leur
« tour et rang, et que la fois qu'il sera sergent doit
« cueillir et recevoir les rentes dudit seigneur avec
« les treaux, ventes et amendes de sa court, et lui
« en rendre compte... » Dans ce temps il y avait des états pires que celui de seigneur breton.

Ce sont les cens receus en la ville de Blancmesnil, pour noble homme sire Jéhan Trottet seigneur dudict lieu aux octaves Saint-Denis M CCCCLXXI, manuscrit du temps. Un vol. grand in-4°, cartonné en parchemin.

Je crois que c'est aussi une espèce de terrier, ou de papier terrier, tenant lieu de terrier : « Maistre « Jehan Plinette pour III arpens de pré... III de- « niers... L'église de Plessis-Gasset pour trois quar- « tiers de terre, VII deniers... »

Cens de Compans deubz à noble femme Marie Potier... à cause du fief de Latournelle, payable chaque année en l'hostel de Colin Legagneux, assis rue de Glatigny, manuscrit de la fin du XVe siècle. Un vol. in-8°, cartonné.

C'est encore, si je ne me trompe, un terrier, une espèce de terrier : « Et premièrement maistre « Jehan de Villeneuve advocat en Parlement, et « Magdelaine sa femme, pour trois quartiers de « terre assis audit lieu... »

Cens portant lods et ventes, saisines et amendes deubz à noble homme maistre Jacques Potier seigneur de Blancmesnil, manuscrit de la fin du XVIe siècle. Un vol. petit in-fol., cartonné.

Autre espèce de terrier où sont menacés de l'amende les redevables qui ne paieraient pas aux octaves Saint-Denis.

Cens de Compans, manuscrit de la fin du XVe siècle. Un vol. d'un pied de long sur trois pouces de large, cartonné.

Autre espèce de terrier; on y lit : « Item ung « fief qui fut Thibault Crousille Serp, contenant « douze arpents et demi de terre, au dict terrouer, « en trois pièces.... » N'ai-je pas dit que le nombre de fiefs était innombrable? En voilà une preuve; car voilà un fief de douze arpens d'étendue; il devait y en avoir de plus petits.

Liber terrarius recognitionum terræ de Sailhens, concessarum coram me notario jurato Montiferrandi, anno 1490, manuscrit original, sur vélin. Un vol. in-fol. max., basane, racine rouge, filets.

Si les terriers précédents sont de vrais terriers, il fallait que dans certains pays, on se fût aperçu que ces abrégés étaient sujets à bien des erreurs et des contestations, ainsi qu'on le voit dans le second article du terrier ou liève d'Eu, qui fait partie de cette collection, et qu'on en fût venu à n'admettre des terriers que ceux dont les redevances étaient reconnues par les redevables devant une cour de justice, comme le terrier précédent, ou, comme celui de Sailhans, devant un notaire. Ce terrier si long, si épais est écrit en latin, il se recommande et par sa belle écriture et par ses belles majuscules; il se recommande aussi par sa politesse, non-seulement envers le damoisel de Sailhans et Antoine son frère nommés à chaque article, mais encore envers les clercs redevables. ... *Dominus* « *Petrus presbiter... Dominus Desières presbiter* « sponte sua confitentur tenere... » Ce terrier, divisé en autant de chapitres que de mandements ou territoires, est un des plus beaux qui se soient conservés. C'est un grand tableau d'un grand canton de l'Auvergne au XVe siècle, où s'offrent à vos yeux les terres, les villages et les habitants qui se montrent tout chargés du blé, de la volaille et de l'argent de leurs rentes. On y voit les tuteurs, les oncles, les mères, conduire les jeunes enfants, les maris conduire leurs femmes; les familles y sont groupées. Pour qui l'étudie à fond et qui n'est pas rebuté par le retour des mêmes formes, une grande partie de ces vieux feuillets porte la vivante histoire du pays.

Ce sont les censes et droitures que les vénérables seigneurs du chapitre de l'église collégiale Saint-Sauveur de Metz ont par chacun an en la ville de Xaurey emprès Vyc... renouvellez... en l'an M V[c] XX, manuscrit original, sur vélin. Un vol. in-4°, cartonné.

Sous le nom de censes et droitures, ce manuscrit

est vraiment un terrier renfermant les reconnaissances des censitaires; car le manuscrit continue ainsi le titre ci-dessus : « Ces cens ont été renou-« vellez du consentement et présente la commune de « Xaurey... à la pétition du vénérable seigneur « maistre Dedier Laugard, prevost chanoine de « ladicte églize... en la présence meyement de moy « Nicolas Clement notaire de la cour de Metz et « de... temoings à ce... requis par Jehan de Metz « maire... tous eschevins de justice et habitans dudit « Xaurey et Sébastien Roucel, doyen dudit lieu... » Ce curieux petit terrier est divisé en quatre chapitres; celui de chapons, celui de l'argent, celui du blé, celui du gerbaige acquitté alors en blé, mais, sans aucun doute, acquitté antérieurement en gerbes. On lit au verso de la dernière feuille en écriture du temps : « Mon bon amy, je me recommande à vous. « Je vous advertis que les cens de messeigneurs de « Saint-Sauveur de Metz sont difficiles à recevoir... » C'est recouvrer que sûrement ce bon fermier voulait dire.

Rolle des cens de vin que on doit chascun an en cours de vendange au seigneur abbé de Saint-Clément, diocèse de Metz, année 1544, manuscrit du temps, sur parchemin. Un vol. in-fol. max., cartonné.

Sous le nom de Rolle des cens c'est encore un vrai terrier; pour le prouver je n'ai qu'à continuer à copier le titre : «..... lequel rolle a été renovellé par « le maire et justice de monseigneur l'évesque de « Metz, assavoir Jehan de Grochetal de Sieg maire « et échevins, ... qui par ledit temps étaient tous « maires et justice dudit seigneur évesque..... » Ce terrier est divisé en chapitres ou ténements, appelés bans, sous-divisés en articles qui décrivent et limitent chaque possession, qui nomment l'ancien possesseur, le possesseur actuel, qui tous sont terminés par les redevances de deux, trois, quatre setiers de vin, en moustures de vin en laix. Si quelque Lorrain m'apprend ce que signifie vin en laix, je l'apprendrai au lecteur.

In Gottes namen amen, manuscrit original de l'année 1547, vélin. Un vol. in-fol., cartonné.

Ce manuscrit est relatif aux droits féodaux que devait le seigneur George Ingoldt de Strasbourg au Margraviat de Bade. C'est encore un terrier ou une espèce de terrier; mais comme peu de lecteurs entendent le haut allemand du XVIe siècle, je ne ferai pas de citation.

S'ensuit le cordaige esgail du fief de Ruczé appartenant à escuyer Raoul du Chastellier seigneur dudict lieu, année 1550, manuscrit original, écrit sur un rouleau en parchemin de neuf pieds de long.

Ce rouleau et le suivant sont renfermés dans un étui.

Toutes les redevances de cette terre étaient en argent et devaient être perçues par le sergent du fief.

Le Rolle rentier esgail et terrier du fié de Chantelou, appartenant à escuyer Raoul du Chastellier seigneur dudict lieu... faict et esgaillé par Allain Vaillant cordeur et Guillaume priseur quant afin d'en faire appurement et esgail des rentes et debvoirs deubz par chacun an audict seigneur des hommes et teneurs audict fié et combien chacun desdicts hommes en doit... fait du consentement des hommes et teneurs, selon qu'il est contenu à la fin de ce présent esgail. Ce fut fait et commencé le XX[e] *mars* M V[c] L, manuscrit original, écrit sur un rouleau en parchemin de quatorze pieds de long.

J'ai donné tout ce titre parce qu'il jette un grand jour sur l'histoire des terriers de Bretagne. Là presque toujours la rente est un douzième de la prisaie du produit. « Somme des prisaiges des tenues dudict « fief XLIV livres XVI sols V deniers sur quoi est à

« esgailler LXXV sols de rentes qui se paye par la « main du sergent du fié audit seigneur du Chas-« tellier. Item XVI sols VI deniers de rente qui se « paye par les mains du sergent dudit fié au grand « sergent de Marsilly... » Marsilly est une terre du seigneur du Chastellier mentionnée dans ses titres. Cet esgail est signé par le cordeur et les priseurs; il est écrit avec soin, il est orné d'enjolivures faites à la plume.

Terrier de la seigneurie de Beauregard, année 1624, manuscrit original, sur parchemin. Un vol. in-fol., basane, racine verte, dentelles.

Ce terrier a coûté plus de temps que le siége de Troie. Il a été commencé en 1611 et n'a été fini qu'en 1624. Il est divisé par jours ou séances du notaire. Il est formé d'extraits de reconnaissances reçues devant la cour de Chabrié, dont les originaux étaient entre les mains du notaire auteur du terrier, signé à chaque article. Les différentes espèces de cens de ce terrier sont en froment, en poules et en argent.

S'ensuit l'esgail et terrier des rentes nobles de la Gastinaie, année 1664, manuscrit original, sur parchemin. Un vol. in-fol., cartonné.

Les droits portés par ce terrier, divisé par tenues,

furent reconnus par les censitaires assemblés devant la porte de l'église de la paroisse. Il est fort varié, surtout par les corvées. Les tenanciers de ses tenues ne sont pas, comme dans le terrier de Beauregard, des *hommes de bras*, de pauvres gens, mais des hommes tels que noble homme Jonas Lebreil, sieur dudit lieu qui tient une maison composée de salles, de chambres... le tout couvert de paille. Mais tandis qu'à Beauregard il y a de beau froment, des poules grasses, il n'y a guère ici que des deniers, des quarts de deniers, des godets, des quarts de godets d'avoine. J'ai dit que les terriers étaient d'excellents matériaux pour l'histoire agricole des terres; j'ajoute maintenant qu'ils sont aussi d'excellents matériaux pour l'histoire féodale. J'en ai recueilli, comme on voit, un assez grand nombre; mais j'en ai eu, il y a plusieurs années, en ma possession, non pas de plus anciens, mais de beaucoup plus grands; c'étaient des terriers latins du XVe siècle de différents évêchés. Ils ont été vendus ainsi que plusieurs des plus antiques et des plus beaux cartulaires de France par mon libraire, alors associé avec moi, à M. le chevalier Phillips, un des grands et savants archéographes de l'Europe, dont la riche bibliothèque, en tablettes de marbre ou de fer, est pour ainsi dire, amoureusement placée sous d'épaisses voûtes souterraines, à l'abri de tout danger d'incendie. Je dirai en passant que j'ai conseillé verbalement et par écrit à M. Phillips de classer sa bibliothèque suivant le système des diverses parties de l'ordre social. Je le conseille à tous les possesseurs de grandes bibliothèques et à tous les bibliothécaires des bibliothèques publiques. S'ils ne le font pas, leurs successeurs leur reprocheront de ne pas l'avoir fait, car la peine sera alors bien plus grande.

Méthode de carter les terriers, manuscrit du XVIIIe siècle. Un vol. in-4°, cartonné, avec une planche modèle, coloriée.

Ces onze terriers et la méthode de carter les terriers, ensemble. . . . . 200 fr.

On regardera sans doute comme un manuscrit précieux et rare cette très courte mais très instructive méthode, qui enseigne quelles sont ou quelles étaient les formes légales pour l'arpentage d'un territoire seigneurial et la confection d'un terrier. L'auteur en fait l'application à la carte jointe à ce manuscrit.

Déclaration des cens deubz au seigneur de Groslay et des arrérages échus aux octaves Saint-Denis, année 1533, manuscrit du temps. Un vol. petit in-fol., cartonné.

Pour aller de village en village, de maison en

maison, percevoir les redevances, le terrier, surtout dans le pays où il est un recueil des reconnaissances faites par les redevables, se trouvait trop embarrassant; on fit des abrégés de terrier qu'on appela liève, cueilleret, des mots lever, cueillir. Ce manuscrit est un vrai cueilleret ou liève, et c'est le titre qui le dit; car il mentionne les arrérages, or le cueilleret était un rôle où se trouvaient les paiements, les non-paiements ou arrérages.

Compte en forme de papier censier que rend maistre Leroux, procureur et recepveur de l'abbaye Montmartre, à madame l'abbesse religieuse dudit lieu, de la recepte de la terre du Bourget, années 1569, 1570 *et* 1571, manuscrit original, signé par le comptable, les auditeurs, l'abbesse et les religieuses. Un vol. grand in-4°, parchemin.

Le seigneur ne pouvait guère avec son grand habit rouge, couleur exclusivement affectée aux nobles, aller de maison en maison, de chaumière en chaumière, percevoir ses rentes, son blé, son vin, ses poules, il eut des agents appelés du nom féodal de rentiers; encore moins une abbesse avec ses habits d'hermine, sa croix, sa crosse, pouvait-elle aller percevoir ses droits seigneuriaux? Aussi voit-on dans ce compte que celle de Montmartre avait un procureur receveur qui la représentait; on y voit aussi combien rendait sa terre tous les ans; c'était environ vingt livres; les cotes des censitaires étaient de quelques sous, de quelques deniers. Ces prestations pécuniaires étaient importantes au temps où elles furent établies, au temps de Philippe Auguste; elles n'étaient pas d'une grande valeur au temps de ce compte, au temps de Henri II; elles ne furent plus rien sous Louis XVI. Avant que la convention eut donné les rentes en blé, la découverte des mines de l'Amérique avait donné les rentes en argent.

Papier de receptes des cens et rentes de Blancmesnil, commençant en l'année 1496, *et finissant en l'année* 1565, manuscrit du temps. Un vol. in-8°, parchemin.

Les états de perception des rentiers servaient de terriers au besoin. Et véritablement voyez comme ils en avaient la méthode, l'exactitude: « Les hoirs « messire Arnault de Marle, pour leurs hostel et « appartenances, avec le jardin derrière le pont, « assis au dict Blancmesnil, contenant ung arpent « de terre... Le curé de Blancmesnil pour une ma- « sure (maison) et jardin... Luy pour son pré, assis « audict lieu, contenant XLI perches... Sedille veufve « de feu Monet... Les marguilliers de l'église... »

Receptes des cens et rentes du Bourget, depuis

l'année 1577, *jusqu'à l'année* 1607, manuscrit du temps. Un vol. in-fol., cartonné.

Ces quatre lièves ou espèces de lièves, ensemble. 40 fr.

Dans ces états de recette vous êtes frappé d'une mutabilité de propriétaires qui contraste avec l'immutabilité des cens, jusqu'à la révolution presqu'aussi immutables que le cours de la Seine, sur les bords de laquelle ils étaient perçus.

Mémoire sur l'alodialité de la province de Berri, manuscrit original du XVIIIe siècle. Un vol. in-fol., cartonné.

Partout le vainqueur septentrional ou ses soldats n'avaient pas asservi toutes les terres; il en était resté de libres, connues sous le nom de terres de franc aleu. M. Raynouard dit que la formation des langues, surtout de la langue des troubadours qui depuis tant d'années fait l'objet de ses immortelles études, est la plus sensible preuve de la bonté et de la justesse de la raison humaine. Pour moi, je serais tenté de dire que la formation de la langue de la féodalité et des langues de presque toutes les parties de l'ordre social, prouvent assez souvent tout le contraire; car ce qui rend difficiles ces langues, ce ne sont pas tant les mots techniques, même l'emploi de ces mots techniques dans divers sens analogues, que leur emploi dans des sens opposés. Alodium, aleu, signifie ordinairement franchise de paiement, et quelquefois il signifie paiement, quoique, *a*, préposition grecque, fasse signifier à ce mot *non-leuda*, non-péage, non-taxe, non-prestation, non-paiement; car *leudu* ou *leudum* exprimait tous ces mots. L'académie française me permettra-t-elle ici de l'inviter à écrire, dans le dictionnaire qu'elle prépare, aleu, comme l'écrivent les juristes, et non alleu comme le porte son dictionnaire actuel. Qui autrefois en France ne connaissait le franc aleu, et qui aujourd'hui le connaît, aujourd'hui que toutes les terres sont libres, c'est-à-dire possédées en franc aleu? Plusieurs provinces, entre autres celle de Berri, prétendaient à titre de pays de franc aleu que le seigneur était obligé de prouver au tenancier qu'il était son seigneur au contraire des autres provinces où le tenancier était obligé de prouver au seigneur limitrophe de sa terre qu'il n'en était pas le seigneur. Deux habitants du Berri acquirent en 1760 une propriété suivant eux libre, franche, alodiale, une terre exempte de droits féodaux, suivant les officiers du domaine, non exempte. C'est ce qui fait l'objet de ce mémoire, où est savamment discutée la question si le Berri est, ou n'est point pays de franc aleu. Les historiens de cette province y recueilleront plusieurs faits historiques, si pour eux l'histoire d'un pays est l'histoire de la terre aussi bien que celle des hommes.

Papier de la recepte des cens deubz à M. de Blancmesnil à cause de sa seigneurie de franc aleu noble du Bourget, en toute justice, haute, moyenne et basse, manuscrit de l'année 1617. Un vol. petit in-fol., parchemin.

Ces deux manuscrits sur l'alodialité. . . 15 fr.

Je ne parlerai autrement de ce manuscrit, qui contient les recettes des cens du Bourget pendant dix-huit années, que pour en faire remarquer le titre qui nous apprend que de même qu'il y avait des terres franches de redevances, des terres de franc aleu, il y avait aussi des seigneuries franches d'hommages, des seigneuries de franc aleu.

Adveu de Jéhan de Vergey, sire de Jomieux et de Champlite, au duc comte de Bourgogne, manuscrit du XIVe siècle, écrit sur un rouleau en parchemin long de six pieds, large d'un pied et demi, renfermé dans un étui.

Revenons au vainqueur septentrional. Il avait remis l'épée dans le fourreau, mais il restait toujours chef suprême. Un jour qu'il tenait cour plénière, au milieu d'un festin où il était entouré de ses officiers, sénieurs des grandes divisions territoriales qu'il leur avait partagées, il leur dit : Mes amis! vous me reconnaissez bien pour votre chef suzerain sénieur? oui! oui! oui! et vos fils aînés, ainsi que leurs descendants fils aînés, reconnaîtront bien mon fils aîné et ses descendants fils aînés pour leurs chefs suzerains, sénieurs? oui! oui! oui! Ne vous plairiez-vous pas à avouer mes droits dans un instrument authentique? oui! oui! oui! Et le lendemain toutes ces épées inférieures, pour faire leur cour à l'épée suzeraine, se présentent, tenant de plus ou moins grands rouleaux de parchemin, sur lesquels étaient écrits des aveux, tels à peu près que celui-ci : je dis à peu près parce que celui-ci qui est éloigné de nous à la même distance de temps que, lorsqu'il fut fait, il l'était de l'invasion des vainqueurs septentrionaux, est à peu près le même que ceux du temps qui précéda immédiatement la révolution. Il commence ainsi : « A « tous ceux qui ces présentes lettres verront et our- « ront, Jéhan de Vergey, sire de Chamlipte... faiz « savoir... que je suis et doibz estre oms (homme) « et tiengs en fief liège et hommage de très excellent « noble et puissant prince monseigneur le duc « conte de Bourgoigne, à cause de son conté, les « choses qui s'ensuignent, tant celles qui sont de « mon domaine, que celles qui sont tenues de moy « en fiedz... et premièrement en mon domaine... » : C'est bien, fort bien! dit à ses officiers, sénieurs du territoire partagé, le vainqueur septentrional ou, si vous aimez mieux, le duc, comte, primitivement roi de Bourgogne au sénieur ou sire de Champlite, ainsi qu'à chacun de ses autres camarades copartageants ; vous vous déclarez mon homme ; je suis content de votre hommage : vous avouez que tout ce que vous tenez, vous le tenez de moi, je suis content de votre aveu. Mais, là, tout n'est pas fini. Les officiers sénieurs avaient partagé leur territoire à leurs sous-officiers, sénieurs ; chacun d'eux dans sa division leur demande, et par les mêmes raisons, les mêmes aveux pour leurs sous-divisions territoriales. Tout n'est pas non plus encore fini ; chaque sous-officier sénieur, qui lui-même a partagé sa sous-division territoriale à ses soldats sénieurs leur demande, et par la même raison, les mêmes aveux. Aussi y eut-il des aveux, dans tous les degrés de seigneuries, de l'inférieur au supérieur. Celui-ci qu'on peut, à cause de ses dimensions, regarder comme une grande ancienne tapisserie représentant les pays de ce grand fief environnant le château, est extrêmement curieux. Il offre les villes murées, les villages, les hameaux, leurs habitants, groupés en maignies, en familles de serfs, où l'on voit des hommes libres ; en maignies, en familles d'hommes libres où l'on voit des serfs. Etudiez les terriers, étudiez les aveux, vous qui écrivez l'histoire des provinces, vous verrez dans celui-ci quelles étaient les enceintes, quel était le nombre des feux des villes. Par exemple, je laisse dit ici en passant que Chamlipte ou Champlite avait quatorze vingt feux. Étudiez les terriers, étudiez les aveux, vous surtout qui écrivez l'histoire féodale. Dans les livres vous ne verrez que la féodalité des grands vassaux qui voulaient porter la tête aussi haut que le roi, qui voulaient lui tenir tête ; dans les terriers et les aveux, vous verrez la féodalité des terres et des hommes, la féodalité nationale.

Adveu du seigneur de Rintoires au seigneur de Houding, fait en l'année 1499, manuscrit original, écrit sur un rouleau en parchemin de onze pieds de long, renfermé dans un étui.

Peut-être les aveux ont-ils eu une autre origine. Le vainqueur septentrional a fait les parts à ses chefs ; ses chefs l'ont faite à leurs sous-chefs, leurs sous-chefs à leurs soldats. Qu'est-il arrivé ? Ou de son temps ou dans la suite les chefs ou leurs descendants se sont disputés, querellés ; ils ont imploré l'intervention du vainqueur septentrional ou de ses descendants; il leur a dit ou ses descendants leur ont dit : avouez-vous de moi comme vous ayant investis ou comme étant le descendant du chef général ou chef seigneur qui vous a investis, et je vous ferai justice. Autant il en est arrivé dans tous les degrés des divisions territoriales des vieux ou seigneurs. De là, je crois, cette autre origine des aveux qui peuvent bien avoir eu ces deux origines et encore d'autres. Ici l'aveu est fait par le descendant d'un vieux, d'un seigneur soldat; car je trouve dès le commencement que ce seigneur de Rintoires relève du seigneur de Houding, c'est-à-dire, du descendant ou successeur du sous-chef qui relève du seigneur comte de Flandre, c'est-à-dire, du descendant ou successeur d'un des chefs qui relèvent du chef seigneur, c'est-à-dire, du vainqueur septentrional, du roi. Tout se perfectionne, les aveux comme les chemins de fer, le gouvernement féodal comme le gouvernement représentatif : quand vous vous avouerez de moi, dit le vieux ou sénieur supérieur au vieux ou sénieur inférieur, déclarez non-seulement que vous tenez de moi ce que vous possédez, mais déclarez aussi en quoi consiste ce que vous possédez. Et aussitôt, de tous côtés, l'on entend de plus ou moins longs dénombrements suivre les aveux. Ecoutez l'aveu et dénombrement du seigneur de Rintoires « ... Monseigneur j'advoue... « j'ai un four banier, où tous les habitants de ma « ville sont tenus de venir, sans pouvoir aller cuire « ailleurs... Item ai un baril où tous les habitants « sont tenus de venir mesurer... Item ai droit d'af- « forage, savoir deux lots par tonnel...., Item « déclare... terre... manoirs... tenus par les subjets

« du fief... » Chaque peau de ce rouleau est cousue à la suivante par un cordon en parchemin dont les bouts sont terminés par une boursette, aussi en parchemin, renfermant un petit sceau de cire rouge.

Adveu du seigneur des Mires au seigneur de Boutervilliers, fait en l'année 1525, manuscrit original, sur vélin. Un vol. in-fol., basane, racine rouge, dentelles.

Ecoutez maintenant celui du seigneur des Mires; il est aussi détaillé, aussi vivant, et, pour le canton, il est aussi historique, aussi exact que le plus épais terrier; et il est aussi bien écrit.

Adveu du seigneur d'Alancé à la damoiselle de Doulce, année 1527, manuscrit original, sur vélin. Un vol. in-4°, cartonné.

C'est ici un vieux, peut-être un jeune vieux, qui fait son aveu à une vieille peut-être une jeune vieille à une *domicella*, damoiselle, dame de Doulce: « De vous ma très noble et très honorée damoiselle « je reconnais estre votre homme de foy. » Ainsi commence l'acte d'aveu; et il finit: « ... Je m'advoue « de vous... Je vous veil servir et obéir, ouffrant « de vous déclarer les dites choses par monstre ou « autrement... laquelle protestation je vous fais... »

Comment dans un roman pourrait faire, pour mieux s'exprimer, l'amant le plus tendre? C'est que le système de la féodalité, alliance, était un système d'amour où par le baiser féodal qui parcourait tous les échelons de seigneurie, le seigneur le plus bas était uni par des liens sacramentels au seigneur le plus haut. On croirait que ce petit seigneur de Laure est au plus bas échelon; tant s'en faut. On voit au chapitre : *s'ensuivent les hommes qui tiennent de moi à foy et hommage*, deux seigneurs inférieurs. Je suis prêt à croire que, si l'on compulsait bien les archives de la féodalité, on trouverait dix, vingt degrés de seigneurie et peut-être plus.

Adveu de la dame de la Bécassière au seigneur de la Roche Baraton, année 1563, manuscrit original, sur parchemin. Un vol. in-4°, cartonné.

Où étaient les foudres de la puissance ecclésiastique, lorsque les barons s'emparaient des dîmes? Ou bien les cuirasses des barons étaient-elles à l'épreuve de ces foudres? Il le faut bien, puisque des dîmes passèrent à leurs descendants. Cet aveu fait mention de plusieurs de ces dîmes laïques, dont il y avait un si grand nombre en France. La dame de la Bécassière, après avoir, comme dans tous les aveux, déclaré ses ténements, déclare les ténements de ses censitaires et de ses seigneurs inférieurs; elle termine ainsi : « ... Je vous recognoys et confesse deb-« voyr... Quatre solz de service rendables en vostre « hostel de la Roche Baraton..... et ung cheval de « service; pleige et gage..... toute obéissance, telles « que homme ou femme de foy simple doibveut et « sont tenus faire à leur sieur de foy simple, et les « tailles, aydes quand elles adviennent.....»

Hommage fait au roy par Izabelle de La Bouerriac pour seigneurie de la mouvance de la seigneurie de Norlaix, année 1575, manuscrit original, sur parchemin. Un vol. in-fol., basane, racine bleue, dentelles.

Dans la langue de la féodalité, dénombrement et aveu se confondent souvent, et aveu et hommage se confondent souvent aussi. Toutefois il y a des dénombrements sans aveu, des aveux sans dénombrements, des hommages sans aveux; mais en général ces trois actes du seigneur inférieur envers le seigneur supérieur sont réunis, comme ici, au même procès-verbal dressé, tantôt comme celui-ci devant une cour de justice, tantôt devant un notaire. Dans cet hommage la dame de Bouerriac, au nom de son fils, fait hommage direct au roi. Est-ce à dire que son fief soit au rang de ceux des grands vassaux? Non certes; mais, comme seigneur de Morlaix, le roi n'est que seigneur inférieur, auquel un seigneur plus inférieur rend hommage. Il y a d'ailleurs cela de singulier dans cet acte que, la première ligne de chaque article du dénombrement étant écrite en gros, et les articles étant très courts, ce manuscrit ressemble à un antique cahier d'exemples de jeunes écoliers. Parmi ce grand nombre de paysans qui y sont portés comme tenanciers, se trouvent plusieurs seigneurs; et ils se trouvent là parce que, soit pour cause de forfaiture ou de déguerpissement de leurs hommes, soit pour autre cause, ils leur ont succédé dans leurs propriétés.

Adveu et dénombrement fait par le seigneur du fief appelé du Puy, jadis de Lamesan, au seigneur de Lespare, manuscrit original de l'année 1638, sur parchemin. Un vol. in-fol., cartonné.

Observation sur ce manuscrit. Cet aveu est fait au duc d'Epernon, le favori de Henri III, comme sire de Lespare, qualification antique, autrefois générale en France, qui passa en Angleterre où elle se maintient si vigoureusement encore. Autre observation. Dans cet acte, on donne au duc d'Epernon un fort grand nombre d'autres titres, et, entr'autres celui de seigneur de la maison noble de Puy-Paulin de Bordeaux, dont le propriétaire avait de si extraordinaires priviléges, ainsi que je l'ai dit au XVIe siècle, à la *station du vielleur*, cette grande tablette chargée de tant de faits, cette si grande et si instructive page de la vraie histoire de France. Autre observation encore. Le duc d'Epernon possédait tant de seigneuries qu'il avait pour le représenter deux commissaires à recevoir les aveux et les dénombrements, dont l'un prenait le titre de commandant les terres du duc en Medoc, et l'autre le titre plus raisonnable et plus français d'intendant de ses terres. Autre observation encore. Il y avait des ténements où l'agriculteur payait le cinquième au seigneur, où il ne pouvait dépouiller son champ, sa vigne qu'en présence d'un garde-fief. Autre et dernière observation. Si l'aveu et dénombrement du fief n'était pas fait dans les quarante jours de l'entrée en possession, saisie.

Adveu du seigneur de Milly au seigneur chatelain de Rivaranes, manuscrit original de l'année 1655, sur parchemin. Un vol. in-fol., cart.

Ces neuf aveux ensemble. . . . . . . 160 fr.

Que d'observations à faire encore sur le manuscrit de l'article précédent ! je me hâte de passer au manuscrit de cet article, bien autrement précieux. Et d'abord je dirai que, si en général dans les terriers on voit les chaumières, les fermes mieux décrites, dans les aveux on voit le château mieux décrit.

Je pourrais citer tous les aveux de ce traité, je citerai seulement celui-ci : « Assavoir est mon hostel... « fossez, douves, pont-levis, machicoulis, tours, « tourelles, canonnières... » Ordinairement la garenne tenait au château; l'aveu ainsi que celui de droit de chasse en sont faits ici en ces termes : « ... Et aussi ma garenne; et deffenses de tous « oiseaux quelconques en mes terres et tousche de « Milly... » Et quel est le devoir du château de Milly envers le château-châtellenie de Rivaranes? C'est tous les ans l'hommage d'un collier de levrier; que, s'il y avait muance du seigneur inférieur ou du seigneur supérieur, « L'hommage était d'un collier de « levrier garny avec la lesse de soie de cheval... » C'est-à-dire une longue lesse de soie rouge pour servir dans les chasses à cheval, comme on le voit dans les miniatures des anciens manuscrits. Plus loin il est fait mention des levées de la Loire auxquelles aboutissent plusieurs des possessions avouées. Mais ceci est bien plus remarquable : « ... Item mon « prévost, mon homme lige de foy simple, a trois solz « de service, ... quatre deniers de garde, à mon « chasteau, et deux deniers de cens à cause de sa « prévosté et seigneurie de Milly... Item a mon dit « prévost sur chacun quartier de pré une veilloche « de foin... et si les hommes de ma dite terre ne le « laissent sur la place, le dit prévost peut monter

« ou faire monter sur les mules, et en emporter... « Item a le tiers des amendes... quatre deniers par « beste prise... un fromage par beste prise... Item... « Item... » Tout ce que le prévôt a, le seigneur inférieur qui est son seigneur est censé l'avoir et il en fait l'aveu; tout ce que le seigneur inférieur a, le seigneur supérieur est censé l'avoir et il en fait l'aveu. Ainsi en remontant jusqu'au chef seigneur, le roi.

Ce sont les cens et rentes qui estoient à Robin Bichard, du temps qu'il vivoit, manuscrit du xve siècle. Un volume petit in-folio, cartonné. . . . . 12 fr.

Quand l'aveu n'était pas fait dans le délai prescrit le seigneur s'emparait du fief non avoué, par défaut d'homme avouant; c'est ainsi que dans ce censier il est dit que les héritiers de Bichard et autres perdirent leur fief au profit des hauts seigneurs de Dampmartin ou de Blancmesnil. « Lesquels cens, « rentes et molins, monseigneur de Dampmartin « en joït par défault d'homme. » Je trouve encore dans ce censier et à plusieurs reprises... « Madame « de Dumont pour sa voye d'aller à l'église doibt « aux octaves Saint-Denis, troys oboles... » On ne voit pas si c'est féodalement ou prédialement que ces trois oboles étaient dues.

Dénombrement donné par Hemrate, dame comtesse de Montbeliart au duc comte de Bourgogne, manuscrit original de l'an 1424. Un vol. in-fol. max., veau rose, gaufrures, fil. d'or. 200 fr.

Les délais pour les hommages et les aveux étaient très briefs ; je viens de prouver qu'ils étaient aussi très rigoureux. La veuve Hemrate, vieille rusée, craignant de perdre son fief, courut vite recevoir à genoux le baiser féodal de son seigneur suzerain. Elle prit ensuite le temps plus à son aise pour faire le dénombrement presque toujours joint à l'aveu, mais quelquefois, comme ici, séparé et d'une date postérieure. Cet acte est un modèle d'analyse descriptive qui, ainsi que celui de la logique de Condillac, décompose successivement et avec ordre les diverses parties du tableau. On y voit comme dans la belle page de Condillac le village, le château, la prairie, le bois, l'étang : on y voit de plus des charges de blé, de vin, des chars de bois, de foin, de paille, des paniers de poules, de chapons, d'oies, de cannes, des veaux, des moutons attirés, comme par un aimant, vers le noir château qui abat son pont-levis, qui ouvre son grand portal pour ainsi dire, sa grande bouche : on y voit non-seulement les maix, les chasals, les maisons de bois du pays, non-seulement les terres ; on y apprend encore quelle était la condition des hommes qui les travaillaient, des hommes main-mortables, corvéables, taillables à volonté. Toutefois il ne faut pas se représenter cette veuve Hemrate comme une veuve impitoyable, tondant avec ses ciseaux seigneuriaux son troupeau jusqu'au sang; elle était femme, elle était bonne... « Et ay fait et « faiz par ces présentes protestations, que se par « ignorance, inadvertance, négligence, ou aultre- « ment, j'avois obmis ou délaissiez aucune chose à « déclarier ou mectre en ce présent dénombrement « qui soit ou doize estre du fiez de mon dict seigneur « à cause que dessus, que ce ne me tournoit en au- « cune manière à dommage ou préjudice; mais le « puisse ou doige baillier pour déclaration ou dé- « nombrement, toutes fois qu'il viendra à ma cog- « noissance. En tesmoignage de laquelle chose j'ay « fait mectre mon séel pendant en ces présentes « lettres bailliées pour dénombrement, faictes et « données le xve jour du mois de septembre, l'an de « nostre Seigneur courant par mil quatre cent vingt « et quatre. Du commandement de ma dicte dame « la contesse, Ch. Pitoul. » Ainsi finit ce dénombrement; mais je ne puis vous dire comment il commence, car il n'a pas la tête. On l'a emportée, ou bien il l'a perdue peut-être depuis plus de cent ou deux cents ans: Mon cher ami, ai-je dit à l'habile imitateur de vieilles écritures M. Frédéric de Fontannois, vous qui avez à peine vingt-trois ans, l'auriez-vous vu cette tête? — Oui; ou du moins j'en ai vu quelques mots de la première ligne. — Eh bien! veuillez les écrire à leur place; et il les a écrits en encre rouge. Et pourquoi? c'est qu'il a dû les écrire avec cette encre; c'est que dans le corps de l'écriture on trouve deux très grandes lettres majuscules écrites avec cette encre, qui rendent ce manuscrit non pas très précieux mais très cher. Dom Mabillon n'avait vu qu'une seule fois en sa vie quelques mots écrits en rouge dans une charte. J'ai été plus heureux; j'en ai possédé une où la première ligne était écrite en cette couleur. Elle portait les statuts de l'église de Troyes intitulés: la pel, la peau; elle est aujourd'hui entre les mains de M. le chevalier Phillips dont j'ai déjà parlé. Cette charte fut vendue fort cher. Celle-ci ou ce dénombrement, bien qu'il n'ait que deux lettres en encre rouge, est d'une mise à prix assez élevée. Les bonnes choses ne sont pas toujours les plus recherchées; souvent ce sont les plus singulières. Le caprice se mêle de tout; pourquoi ne se mêlerait-il pas des vieux parchemins?

Enquête sur le fief de la Guenedaiz près Vernon, manuscrit original de l'année 1543. Un vol. in-fol. max., cartonné. . . . . 10 fr.

Un fief était une propriété féodale qui s'étendait sur une ou presque toujours sur plusieurs propriétés territoriales. Ordinairement il était, comme celui-ci, composé en partie de manoirs et de terres. Nous venons de voir combien les lois de la féodalité se montraient rigoureuses sur les aveux et sur le délai des aveux ; un fief, non avoué dans le temps prescrit, était confisqué : mais il y avait aussi d'autres causes de confiscation ; car on confisquait encore une partie d'un fief non avouée, omise dans l'aveu ; aussi les seigneurs inférieurs prenaient les précautions les plus minutieuses pour échapper aux omissions des dénombrements de leurs aveux. Ici le seigneur du fief craignant, non la bonne Rénée de France, fille du bon roi père du peuple, mais ses inflexibles officiers, prend le parti de faire une enquête devant le juge du lieu, et tout ce que cette longue enquête porte il l'avoue ; et le voilà à l'abri de toute poursuite ; et le voilà tranquille !

Bail emphytéotique de la ferme de Haulbran près Chevreuse, manuscrit sur parchemin, en forme probante, année 1719. Un vol. in-fol., cartonné. 8 fr.

Je reviens encore, mais pour la dernière fois, au vainqueur septentrional, à ses officiers, à ses soldats et à ses partages que je suppose depuis long-temps faits. Il me semble entendre dans les différentes divisions territoriales, depuis appelées féodalement terres : mon vieux ! mon sénieur ! jugez-nous ! jugez-nous ! et le sénieur les juge ; ainsi établissement du premier degré de justice, de la basse justice. Les plaideurs de la terre du soldat sénieur sont mécontents, ils appellent à l'officier sénieur, au sénieur supérieur ; ainsi établissement du second degré de justice, de la justice moyenne ou directe. Ils sont encore mécontents ; ils appellent au haut, au suzerain sénieur ; ainsi établissement du troisième degré de justice, de la haute justice. Cent mille, plus de cent mille justices seigneuriales couvrirent la France. Les mêmes terres, les mêmes hommes étaient, suivant les différents cas, différemment justiciables ; je le trouve dans les aveux de ce chapitre, notamment dans l'aveu de Jehan de Vergey. Il faut savoir de plus que, dans un très grand nombre de fiefs, comme dans celui de la damoiselle Sellier et dans celui de Haulbran dont parle ce bail emphytéotique les trois justices étaient fort souvent réunies dans la main du même seigneur ; il faut savoir encore qu'outre ces trois justices, il y en avait une quatrième, qui était aussi quelquefois réunie aux trois autres, celle du seigneur censier ; ce bail en fait mention en ces termes : « ... Et tenir pendant ledit « temps de quatre-vingt-dix-neuf ans ladite ferme « en la haute, moyenne et basse justice de notre dite « terre de Chevreuse et en la censive... » Le juge censier ne connaissait que des contestations sur le paiement des cens et des prestations censuelles. Tous ou presque tous les aveux et les hommages de ce chapitre mentionnent bien les trois justices, mais non, comme ce bail, les quatre justices réunies. Voilà pourquoi cet acte, rural par son essence, est, à cause de ces trois seules lignes, dans les rangs des actes féodaux.

Procès entre la comtesse d'Artois et le sire de Couchy et d'Oisy, année 1325, manuscrit en forme probante, écrit sur trois rouleaux en parchemin d'un pied de large, tirant ensemble 13 pieds. Un vol. in-fol., maroquin bleu, gaufrures, filets d'or. 60 fr.

Lorsqu'avant l'institution de leurs juges les seigneurs n'avaient pu suffire aux jugements des trop nombreux procès, ils avaient appelé à leur aide leurs vassaux. La cour judiciaire des seigneurs, garnie de leurs vassaux, était appelée la cour des juges pairs. Sous le règne de Saint-Louis, les seigneurs cessèrent de rendre la justice, mais leurs vassaux, leurs juges pairs, leurs hommes de fief, leurs hommes continuèrent à la rendre; on le voit ici écrit dans une espèce de requête : « A la fin qu'il soit dit « et prononchié par droit, par les hommes madame « d'Artoys, du castel d'Arras, que li sire de Cou-

« chy et d'Oisy et si servians chastelains et hommes « soient et aient esté souffisamment adjournez par les « servians madame en la magnière que adjournez « ont esté; et que li adjournemens soient et aient « esté competans et convenables et souffisamment « baillez et rechuz ou par les dicts servians, ou par « les procureurs du dict seigneur, servians ou hom- « mes, et que il soit tenu d'aller avant et de bailler « response par devant le baillieu d'Arras, ou son « lieutenant en le court à Arras... » Le lecteur remarquera que les juges inférieurs, les hommes d'Oisy, sont, comme juges inférieurs, aussi bien que le seigneur d'Oisy, ajournés devant les juges supérieurs, les hommes du château d'Arras. Quand les hommes, c'est-à-dire la cour des pairs, n'étaient pas assemblés, les actes étaient adressés à leur chef, au bailli; nous venons de le voir. On comprend fort bien ces deux degrés de juridiction dans deux fiefs différents ou même dans le même fief; mais voici ce qu'on ne comprend pas aussi bien; c'est que le sire de Coucy, comme seigneur d'Oisy, terre si considérable qu'elle était ou qu'elle fut érigée en comté, pût, à la volonté du seigneur supérieur, être jugé par la cour des pairs barons ou par la cour des pairs inférieurs. Ecoutez la vieille requête : « Que autres « juges ne soient bailliez au seigneur de Coucy et « d'Oisy, fors li baillieus d'Arras et ses lieutenans et

« que par les hommes de madicte dame soient jugiez ; et « que li cours et li jugemens ne doient estre baillés, « ne envoyés, déterminés, ne jugiés, par li barons, « fors au kemun, avant les autres se ils y sont... » Dieu nous préserve d'avoir souvent à comprendre les écrits obscurs des siècles de ténèbres ; on se dit cela tout en colère. On n'a pas sous la main un Desfontaines, un Beaumanoir, un Boutillier, un Massuer. On interroge la requête, c'est-à-dire qu'on lit le contexte où l'on trouve : « Le sire de Couchy dit « qu'il est noble et tient sa terre d'Oisy en baronie « de madame et doit estre adjourné et mené en ju« gement par les barons d'Artoys. » La requête répond à cette objection qu'elle se fait : « Madame est « en saisine de adjourner, traicter et mener les sei« gneurs d'Oisy ou leurs menistres et de retenir à la « cognoissance comme de leur homme sans baro« nie... » Ainsi autrefois ces cours des pairs portaient ce titre, non, comme on l'a dit, parce que les juges étaient entre eux égaux, pairs, mais parce qu'ils jugeaient leurs pairs. Les barons jugeaient les barons, et les hommes inférieurs, le kemun, jugeaient les hommes inférieurs, les hommes du commun. Combien fallait-il d'hommes pour former une cour de pairs ? Le parchemin répond : « Item que suivant la « coustume du pays d'Arras troys hommes peuvent « faire jugement... » Le sire de Couchy ne demeure pas muet; écoutez-le ou son avocat, et vous saurez quel était le droit féodal de ce temps-là. « Item que le « sire de Couchy est noble personne, bers et extrait « de tel sanc et si noble, que en lui chiet et doit « cheoir toute justiche en ses terres, et spécialement « toute garde et défense, toute pugnition et correc- « tion et redressement de tous ses subjects et demou- « rans ès termes de ses justiches et chastellenies; ne « à s'en mesler ne sauroit (la comtesse d'Artoys) en « nulz cas si ce n'est en cas de défault de droit ou « de mauvais jugement... » Ce qui veut dire que la qualité plus ou moins élevée de la personne donnait plus ou moins de droit; ce qui veut dire aussi que le sujet du seigneur ne pouvait fausser la cour, ne pas plaider à sa cour, si ce n'est en cas de refus de justice ou en cas d'appel. Je vais maintenant parler du différent qui fit naître ce procès, où se trouve à peu près un traité de haute procédure féodale. Le sire de Coucy, dont le nom est si célèbre, possédait, outre sa terre de Coucy ou Couchy, comme on disait alors, la terre d'Oisy, située au milieu des terres de la comtesse d'Artois. Il aurait sans doute voulu vivre en paix avec cette haute et peut-être belle dame; ses gens et les gens de la comtesse d'Artois ne le voulaient pas. Ces meutes de sergents, de gardes, de procureurs ne cessaient de japper, d'aboyer, de se mordre. Les officiers du sire de Coucy entendaient être juges, et, à quelques égards, être juges et parties; les officiers de la comtesse veulent aussi de leur côté, et, à ce qu'il paraît avec plus de raison, juger : mais ce n'est pas tout on disputait sur la famille, les descendants, la haute qualité, sur le droit de garde des églises, des béguinages, sur le sceau. En vérité il semble que ce vieux volume soit comme le vieux spectre du XIVe siècle, qui vienne nous apprendre la partie la plus piquante et la moins connue de l'histoire de ce temps.

Plumitif des audiences du maire et garde de la justice de Groslay, années 1460, 1461 *et* 1462, manuscrit du temps. Un vol. in-4°, basane, racine verte, dentelles. . . . . 15 fr.

J'ai dit, je le répète ici afin qu'on se le rappelle, qu'on le sache bien, qu'on ne l'oublie pas, que l'histoire de France est, depuis le IXe jusqu'au XVe siècle, une histoire féodale; qu'elle l'est à plusieurs égards, même avant, même après ces temps. J'ai dit aussi, je répète aussi que la féodalité frappait de son empreinte la terre, les hommes et les choses. J'en suis ici à la justice; je citerai donc, entre autres, la justice qui, jusqu'à la révolution, en est demeurée profondément marquée. Aujourd'hui quatre mille tribunaux de paix suffisent. Eh bien ! il en fallait à la féodalité vingt et peut-être quarante fois plus;

car la loi féodale reconnaissait quatre degrés de justice par seigneurie, ou terre, ou fief; il y en avait en France plus de quarante mille. Les mairies de Champagne, d'Artois et de plusieurs autres provinces étaient une variété de ces justices. Les mairies gardes, telles que celles de Groslay près de Paris, étaient une variété de cette variété. Mais puisqu'il y avait cent, cent soixante mille justices féodales, il devait y avoir de ces plumitifs d'audience par millions; et il doit en rester par milliers: non pas à ma connaissance. Les très anciens plumitifs sont aussi rares que les très anciens almanachs. Quand je puis en rencontrer un, je le regarde comme une trouvaille, et j'y découvre tout ainsi que dans celui-ci le tableau des anciennes campagnes, de la police des terres, des pasteurs et des troupeaux : «Du dimanche « XIIIe jour de juing M CCCC LX Guillaume Fresle a « pleigé l'amende en ma main... pour un cheval à « lui appartenant, lequel avoit esté trouvé à les cloi- » sons du boys de Couldray, laquelle amende avons « tauxé à V solz... Du dimanche... pour des pour- « ciaulx... V solz... Du dimanche... pour une « vache... V solz... » Il y est aussi fait mention de vols, d'autres délits : « Dudict jour, ledict Pierre « Gien a confessé avoir bouté le feu à une meule de « foing, dedans le grand pré de Groslay... lequel « a pleigé l'amende en nos mains... » J'y lis encore que le jeu de dez était défendu : « Du xve jour du « mois d'octobre... ledict Burons a pleigé l'amende « en mes mains... pour ce il dict avoir joué aux dez « en la compagnie de ung nommé Anthoine et du « nommé Aubert, lesquels avoient gagné de lui la « somme de xxv solz d'un costé et une jacquette de « drap viollé, doublée de blanchet. »

Plan du territoire de Charenton, écrit vers l'année 1750, sur parchemin blanc, bordé de violet, ayant six pieds de long sur deux de large. 40 fr.

Ce beau plan semble un morceau détaché du rivage de la Seine entre Berci et Saint-Maurice; il en a les couleurs des cultures, des plantations qui n'ont guère changé; il en a aussi les anciennes divisions territoriales de la féodalité, qui ont entièrement disparu. A gauche, Terre du roi... Clos des religieux de Saint-Mandé... Terre de l'église... A droite, Terre du seigneur de Berci... Terre du seigneur de Charenton... Remises de Gibier... Fief de Thérouenne, célèbre dans l'histoire de Paris... Justice de Saint-Maur... Justice de Charenton... Justice de Saint-Maurice... Les délimitations territoriales des justices ont déterminé ici la place de ce plan qui pourrait, d'une manière piquante, orner un salon des cent riches maisons de campagne qu'on voit dans les deux lieues de terrain qu'il figure.

Ce sont les personnes qui contèrent devant le duc de Bourgogne et ce qu'ils dirent, manuscrit du milieu du XIVe siècle, écrit sur un rouleau, en parchemin, long de dix pieds et demi, renfermé dans un étui. . . . . 25 fr.

Lecteur ! Vous attendez ici une série d'anciennes histoires de château : mais ce long rouleau écrit, du temps où l'orthographe de compte d'argent, de comte d'Artois était la même que celle de conte narration, n'est qu'un extrait de l'acte de partage de la succession de la duchesse de Bourbon entre le duc de Bourgogne, comte d'Artois, et le comte de Clermont ses héritiers. Toutefois le spectacle de la féodalité s'offre là dans ses plus riches phases. Que d'espèces d'argent, que d'espèces d'or, provenant des revenus féodaux de cette heureuse et pacifique province de Bourbonnais ! Que de vin, que d'huile, que de blé, de fèves, de millet, de riz ! que de poivre, de sel ! Ne soyez donc pas en peine sur cette bonne duchesse ; sûrement elle n'avait manqué de rien : elle n'avait surtout pas manqué de bois ; plusieurs pieds de ce rouleau sont exclusivement occupés par le compte des coupes. Toutefois le mobilier, du moins le mobilier mentionné dans ce partage, me paraît fort au-dessous de l'état des maîtres : une chaudière d'airain, deux poêles, deux pots de cuivre : tout cela est bien petit pour faire cuire les trois mille poules de rente et le poisson de quinze ou vingt grands étangs. Ce rouleau, à certains égards, est une espèce de carte du pays qui vous offre, d'espace en espace, les villes, les châteaux, dont chacun a sa chapelle, son chapelain, sa sacristie ainsi que son arsenal, avec *arbalestes*, *sagettes*, et autres armes. Il faut convenir que ces vieux parchemins savent bien l'histoire de France, et que nos quotidiennes brochures ne la savent pas mieux.

Plan manuscrit du fief Berruyer et du grand estang de Somme-Fontaine, *année* 1747, deux pieds et demi de long sur un et demi de large, renfermé dans un portefeuille. . . . . . . 8 fr.

Dans le commencement, lorsque les sénieurs descendants des chefs, des sous-chefs ou des soldats septentrionaux avaient plus ou moins long-temps disputé relativement aux limites de leurs terres, ils vidaient leurs differents avec la lance. Dans la suite ils les vidèrent avec le compas des géomètres : des plans d'abord informes, mais enfin de plus en plus réguliers, furent faits. Ces plans féodaux, tels que celui-ci doivent être recueillis, car s'ils ne disent pas tout ce que les terriers et les aveux disent, on y trouve souvent ce qu'on ne trouve pas ailleurs. Mes yeux distinguent avec plaisir à une extrémité de ce long plan la chaussée et la grille du grand étang seigneurial, et à l'autre extrémité l'antique petite croix rouge, appelée la croix de Saint-Jacques.

Plan manuscrit colorié de la vicomté de Font-Pertuis, dans l'Orléanais, renfermé dans un portefeuille. . . . . 6 fr.

Ce plan du milieu du XVIIIe siècle, représentant en petit la ville de Baugency, les forêts et la partie de la Loire, avec les ruisseaux affluents qui arrosent le territoire de la vicomté, est surtout précieux par ses délimitations féodales qui peut-être n'existent plus que là.

Carte manuscrite des vingt-deux fiefs des territoires de Versailles, Chevreuse, Magny, trois pieds de long sur deux de large, renfermée dans un portefeuille. . . . . 9 fr.

Par les mêmes considérations, cette carte n'est pas moins précieuse. Elle présente les sous-divisions féodales de quelques cantons de la France, et donne lieu à cette question : combien, du temps de la féodalité, y avait il de divisions ou sous-divisions, c'est-à-dire de fiefs, d'arrière-fiefs ? Je me suis tantôt répondu quatre-vingt mille, cent mille, cent cinquante mille, deux, trois cent mille; puis je suis revenu à cent cinquante mille, à cent mille. Ici l'arithmétique de probabilité est très fautive, il n'y a que celui qui aurait le dénombrement général des fiefs de la France qui pût faire une réponse positive et sûre: mais ce dénombrement existe-t-il? je ne le crois guère: mais a-t-il existé? je n'en puis douter.

Abrégé de l'état des domaines du roi dans la généralité de Rouen, manuscrit du XVIIIe siècle. Un vol. in-fol., parchemin vert. . . . . 18 fr.

Rien n'est plus difficile que la classification des manuscrits; ici en est une nouvelle preuve; ce manuscrit peut appartenir au chapitre des finances, section du domaine; il peut appartenir aussi à celui de l'histoire des provinces, sous le rapport de leur histoire féodale; il peut appartenir encore à celui de la féodalité, et c'est là que je préfère de le mettre, tant je m'en suis servi à cet égard. Qu'on ne s'arrête donc pas au titre, aux premiers feuillets d'un manuscrit, je le répète, je ne cesserai de le répéter, car celui-ci offre comme la vieille face de la Normandie divisée en duchés sous-divisés en marquisats, en comtés, en baronnies. Un fait qui me prouve combien le normand a toujours été chicaneur ou, pour parler avec plus de politesse, strict observateur de la loi, sévère constitutionnel, c'est que tandis que dans les autres provinces, les vicomtes, officiers judiciaires et financiers, étaient devenus dignitaires féodaux, ils étaient restés dans cette province ce que, dans les commencements ils étaient. Aussi ai-je plus de confiance dans la féodalité moderne de la Normandie, pour en conclure à des anciens us, que dans celle des autres provinces. Et d'ailleurs combien elle y est variée! C'est là que vous trouvez les rotures seigneuriales, les fiefs fermes, les fiefs sergenteries et les fiefs d'aînesse. Les prestations n'y sont pas d'ailleurs moins variées; je lis cet abrégé àl'article, vicomté d'Arques; j'y trouve un arrentement à la charge annuelle de prestations de froment, de seigle, d'avoine, de chapons, de poules, d'œufs, de harengs, d'oies, de brebis, d'agneaux, de coqs, de pigeons blancs. C'est vraiment une riche mine; je l'ai ouverte le premier; mais je ne l'ai pas, il s'en faut, épuisée. Il en est de ce manuscrit comme des autres. Je n'en ai pas pris le centième, le millième de ce que, sous d'autres rapports, on peut en prendre.

Table générale alphabétique du dépôt des fiefs, pour servir au projet d'un nouvel inventaire, par généralités, manuscrit autographe du XVIIIe siècle. Un vol. in-4°, parchemin. . . . . 30 fr.

Les antiquaires, lorsqu'ils passent au milieu de la cour du Louvre, sentent, pour ainsi dire, sous leurs pieds qu'ils foulent la terre où gisent les fondements de la fameuse grosse tour, rasée du temps des savants de François Ier, qui ne savaient guère mieux que les historiens français et les autres historiens de l'Europe l'histoire féodale, encore une fois la vraie histoire agricole, industrielle, commerciale, législative, militaire, politique, nationale, au moins durant dix siècles. C'est de cette tour que relevaient tous les fiefs et arrière-fiefs du royaume; c'est en vertu de sa suprême suzeraineté, de sa suprême juridiction que se faisaient toutes les réunions, toutes les confiscations qui remplissent les volumineux livres du domaine dont voici une fort précieuse table, sans doute destinée à un grand établissement, et je crois qu'elle y serait encore très utile. Cependant j'avertis qu'elle ne va que jusqu'à la moitié de la lettre R. L'auteur, surpris par la cloche de la mort ou plus vraisemblablement par la cloche de la révolution garda le reste de son encre et de ses plumes pour aller écrire dans un nouveau bureau, que dis-je dans une nouvelle France que le quatorze juillet venait de faire, des procès-verbaux de sequestre, de biens d'émigrés, de ventes de domaines nationaux, par quoi s'est terminé cet antique et immense monde féodal.

CHAPITRE XII.

HISTOIRE DES FINANCES ET DES FINANCIERS.

Collection de soixante pièces originales relatives à l'assiette des impôts, depuis l'année 1378 *jusques à l'année* 1653, renfermées dans un portefeuille. . . . . 40 fr.

D'espace en espace s'offrent dans cette collection quelques documents sur les répartitions des impôts, partie la plus ténébreuse de la nuit de nos anciennes finances. Quoique les asséeurs ne fussent pas bien habiles, ils n'en étaient pas moins bien payés ; aussi le bailli de Rouen, un des premiers magistrats de la France, ne dédaigne pas ces fonctions et reçoit-il cinquante livres, comme en fait foi sa quittance du 1er mars 1406.

Roles des fouages et monéages des XIVe, XVe, XVIe *et* XVIIe siècles, manuscrits originaux au nombre de soixante et quatorze, renfermés dans un portefeuille. . . . . 35 fr.

Pour moi j'aime bien à voir ces vieux rôles des fouages, monéages, ces vieux rôles des plus anciens impôts, des impôts sur les habitations, les feux, qui ont dû nécessairement précéder ceux sur les terres. J'aime bien aussi à y voir les plus anciennes exemptions, celles des pauvres, celles des veuves, appelées déguerpies, celles des enfants, appelés soubsages, celles des prêtres, appelés aumôniers, chapelains, celles des nobles, appelés chevaliers. Il y a dans cette boîte des rôles de fort différentes dimensions; il y en a de plusieurs pieds; il y en a de bien moins grands. Il y en a, j'en ai en ce moment entre les doigts un assez grand nombre, qui ne sont pas plus grands que des cartes à jouer, où cependant se trouvent tous les contribuables, tous les exempts. Comment ont fait ces toutes petites antiquités financières pour venir jusqu'à nous? Dans cette boîte on trouve aussi un rôle, mais un seul rôle de monéage. L'on sait, ou l'on ne sait pas, que le monéage était primitivement un impôt payé par les sujets, *subditi*, aux seigneurs, pour qu'ils ne changeassent pas la valeur des monnaies. Dans la suite, et parce que dans tous les temps les fausses analogies ont vicié les langues, on appela, notamment en Normandie, monéages, les fouages; et je crois que le rôle de monéage de Normandie, renfermé dans cette boîte, est un rôle de fouage.

Rôles originaux de tailles du XIVe, XVe, XVIe *et*

XVIIe *siècle*. Un vol. in-fol., basane, racine bleue, dentelles. . . . . 50 fr.

J'ai dit au chapitre de l'agriculture que les fouages ont dû être les plus anciens impôts ; je ne m'en dédis pas, je persiste; mais j'ajoute qu'immédiatement après a dû venir l'impôt de la taille, dans les commencements levé avec un bâtonnet entaillé. Il doit de même, ici, immédiatement suivre.

Au XIVe siècle les tailles sont latines, si je puis m'exprimer ainsi : « *Tallia preposituire de Pry-* « *gniaco*... *Simonetus et Maria ejus uxor*... I *lib*... « *Johannes filius Roalie*... V *sol*... *somma totalis* « XLI *lib*. XII *den*. »

Au XVe siècle elles sont françaises : « Rôle de la « taille de la paroisse Saint-Pierre d'Evreux, pour « résister à l'entreprise des Anglais ; année 1417... « Michau Lemoine VI livres... Audin Lebreton « VII sols VI deniers... » Le rôle de cette taille ne dit pas sur quoi elle est assise; toutefois je sais que nous sommes ici dans le pays où la taille était moitié territoriale, moitié personnelle, à la différence des pays où elle était entièrement territoriale.

Après toutes ces anciennes tailles viennent les tailles modernes de 1560, de 1602, de 1632. Dans l'état au vrai de la taille des généralités de la langue d'oui, pour cette dernière année, je lis qu'il y avait une taille de turcies et levées de la Loire, de l'Allier, du

Cher et autres rivières, et qu'elle avait été incorporée au principal de la taille ordinaire. J'y lis encore qu'une partie des tailles restait dans les provinces pour payer la solde des garnisons, des maréchaussées, des gages des officiers des finances, des travaux des ponts, des travaux de navigation intérieure, et surtout les rentes des créanciers de l'état auxquels elles avaient été hypothéquées.

Collection de soixante et une pièces originales relatives aux tailles, *depuis l'année* 1351 *jusqu'à l'année* 1764, renfermées dans un portefeuille. . . . . 40 fr.

Aux pièces du xive siècle on voit que les contribuables qui refusaient de payer étaient assignés devant les juges ordinaires; on y voit que les grands vassaux accordaient dans leurs terres des exemptions de tailles. A celles du xve, on voit qu'il y avait et les tailles des villages ou du seigneur, et les tailles des provinces ou du grand vassal, et les tailles royales ou du royaume; on y voit aussi que, de même que les soldats de l'armée de terre, les mariniers de l'armée de mer étaient exempts de tailles; on y voit encore que, de même que Philippe de Valois avait établi la gabelle pour le paiement des soldats, Charles VII établit la taille pour la même destination; que, de même que Philippe de Valois avait promis que la gabelle du sel ne serait que temporaire, Charles VII promit aussi que la taille ne serait pas incorporée au domaine, c'est-à-dire qu'elle ne serait pas perpétuelle. Philippe de Valois ne put remplir sa promesse, mais Charles VII le put. Malheureusement ce prince, que rien ne pouvait arrêter sur les champs de bataille, se laissa toujours gouverner par ses ministres. Notons qu'au XVIe siècle et au XVIIe, ainsi que le prouve la collection des pièces militaires de ces temps, les tailles proprement dites ne supportaient aucune dépense de solde de l'armée, qu'il y avait le taillon de l'infanterie, le taillon de la cavalerie, le taillon de l'artillerie, le taillon des fortifications.

Mandements des tailles de l'élection de Chatelleraud, depuis l'année 1631 *jusqu'à l'année* 1788, écrits sur parchemin, au nombre de huit. Un vol. in-fol., parchemin. . . . . 25 fr.

Il n'y a pas très long-temps que je trouvai à acheter ces mandements ; je les choisis parmi grand nombre d'autres, tous à peu près les mêmes que ceux que je gardai. Le hasard amena un homme de ma connaissance qui me vit faire cette emplette : je sais, me dit-il que tous les manuscrits vous sont bons; mais je ne devinerai en ma vie à quoi pourront vous servir ceux-là ; je lui répondis qu'il y trouverait le montant des tailles de l'élection de Châtellerault pendant un siècle et demi : Oh ! me répliqua-t-il, je suis le très humble serviteur de cette élection; j'ai autre chose à faire : Patience! lui dis-je, vous y trouverez encore que le conseil d'état était chargé de la répartition des tailles entre les diverses généralités; que les bureaux des trésoriers l'étaient de la sous-répartition entre les élections des généralités; que les cours des élus l'étaient de la sous-répartition entre les communautés des élections. Vous y verrez que les tailles établies pour la solde des gens de guerre n'étaient plus employées à cette solde, qu'il fallait y pourvoir par une crue; que, lorsqu'il y avait une guerre dans une province voisine, il fallait encore une autre crue; qu'il en fallait une autre pour les gardes du gouverneur, une autre pour les fortifications, une autre pour les ponts, les chemins, les gages des ingénieurs; une autre, une autre pour d'autres objets. Vous y trouverez, vers la fin de ce même XVIIe siècle, une irruption de petites fiscalités ou d'exactions de tous les noms et de toutes les formes, tels que droits de quittance, droits de rôle, droits de contrôle. Vous y trouverez que les préambules de tous les édits d'impositions étaient ordinairement miellés, sucrés, dorés; qu'on promettait toujours des diminutions, qu'on faisait toujours des augmentations. Cependant, si vous êtes juste, vous y trouverez aussi que, durant les derniers siècles, les augmentations furent insensibles. Vous y trouverez que les quatre termes de paiement, combinés d'après les recettes, c'est-à-dire les ventes des denrées, étaient février, avril, octobre, décembre ; et enfin, pour finir par où j'ai commencé, qu'à la révolution la répartition entre les élections était faite par une administration provinciale, institution qui n'était point particulière au Berri, qui se propageait avec rapidité dans les autres provinces.

Portefeuille contenant des modèles de rôles de tailles et de capitation, des projets d'un rôle du don gratuit de l'élection de Saint-Flour, un rôle de la quote-part de taille que devaient supporter les acquéreurs partiels du domaine de Labro, même élection, manuscrits du XVIIe siècle.

Les manuscrits de cet article et ceux du suivant renfermés dans le même portefeuille. . . . 10 fr.

Quand la répartition avait été faite par le conseil d'état entre les généralités, par les trésoriers, les intendants, les administrations provinciales entre les élections, par les élus entre les communautés, la répartition était faite entre les contribuables ou habitants de la communauté. Dans quelques centaines d'années ces modèles de rôles auront une grande valeur, c'est-à-dire seront fort rares, fort recherchés.

Instruction, en partie imprimée, en partie manuscrite, sur les tailles mixtes de la généralité de Clermont-Ferrand, manuscrit du XVIIIe siècle.

Cette instruction aura alors aussi une grande valeur.

A mon avis, toutes nos histoires des anciennes finances et des anciens financiers sont à refaire sur collections de documents; et peut-être pour bien les refaire faudrait-il que les historiens se bornassent, l'un à l'histoire du fouage, l'autre à l'histoire des tailles, à l'histoire des aides, à l'histoire des gabelles, enfin chacun à une seule partie. Ces histoires spéciales, élémentaires, si elles étaient dignement faites, seraient immortelles. L'avenir ne les démolirait pas, car il bâtirait et continuerait à bâtir sus. En général, les ouvrages dont la raison a fourni le fonds et arrangé la forme ne peuvent vieillir; la raison est toujours jeune, fraîche et belle.

Collection de trente-six pièces originales, relatives aux officiers des tailles, depuis l'année 1467 *jusqu'à l'année* 1668, renfermées dans un portefeuille. . . . . 20 fr.

Continuons à démêler cette fusée de finances, si mêlée par l'ignorance et les désordes des anciens temps. Dès qu'il y a eu des tailles royales il y a eu des officiers, c'est-à-dire des collecteurs, des receveurs de ces tailles ; mais les monuments écrits en sont rares avant le milieu du XVe siècle, où les tailles royales deviennent permanentes et s'étendent à tout le royaume. Qu'on ne croie pas d'ailleurs que les fonctions d'officier des tailles royales fussent toujours séparées de celles d'officier des aides ; elles se trouvent assez souvent réunies jusque vers le milieu du XVIIe siècle ; alors se multiplient les offices héréditaires de tailles pures, et vous avez ici toute la hiérarchie descendante des receveurs, des collecteurs, des commis à faire les rôles, des greffiers, des commissaires des tailles, remplaçant les sergents collecteurs, en exécution de l'édit de 1624. On voit, par une des lettres du roi relatives à cette création d'offices, signée Gilles et où le nom du commissaire des tailles pourvu est en blanc, que, suivant toutes les apparences, Gilles avait acheté à forfait les lettres en blanc pour un arrondissement, et qu'il les revendait de même en blanc ; que ces lettres couraient jusqu'à ce qu'elles trouvassent un acheteur qui, pour son argent, voulût y mettre son nom. Ainsi allait alors le monde. Du reste, ces commissions n'étaient pas entièrement dénuées d'avantages ; ceux qui en étaient pourvus avaient un sou pour livre, et en outre ils étaient exempts de tutelle, de curatelle, de garde, de logement des gens de guerre, de fournitures de chevaux, de fournitures de fourrages... de collecte des tailles; d'où, ce me semble, on peut induire que les collectes ou perceptions, aujourd'hui si recherchées, si mendiées, étaient alors délaissées, rejetées. On a aujourd'hui raison; il y a apparence qu'on n'avait pas moins raison alors.

Compte de Jehan Arcant, receveur particulier des aides et impositions de XII *deniers pour livre et huytiesme de vin, ès cité et diocèse de Nismes et archevesché d'Arles, dedans le royaume, pour* IIII *moys... l'an mil* CCC IIII[xx] *et* XIII, manuscrit original sur vélin. Un vol. in-fol., cart. . 15 fr.

On me dit quelquefois que j'ai fait école, et je veux bien le croire dans ce sens que depuis la publication de l'*Histoire des Français des divers états*, plusieurs personnes sont persuadées que la vraie histoire nationale est l'histoire de toutes les parties de la nation, de tous les éléments de la société. Je veux même croire que cette école ne cessera de s'agrandir et que la raison finira par y faire entrer tout entiers les siècles à venir. Je recommanderai donc particulièrement à cette école de ne pas se contenter de lire rapidement les monuments historiques, mais de les étudier, d'induire de ce qui est écrit ce qui n'est pas écrit; par exemple, de voir dans notre vieille législation coutumière, pour laquelle le beau monde de la littérature a tant d'aversion, les traits les plus caractéristiques de la vieille société; de voir dans les anciennes douanes le plus vivant tableau de l'ancien commerce; de voir dans les rôles d'aides des temps passés, tels que celui-ci, la manière de se nourrir, la manière de se vêtir des temps passés; je vais transcrire quelques lignes des premiers feuillets... « De « l'imposition de x deniers pour livre... char fraiche « et salée, excepté la char salée que les revendeurs « vendent à la livre. » La viande salée, vendue en détail, la viande des pauvres n'était donc pas imposée... « De l'imposition de la draperie et appar- « tenances, comme robes, chausses, gippons... » Donc, en ce temps, on achetait assez ordinairement des habits faits; donc les fripiers n'étaient pas alors des marchands de vieux habits... « De l'orgerie de « Nismes et autres menus grains, excepté l'avoine « vendue aux hotelleries... » Il y avait donc des halles à l'orge. L'aide ne frappait donc point l'avoine lorsqu'elle était vendue comme fourrage, lorsqu'elle était mangée par les chevaux. « Des merciers... « boursiers... » S'il y avait des marchands boursiers, il devait donc y avoir des ouvriers en bourses ainsi qu'en escarcelles, dont l'usage a été si général depuis le XIVe siècle, jusqu'au XVIIe... « Des canne- « vatiers... des selliers, des frainiers... » Donc la division de la main-d'œuvre était déjà assez grande, puisqu'il y avait des ouvriers en canevas, puis qu'outre les selliers il y avait les bridiers, et qu'outre les bridiers, il y avait les frainiers ; donc il fallait aussi que l'usage d'aller à cheval fût beaucoup plus commun qu'aujourd'hui. On peut remarquer ici que les inductions sont d'heureuses conquêtes de l'histoire dont elles étendent le domaine en faisant voir au lecteur d'autres objets au-delà de ses limites. Lorsque mon école, si école il y a, sera forcée par les générations futures à faire, ou plutôt à refaire les anciennes et les modernes histoires des nations en histoires nationales, elle sera souvent, comme moi, forcée de chercher des matériaux dans les inductions.

Instructions et ordonnances faites et advisées par le roy nostre sire... et le conseil, le 8 *février* 1383, *sur la manière de lever et gouverner le fait des aides de la guerre,* manuscrit en forme probante, année 1401, sur parchemin. Un vol. in-fol. max., basane porphyre, filets. . . . . . . 50 fr.

Les instructions du roy au XIVe siècle étaient des lois ; celle-ci est une loi des finances dont je copie les sommaires. « De toutes denrées et marchandises, « XII deniers pour livre. Item, des vins et autre breu- « vages vendus en gros, XII deniers pour livre. Item, « vendus en la quatrième partie de la vente. Aides

« baillés à ferme... à la chandoille. Officiers, clercs, « nobles, inadmissibles. Fermes baillées par villes « et par paroisses. Tiercements. Doublements. Le « connestable, le chancelier non vendant le vin en « taverne exempts des droits. Autres exemptions. » Le reste de cette instruction, qui tient en tout dix grands feuillets recto, est relatif à l'administration financière et judiciaire des aides.

Collection de cent trente-cinq pièces originales concernant les aides, depuis l'année 1357 *jusqu'à l'année* 1627, renf. dans un portef. 50 fr.

Pour le gouvernement, les aides étaient les plus commodes des impôts. Faisait-on la guerre sur terre? aide de telle armée. Faisait-on la guerre sur mer? aide de telle flotte. Avait-on du pire? aide contre les ennemis, redoublement d'aides. Si l'on voulait reprendre une forteresse, aide du recouvrement de telle forteresse. Si le roi était fait prisonnier, aide de la rédemption du roi. Y avait-il un édifice à faire construire? aide de tel nouvel édifice. Les aides étaient aussi variés que les besoins, et ils étaient assis sur toutes les marchandises, sur toutes les denrées, particulièrement sur les boissons; le huitième, le quatrième du vin vendu en détail étaient de fort riches impôts. La preuve de tout ce que je viens de dire est dans cette collection, où l'on voit aussi que l'aide s'étendait tantôt sur toute la France, tantôt sur une seule province, tantôt sur une seule ville; où l'on voit qu'encore que le roi fût le maître, il n'était pas en certains lieux si bien le maître qu'il ne fût tantôt obligé de partager avec le haut seigneur de la province ou de la ville. Rien d'ailleurs n'est plus étendu, plus varié, par conséquent plus difficile que les finances des aides; mais aussi rien n'est historiquement plus intéressant. Il ne m'est pas possible de dénombrer et de décrire autrement cette collection avec laquelle on peut sciemment parler des aides et faire une bonne partie de leur histoire.

Aides de la province de Normandie, manuscrit du milieu du XVIIIe siècle. Un vol. in-fol., basane brune. . . . . 7 fr.

Recueillez surtout avec soin les documents financiers, dirai-je, ne cesserai-je de dire à ceux qui veulent écrire l'histoire communale, l'histoire de toutes les parties de la commune, de tous les éléments de l'ordre social de la commune, l'histoire urbaine ou l'histoire provinciale, l'histoire de toutes les parties, de tous les éléments de l'ordre social de la ville ou de la province. Ces documents piquent la curiosité par les rapprochements et les comparaisons. Tel est celui-ci qui n'offre guère de prime-abord rien qui vous excite à le lire; mais si vous avez le courage d'avancer à travers les nomenclatures de généralités, d'élections, de régies et de directions, vous en êtes bientôt récompensé. Vous lisez que la généralité de Rouen produit vingt-cinq mille muids de vin. Et où le manuscrit vous le dit? il vous parle aussi des brasseurs de bière, des bouilleurs d'eau-de-vie. Ensuite viennent les détails sur les productions, les consommations, dans chacune des trois généralités de la province. On y remarque avec plaisir les concessions, les accommodements, les abonnements de la régie; on y remarque avec plus de plaisir que l'administration est tantôt louée, tantôt blâmée, par un homme de la maison qui çà et là dépose les secrets de famille. Écoutez l'auteur au chapitre, Caractère des habitants: « Les « Normands sont naturellement fraudeurs et la plu- « part se portent à frauder autant pour leur plaisir « que pour leur profit. » Je me suis amusé à lire les jugements sur les villes et les campagnes, sur les cours des aides, les cours des élections; je me suis amusé à tous les chapitres, car cet homme était un financier fort habile et fort gai.

Collection de cent vingt-neuf pièces originales relatives aux cours des élections depuis l'année 1388 *jusqu'à l'année* 1707, renfermées dans un portefeuille. . . . . 50 fr.

Lorsqu'on établit l'impôt des aides, il fut indispensable d'en confier la répartition à des hommes probes, instruits, et ce fut tantôt le roi, tantôt les états provinciaux qui les élurent. Les élus firent l'assiette; il survint des contestations pour le paiement entre les percepteurs et les redevables; naturellement les élus en furent juges; et leurs fonctions se prolongeant; bientôt ils s'y perpétuèrent; bientôt ils y furent perpétués. Il y a eu graduellement en France jusqu'à cent quatre-vingt et une élections ou cours d'élus dont les premières datent du XIVe siècle. On trouve dans cette collection bien d'anciennes pièces sur la composition des cours des élus, sur les appointements des présidents, des conseillers, des avocats et des procureurs du roi, des greffiers, des sergents et des huissiers. On n'en trouve pas moins sur les élus civils, criminels, de robe longue, de robe courte; sur les élus des greniers à sel. Les élus connaissaient et des tailles, et des aides, et des gabelles. Cette fusée des anciennes finances était-elle longue, surtout embrouillée?

Collection de quarante-huit pièces originales relatives aux cours des aides, depuis l'année 1408 *jusqu'à l'année* 1704, renf. dans un portef. 20 fr.

Les documents de cette collection, où l'on voit les beaux titres de général des finances, de général gouverneur de toutes les finances, de général des aides, venir mourir et pour ainsi dire s'encaisser dans le modeste titre de conseiller, sont analogues à ceux de la collection précédente. Les cours des aides connaissaient de toutes les matières dont les cours des élections connaissaient; car celles-ci étaient les cours inférieures. Les unes et les autres avaient, dans des proportions différentes, la même composition.

Recueil de deux cent soixante-quatorze pièces originales concernant la gabelle du sel, depuis l'année 1359 *jusqu'à l'année* 1784, renfermées dans une boîte. . . . . 90 fr.

Autre est la législation d'un impôt, autre est l'exécution de cette législation. On pourra bien avoir dans les ordonnances des rois de France toutes ou presque toutes les lois sur le sel; mais ce n'est que dans ce recueil qu'on aura les matériaux de plusieurs importantes parties de l'histoire de cet impôt, telles que la fixation du prix marchand du sel, la fixation du prix du sel gabelé, c'est-à-dire du prix du sel marchand avec l'addition du droit du roi. Là encore on apprend la langue de la gabelle, entre autres ce que c'était que le sel composé, le sel dont les marchands avaient par composition acquitté les droits royaux. On y apprend aussi ce que c'était que la gabelle royale et seigneuriale, la gabelle dont le produit était partagé entre le roi et le vassal. On y apprend bien d'autres choses. Les documents les plus curieux sont ceux des exemptions. Les nobles, les clercs même n'étaient pas exempts ; mais les conseillers au parlement, les pauvres de certains hôpitaux, les archers de certaines compagnies, les moines de certains couvents l'étaient. Je lis dans une quittance du 13 janvier 1405 que le gibier tué aux chasses du roi était salé avec du sel marchand ; je trouve encore dans une autre quittance du 30 mars 1393 que les officiers des gabelles distinguaient, dans leurs saisies, le jambon salé avec le sel marchand, du jambon salé avec le sel légal.

Boîte contenant une collection de cent dix-sept pièces comptables, relatives aux gages des officiers des gabelles. . . . . 50 fr.

C'est à voir que la solde de cette grande armée, composée de trois corps, celui des simples financiers, celui des financiers magistrats, celui des financiers militaires ; composée par conséquent de greнetiers, de receveurs, de mesureurs, de porteurs, de contrôleurs, de visiteurs ; composée de présidents, de lieutenants, d'avocats du roi, de procureurs du roi aux juridictions des greniers à sel ; composée de gardes, d'archers, d'archers chevaucheurs, de leurs nombreux capitaines.

Carte manuscrite de la dépendance du grenier à sel d'Auxonne, un pied en carré, renfermée dans un portefeuille. . . . . 4 fr.

Il va sans dire que cette carte est antérieure à la révolution; je pense qu'elle était à l'usage de quelque employé des gabelles. Mais pourquoi des bois figurés? car je ne demande pas, pourquoi des noms et des positions de ville et de village? On me répondra peut-être que c'est parce que, dans les bois, le faussonnage était plus facile, et que la gabelle devait aussi avoir la carte de ces facilités. Je trouve la réponse bonne, tout en convenant qu'on pourrait en donner une meilleure.

Mémoires autographes de Du Tertre, pour servir à l'histoire de l'introduction de la culture et de l'impôt du tabac. Un vol. in-fol., basane racine, mi-partie couleur tabac de France, couleur tabac d'Espagne. . . . . 40 fr.

Du Tertre, auteur d'une histoire du tabac, était un financier spéculatif, fort pauvre, qui, je crois, ne vivait guère que de sa haine contre la compagnie des fermiers de droits sur le tabac. Il les accusa en 1716 devant la chambre de justice : Vous avez obtenu, leur disait-il, l'adjudication de quatre baux consécutifs, toujours au même prix, mais sans publications, sans affiches, sans enchères; vous avez volé tous les ans plusieurs millions. Pour qu'on ne découvrît pas ces vols, vous avez fait arracher les plantes de tabac dans nos colonies, et, en France, vous les avez fait réduire au tiers; ainsi vous achetez aux étrangers presque tout le tabac que le royaume consomme: vous favorisez leur agriculture et leur marine, au détriment de celles de la France d'où vous faites sortir l'argent. Du Tertre, tout en poursuivant la ferme, fait l'histoire de l'introduction de l'usage du tabac, de sa culture dans les colonies et dans les différentes provinces de France, de ses prix successifs, de sa consommation successive, de ses impôts successifs.

États, mémoires, lettres originales concernant les fermiers généraux et les sous-fermiers, années 1747 et suivantes.

États, mémoires, documents concernant les fermiers généraux et les sous-fermiers, années 1780 et suivantes.

États des fonds libres de la ferme générale distribués à des protégés de la cour, années 1786 et 1787.

Ces trois dossiers renf. dans une boîte. 60 fr.

L'histoire des finances doit aussi comprendre celle des financiers, surtout des brillants financiers, des brillants fermiers généraux. Ici on trouvera à cet égard des matériaux bien précieux. Les quarante fermiers généraux étaient célèbres. La vérité cependant est qu'il n'y avait qu'un fermier général; que c'était un va-nu-pieds qui contractait seul avec le roi, pour la ferme générale de la plus riche partie de ses finances, que les quarante fermiers auxquels il prêtait son nom lui donnaient pour se chausser, s'habiller, se nourrir, moins qu'à leur valet de chambre, c'est-à-dire deux à trois mille livres. Mais son nom était connu de tous les Français qui prenaient du tabac et l'on disait : carotte du bail de Saltzar, de Mauger, de David, comme, du temps des Romains, on disait : vin du consulat de Curius, de Cincinnatus, de Fabius. On croyait qu'il n'y avait que les quarante fermiers généraux, comme les quarante académiciens ; la vérité est cependant qu'il y avait plusieurs compagnies de fermiers généraux, comme il y avait plusieurs académies; mais que, de même que l'académie française, la ferme des quarante était la plus renommée. Ne disait-on pas, n'imprimait-on pas, et, encore aujourd'hui, ne dit-on pas et n'imprime-t-on pas que ces opulents et brillants fermiers généraux étaient des hommes parvenus de très bas ? Il faut distinguer les temps ; c'était un peu vrai, au temps de Louis XIV; ce l'était moins, du temps de Louis XV; ce ne l'était plus, du temps de Louis XVI, où les fermiers généraux appartenaient à des familles élevées et connues, où l'on comptait parmi eux des gens de lettres, des savants. Voilà ce que vous diront ces documents; mais ce qu'ils ne vous diront point, et ce que vous dit l'*Histoire des Français des divers états*, au XIVe siècle, c'est que les fermiers généraux ne sont pas moins anciens que les aides, et au XVe siècle, c'est qu'alors il y avait aussi des sous-fermiers; toutefois avec cette différence que, dans les vieux siècles, était, pour son argent, fermier ou sous-fermier qui voulait, car les fermes des subsides se donnaient au rabais; au lieu que, dans les temps qui ont précédé la révolution, le roi ou ses ministres nommaient les fermiers et les sous-fermiers. Ah! que de démarches, d'agies, de lettres, de prières, de suppliques pour être nommé! Le vent ne les a pas toutes emportées; une partie est restée au fond de cette boîte. Et pour obtenir une part des fonds libres, des gras de recette, des gras de caisse des fermes; que de démarches, d'agies, de lettres, de prières, de suppliques! Le vent ne les a pas non plus toutes emportées; une partie est aussi restée au fond de cette boîte.

Recueil de pièces originales, concernant les

décimes, au nombre de dix-huit, renfermées dans un portefeuille. . . . . 12 fr.

En l'année 1517, François Ier obtint du Pape bien des choses, dans ce fameux concordat où le pape en obtint au moins autant de lui ; à Rome on a de l'esprit aussi bien qu'à Paris. François Ier obtint entre autres choses qu'en France le clergé serait imposé, paierait les décimes, le dixième de son revenu. Henri II ne s'arrête pas là, il déclare par ses lettres, qui font partie de ce recueil, que le clergé doit comme les autres sujets subvenir aux nécessités de l'état; et, sans autrement se gêner, il vous l'impose à deux décimes, aux deux dixièmes de son revenu. Cet impôt si extraordinaire n'eut qu'un temps : on revint aux simples décimes; et, jusqu'à la révolution de 1789, on s'en contenta. Au XVIe siècle, le roi imposait le clergé. Dans la suite ce fut le clergé qui s'imposa. Les pièces relatives à ces variations se trouvent aussi dans ce recueil ; on y trouve encore qu'il y eut, et des receveurs annuels, et des receveurs triennaux, et des contrôleurs. A la révolution il n'y avait plus que des receveurs diocésains, des receveurs provinciaux et un receveur général. L'administration des finances du clergé était de toutes la plus simple, la plus économique; et cependant, les officiers étaient tous fort richement rétribués.

Projets relatifs aux loteries, manuscrits du XVIIIe siècle, renfermés dans un portefeuille. 8 fr.

Sous Louis XIV, les loteries étaient des amusements, des jeux de société : sous son petit-fils Louis XV, elles devinrent un grand jeu du trésor royal, une branche des revenus publics. Deux de ces projets considèrent les loteries sous le premier rapport; les deux autres les considèrent sous le dernier; je crois ces projets du patriote et honnête duc de Charost. On peut du moins l'induire d'une lettre originale, signée par le ministre Calonne. Le duc, après avoir fait l'énumération des désordres que, dans les classes inférieures, causent les loteries, propose non de les supprimer subitement, il ne veut pas priver de ce tribut volontaire le fisc ; mais il propose de fixer les plus basses mises à deux cents francs. Qu'il me soit ici permis de renouveler cette proposition !

Collection de vingt-sept pièces relatives aux monnaies, aux tribunaux des monnaies, *aux changes*, *aux changeurs*, *depuis l'année* 1304 *jusqu'à l'année* 1700, renfermées dans un portefeuille. . . . . 14 fr.

La chose aujourd'hui la plus simple, le système des monnaies, était autrefois la plus compliquée. Je ne sais si à l'épître : *le fils du Diable*, 2e volume de l'*Histoire des Français des divers états*, je suis parvenu à bien la faire comprendre. Les pièces de cette collection ajoutent à ce que j'ai dit plusieurs faits. Il paraît, par une quittance de l'an 1359, qu'il y avait alors des maîtres de la monnaie de cuivre, des maîtres de la monnaie d'argent, des maîtres de la monnaie d'or. Si l'on doutait que les généraux de la cour des monnaies aimassent, comme les autres hauts magistrats de ce temps, à trouver la nappe toujours mise à côté de leur tribunal, qu'on lise les deux mandats du commencement du XVIIe siècle où ils s'adjugent, pour la fourniture de la buvette, la somme de cent francs à prendre dans leurs boîtes. On dit que les cordonniers sont les plus mal chaussés, il n'en était pas ainsi des officiers des monnaies; le président avait douze cents livres. Parmi les nombreuses pièces de cette collection, il faut en remarquer une du 21 juin 1568; c'est une quittance d'Aubin Olivier, maître conducteur du *molin de la monnaie*, à Paris, il est donc constaté que déjà à cette époque on avait provisoirement quitté le marteau.

Un mot sur les changeurs. On verra dans cette collection qu'ils avaient des lettres d'institution; que, dans certaines villes, ils recevaient des gages; qu'au contraire dans d'autres ils donnaient plusieurs marcs d'argent, et même d'or, aux officiers des monnaies. L'office de changeur a été, jusqu'au milieu du XVIIe siècle, fort important. La bourse de ceux qui avaient un peu d'argent était, auparavant, remplie de monnaies de toutes les nations, comme l'attestent les anciens bordereaux de paiement, les anciens inventaires de succession. Que de réflexions à faire, que de conséquences à tirer par les historiens statisticiens ! et ne faudrait-il pas que tous les historiens le fussent ?

Il semble que les monnaies auraient dû se trouver dans l'article du domaine, car c'était, comme on disait autrefois, un droit régalien incorporé, qui en faisait partie. Il le semble d'abord; mais cet important article des monnaies, objet de tant de traités, y aurait été comme perdu pour le lecteur; j'ai cru devoir l'en séparer. Je prie les lecteurs instruits de ne pas me condamner sans examen : ce n'est pas sans examen que j'ai disposé les différentes parties systématiques de ce traité.

Collection de pièces originales, concernant le domaine, au nombre de cinquante-neuf, depuis l'année 1319 *jusqu'à l'année* 1711, renfermées dans un portefeuille.

Il est à croire que quelqu'un voudra faire la grande, l'immense histoire du domaine qui, au milieu de la France, formait à lui seul comme une petite France appartenante au roi. J'aurai, dans ce cas, à me féliciter de lui avoir, dans l'*Histoire des Fran-*

çais des divers états, ouvert le chemin, et de lui en avoir, dans ce traité, indiqué la direction.

Le domaine était l'immuable liste civile du trône, ou, si l'on veut, la part royale, la grande part des biens de la société française. Dans cette part, on le voit ici, il y avait des biens de toute sorte; et d'abord des biens fonds les plus anciens biens, des terres de toute sorte de culture, des fermes, des étangs, des forêts les plus grandes, les plus belles forêts. Le roi n'avait pas honte d'avoir des milliers de moulins, des milliers de pressoirs; il n'avait pas honte, même au XIVe siècle, de faire fabriquer presque sous les fenêtres du Louvre et à Passy, la bonne et belle tuile. Quand vinrent les biens d'église, le roi en eut sa part, il fut le plus gros décimateur laïque. Quand vinrent les biens féodaux il en eut aussi sa part, c'est-à-dire qu'il eut le plus de châteaux, qu'il fut en même temps le plus grand, le plus haut seigneur. Or comme la féodalité s'étendait à toutes les parties de l'ordre social, qu'elle était infiniment variée, la collection d'anciennes chartes domaniales telles que celle-ci, ne peuvent qu'en recevoir la plus riche variété. Les droits réguliers, se confondant avec les droits féodaux du domaine, les renforcèrent, et souvent envahirent ceux des autres seigneurs. Le droit de battre monnaie, celui de légitimer, celui de faire grace, et quelques autres, de féodaux qu'ils étaient, furent déclarés royaux, par conséquent, exclusifs. Observons que le domaine, comme les personnages de la fable, était tout yeux et tout mains; ce qui n'appartenait à personne, lui appartenait. Il s'emparait notamment des terres vaines et vagues, dont le roi donna, en 1640, une partie de celles de Normandie au chancelier Séguier qui les lui rendit par des raisons qui peut-être ne sont pas inconnues aujourd'hui à sa famille, mais qu'un vieux titre de cette collection, où il est parlé de ce don, me laisse ignorer. Il y avait donc alors et des communaux communaux, et des communaux domaniaux.

Collection de pièces originales, concernant les officiers du domaine, au nombre de neuf, depuis l'année 1611 *jusqu'à l'année* 1699, renfermées avec la collection précédente dans le même portefeuille. . . . . 40 fr.

Si quelqu'un des officiers de l'enregistrement et du domaine, en général fort instruits sur leur état, jette par hasard les yeux sur ces lignes, il les lira non pour y apprendre quelque chose; mais au contraire pour y trouver à reprendre; voyons de me tenir ferme. D'abord je dirai que je n'ai point ici à parler d'eux comme officiers de l'enregistrement successeurs des contrôleurs successeurs des anciens scelleurs; je n'ai ici à parler d'eux que comme étant en même temps officiers du domaine ; et à cet égard leur histoire peut, dans cette collection et la précédente, puiser de bons matériaux. En l'année 1386, ils prennent le titre de gens ordonnés par le roy sur le faict de son domaine dans des lettres adressées au vicomte de Conches. D'autres lettres les appellent receveurs ; d'autres, officiers. Il y a une quittance de l'année 1690, faite par un receveur général des bois et domaines de la généralité de Lyon. Ce portefeuille contient aussi des états de leurs appointements, de leurs frais de voyages et de chevauchées, de leurs bombances, de leurs bonnes comme de leurs mauvaises heures.

Collection de quatorze pièces originales relatives aux trésoriers de France, depuis l'année 1557 *jusqu'à l'année* 1787, renfermées dans un portefeuille. . . . . 6 fr.

Voyez pourtant comment quelquefois les lois font la langue et comment elles la font mal ! Vous croiriez que ces trésoriers sont des comptables ; point du tout ! ce sont au contraire des auditeurs des comptes rendus par les officiers des domaines. En 1635, ils prennent, ainsi qu'on le voit dans cette collection, le titre de trésoriers généraux ; quelquefois ils y ajoutent celui de grands voyers ; ils s'appellent aussi conseillers au bureau des finances. Henri II avait établi dix-sept de ces bureaux. A l'époque de la révolution il y en avait vingt-cinq. On verra ici qu'ils avaient un président, un greffier, des huissiers et, comme les cours judiciaires de la fin du XVIIe siècle, des chevaliers d'honneur. Ils gagnaient d'assez bons appointements dont il y a dans cette collection plusieurs quittances, ainsi que de leurs droits de manteau et de bûche. Ils gagnaient aussi la noblesse.

États des finances de la France, depuis l'année 1600 *jusqu'à l'année* 1784, manuscrit composé de divers manuscrits originaux de différentes époques. Un vol. in-fol., basane, racine verte, dentelles. . . . . 50 fr.

Les employés du ministère jetèrent, il y a nombre d'années, ces précieux manuscrits dans les balances des papetiers. Je le répète ; je me trouvai là, et je les sauvai. Depuis, je les ai classés dans ce volume ainsi qu'il suit : Première division ; Cahiers avec lesquels je puis vous dire, année par année, généralité par généralité, pays d'état par pays d'état, quelles furent les recettes pendant les soixante-quinze premières années du XVIIe siècle. Je puis aussi vous dire, article par article, quelles furent les dépenses. Le laborieux et long dépouillement qui existe ici, a été fait sur les registres du trésor royal. Seconde division ; Etat de tout le revenu du roi ;

Etat de la dépense ordinaire du roi en 1684. Troisième division; Revenus du roi, année 1710, recette et dépense. Quatrième division; Tableau des dépenses des années 1715, 1716, 1717 et des recouvrements à faire. Cinquième division; Dépenses ordinaires, année 1724 : « Entretien de la machine de Marly, « trente-quatre mille livres, « à la bonne heure! » Musi-« que, deux cents mille livres, « à la bonne heure! » « Prisonniers d'état, deux cent mille livres. Dé-« penses ordinaires des prisonniers de la Bastille, « deux millions six cent mille livres. » Je crois que, bien que l'écriture soit incontestablement du temps, il y a erreur. Je n'ignore pas cependant que la grace coefficiente, la grace suffisante, et autres questions de théologie qui, depuis un demi-siècle, agitaient si honorablement pour l'esprit humain les écrivains du Port-Royal et le beau monde, firent emprisonner grand nombre de têtes de fer, de têtes mal sonnantes, alors très coupables, aujourd'hui très ridicules ; mais je crois qu'il y a erreur de plus des trois quarts. Sixième division; Administration des finances de la France, année 1786, tableau or et couleur, grand atlas.

Recette générale des finances de Flandre et Haynault pour l'année 1729, manuscrit orig. sur parchemin. Un vol. in-4°, parch., fil. noirs. 35 fr.

Il est, disent les voyageurs, des pays en Amérique ou l'or s'infiltre partout; il en est aussi en Europe où l'histoire s'infiltre partout; tels sont les pays anciennement agités par de fréquentes révolutions, les pays de frontières si souvent arrosés de sang, les pays d'un antique commerce agricole et industriel: le pays de Flandre est en même temps ces trois pays. Je vais citer quelque chose de son compte financier. Après le dénombrement de petites divisions territoriales, autrefois autant de petits états indépendants ou fédérés, on lit: « ... Au roy, « grand connétable et officier de la confrérie de « Sainte-Barbe, canonnier et arquebusier de la ville « de Lille... Au grand bailly, avoué et échevin de la ville et chatellenie de Vernel... Au sé« minaire de la foi de Douay... Au séminaire des « six prêtres dits du soleil de Douay, » qui faisaient les offices du jour... « Au proviseur du collége du « roy de l'université de Douay. » Y en a-t-il assez? « ...A l'aumosne fondée par messire Jamare, arche« vesque de Cambray... A l'aumosne générale de « Valencienne... A l'hostel des nobles de la ville de « Douay... A l'hospital des pauvres chartreux de « Cambray. » Y en a-t-il assez? « Aux magistrats « administrateurs des gens de main-morte de Douay, » peut-être des serfs... « A la fondation des bourses « des Bons-Enfants de Cambray... Aux carmes de

« Landrecies... Aux carmes chaussés... Aux carmes « déchaussés... Aux frères pénitents du tiers « ordre... Aux dames chanoinesses du cloître de « Bruxelles... Aux sœurs grises du Quesnoy... A la « seigneurie de Marville... Au grand bailly de l'ar- « chevesché de Cambray... » Y en a-t-il assez? Y en a-t-il trop? Oh! bien sûrement un Flamand ou un patriote flamand ne me dira pas oui! La vieille face du pays qui maintenant gît sous les bouleversements de la révolution, est là; tous les établissements religieux, civils ou militaires y sont. On y trouve les appointements des magistratures municipales, les soldes des maréchaussées, des garnisons, les dépenses des fortifications, des pépinières. Attention donc à tous les manuscrits quelconques.

Recette générale des finances de la généralité de Lyon pour l'année 1731, manuscrit original sur parchemin. Un vol. grand in-4°, veau br. 25 fr.

Ce compte est encore un compte de receveur général comme le précédent; mais dans le précédent, il s'agit des finances d'un pays d'état, tandis que dans celui-ci, il s'agit des finances d'un pays d'élection. Il y a aussi quelques autres différences dont je vais tenir compte. Recette; Dénombrement des élections de la généralité et de leurs tailles. C'est là, au milieu des états des tailles, que se montre pour ainsi dire en blanc le noble espace occupé par la franchise de la ville de Lyon et de la longue lisière de pays nommé le Franc-Lyonnais. Dépense : Versements faits au trésor royal : Fiefs et aumônes : Anciens dons des rois à l'église, ou pensions actuelles à des communautés religieuses : Gages des lieutenants du gouvernement de la province. L'absolu Louis XIV avait, dans la Flandre, vendu l'hérédité du pouvoir, et y avait rendu héréditaires les offices de maire. Dans le Lyonnais, il vendit les offices de lieutenant du roi. Bureau des finances : Gages des trésoriers de France, Remises et taxations des receveurs généraux, des contrôleurs généraux. Voulez-vous moins vous fâcher contre les gains des receveurs généraux actuels des départements? lisez ce chapitre. Voulez-vous moins vous fâcher contre les dilapidations, que nous voyons ou que nous avons vues? lisez cet autre article : « A maistre Gayot de la Bussière « trésorier de France... la somme de huit cents livres « pour gratification, à cause des soins qu'il a pris « des ponts et chaussées pendant ladite année 1731... » Comment, à serrer des cartons, peut-il y avoir des soins pour huit cents livres? Lisez encore ces autres articles : « ...A l'intendant des fortifications ; ...Au « commissaire général des fortifications... Au con- « trôleur des fortifications... » Et je le demande, où depuis le XVIe siècle, y avait-il dans le Lyonnais des fortifications? Il est vrai qu'il ne s'agit que de trois cents, deux cents, cent cinquante livres. L'article suivant est un peu plus cher : « Rente accordée « aux prévost des marchands et eschevins de la « ville de Lyon, pour leur tenir lieu de l'ancien « octroy, faisant partie de leur ancien patrimoine... « soixante mille livres... »

Boîte contenant huit cent soixante pièces, actes, quittances, en parchemin, concernant la dette publique de la France, depuis l'année 1370 jusqu'à l'année 1780. A raison de 4 à 5 sous pièce. . . . . 200 fr.

Un homme de lettres ou jeune, ou vieux, comme il plaira de le supposer, s'approche de sa table pour écrire l'histoire de nos finances. Le voilà enfin qu'il en est à la dette, à cet endroit chéri pour lequel il a roulé dans sa pensée, tant et de si longues tirades déclamatoires, contre tous les rois et ministres emprunteurs. Il commence par François Ier, l'auteur de tout le mal, celui qui a donné le funeste exemple des emprunts, qui a jeté les fondements de la dette publique. Mais, lui dis-je on lit dans l'*Histoire des Français des divers états* qui est, si je puis parler ainsi, toute ferrée de notes, d'irrécusables témoignages du temps, que la dette a commencé au XIVe et probablement avant le XIVe siècle. L'homme de lettres récuse l'autorité de l'*Histoire des Français des divers états*, comme n'étant pas une histoire de France : Qu'importe, ai-je à lui répondre, qu'importe que, suivant les uns, elle ne soit pas une histoire de France, ou que, suivant les autres, elle soit, sous un nouveau titre qui n'est pas décrié comme l'ancien, notre véritable et seule histoire de France, toujours est-il que la dette du trésor a commencé au moins deux siècles plus tôt. J'ajoute en même temps : Je conviendrai toutefois que les grands accroissements de la dette se firent du temps de François Ier, du temps où la science financière, devenue plus rusée, annonça une plus grande sûreté, une plus grande sécurité aux emprunteurs. J'ajoute encore : Peut-être ne savez-vous pas quelle fut cette plus grande sûreté, cette plus grande sécurité? En ce cas consultez cette collection que j'ai dans mes mains ; consultez-en les pièces de la division du XVIe siècle; elles vous apprendront que, par édit de l'année 1543, il fut vendu aux prévôt et échevins de Paris, sur les aides et le domaine, à raison du denier douze, huit vingt mille écus de rente que les prévôt et échevins devaient revendre en détail. Elles vous apprendront aussi qu'aussitôt que les prévôt et échevins en eurent donné avis aux prêteurs, les écus des Parisiens, qui auparavant n'allaient au trésor royal pour ainsi dire qu'en boitant, y allèrent en sautant et en dansant, parce que ce trésor à l'ouverture de ces emprunts s'appela le trésor de l'Hôtel-de-Ville. D'après les titres de cette collection vous pourrez voir que le trésor royal qui voulut être appelé le trésor de l'Hôtel-de-Ville fit grand nombre de pareilles ventes fictives, soit sur d'autres impôts soit sur d'autres parties du domaine; qu'il en fit ensuite de nouvelles directement et sous son propre nom; qu'il ne cessa d'en faire jusqu'au règne de Henri IV; qu'alors cette hypothèque sur les impôts, ce large pont pour aller périodiquement se faire payer de gros intérêts à l'Hôtel-de-Ville ou au trésor royal, qui avait paru si solide à tant de milliers de prêteurs, croula et que la moitié ou les trois quarts des créances furent noyés: mais le goût des emprunts était déjà enraciné dans les habitudes. Vous verrez dans cette collection, division du XVIIe siècle, que, sous Louis XIII, l'affluence des prêteurs ne fut pas moins grande, qu'elle augmenta même jusqu'à ce que, un siècle après, sous la régence, le pont croula une seconde fois quand périt le système de Law. Je continue à m'adresser à cet homme de lettres, jeune ou vieux qui ne veut pas que l'histoire de tous les Français, l'*Histoire des Français des divers états*, soit une histoire de France : Vous pouvez, lui dis-je, considérer ensuite cette collection sous d'autres rapports. Vous y voyez, pour parler comme aujourd'hui, même lorsqu'on parle mal, qu'elle résume tous les états, qu'elle offre dans ses mille quittances les signatures de personnes de tous les états, absolument de tous; vous devez le remarquer. Vous y voyez qu'elle offre aussi la nomenclature de tous les impôts, absolument de tous; vous devez le remarquer de même. Vous voyez que les prêteurs prenaient, ou à peu près, le titre de propriétaires des impôts sur lesquels ils avaient prêté, que le gouvernement ne pouvait plus faire cesser ces impôts; c'est encore une remarque à faire. Vous voyez que lorsque l'affluence des prêts ne correspondait pas à l'affluence des besoins d'un gouvernement dépensier, on recourait à des emprunts forcés qu'on faisait quelquefois semblant de vouloir rembourser; vous voyez qu'on avait déjà l'idée d'une caisse d'amortissement, autre remarque, autres remarques à faire. Je ne cesse de m'adresser à ce même homme de lettres. Cette collection parle, parlez aussi des tontines, des tontiniers, de ces autres rentes sur l'Hôtel-de-Ville, de ces autres rentiers, associés pour jouer entre eux au jeu de la vie et de la mort, où la part de ceux qui mouraient accroissait à celle de ceux qui survivaient. N'oubliez pas que leurs quittances étaient en tête, timbrées d'ingénieuses estampilles représentant, l'une, avec la légende, *in senectute uberi*, année 1693, un arbre au-dessous duquel tombaient des pièces d'or qu'un enfant ramassait dans une corbeille, et portait à un vieillard; représentant, l'autre, avec la légende *gaudeant bene nati*, année 1697, une étoile dans le ciel... N'oubliez pas les différentes ingénieuses législations successives sur les tontines, jusqu'à ce que, administrées par cette mortifère compagnie des Indes, elles disparurent vers le commencement du règne de Louis XVI. Enfin, lui dis-je en terminant, n'oubliez pas que cette collection s'étend aux loteries des rentes viagères sur l'Hôtel-de-Ville, où le sort pouvait bien ne rien vous donner, mais aussi où il pouvait mettre dans vos mains un billet de trois, quatre cent mille livres de rente, votre vie durant, vécussiez-vous autant que Mathusalem, pourvu que vous ne vécussiez pas du temps de Law, ou du tiers consolidé.

Collection de soixante-dix pièces originales relatives aux chambres des comptes depuis l'année 1332 *jusqu'à l'année* 1650, contenues dans un portefeuille. . . . . 25 fr.

La chambre des comptes de Paris, dont le ressort était plus grand à lui seul que tous les ressorts de six autres chambres des comptes, cette fameuse chambre qui renfermait tant de mémoriaux, tant de titres, d'aveux, d'hommages, tant de titres financiers, tant de titres féodaux, tant de matériaux, manuscrits de divers genres d'histoire, n'en brûla pas moins, il y aura bientôt un siècle. Les documents qui la concernent en sont depuis devenus plus précieux. Ici l'on trouvera beaucoup d'états relatifs à ses salaires dans des temps différents. La mieux payée des chambres des comptes était celle de Paris; cela devait être. Elle avait d'ailleurs, comme les autres chambres, son droit de robe et son droit de bûche. De temps en temps cette chambre voulait aussi se donner quelques petits airs du parlement son voisin. En 1593, elle refusa de vérifier des lettres patentes et s'attira des lettres de jussion de Henri IV. Si l'on désire connaître l'état des dépenses d'autres chambres des comptes, notamment de celle de Rouen, on le trouvera dans cette collection. Les conseillers des chambres des comptes se faisaient appeler messeigneurs, même par les connétables des villes ou commandants de confréries militaires, milices fixes témoin la requête du connétable de Bordeaux, année 1475. De plus, ils avaient des orateurs-chapelains et ils les avaient à bon marché, témoin encore la quittance de deux cent cinq sous, faite en 1596, par frère Nicolas, religieux carme.

Instruction sur la chambre des comptes de

Paris, manuscrit du commencement du XVIIIe siècle. Un vol. in-4°, cartonné.

Ce manuscrit et les six autres suivants ne peuvent être séparés, car ils s'éclairent et s'interprètent mutuellement. Les gens du métier, à qui naturellement ils conviennent le mieux, penseront que la mise à prix ne peut en être portée au-dessous de. . 60 fr.

Un homme de labour ou de livrée, qui, du temps du système de Law, aurait fait sa fortune, et qui aurait acheté une charge à la chambre des comptes, n'aurait eu qu'à lire cette instruction pour aller y siéger, tant elle est méthodique, claire, surtout détaillée. Après y avoir d'abord appris quelles étaient les différentes chambres des comptes du royaume, il y aurait appris encore comment cette grande chambre de Paris était elle-même sous-divisée en chambres et quelles étaient les attributions de chacune. Bientôt l'instruction, se déridant un peu, qu'on me permette de m'exprimer ainsi, l'aurait averti que, s'il était président ou maître, et qu'il eût envie de manger un morceau, de boire un coup, il irait à la grande buvette; que s'il n'était qu'auditeur, contrôleur, il irait à la petite. Ensuite l'instruction reprenant un ton grave lui aurait parlé des trois divisions des archives; et rompant tout à coup l'uniformité de ses formes, elle se serait brusquement adressé à lui en ces termes : « Demande : Savez-vous ce que c'est « que le domaine? Réponse : Le domaine est le pa- « trimoine du roi... » De demande en demande, de réponse en réponse, elle lui aurait enseigné dans un petit catéchisme financier de moins de soixante pages, tout l'art de la vaste comptabilité. L'instruction variant encore sa forme, quittant le dialogue et venant aux parties casuelles, au marc d'or, enfin à la réception des officiers des autres juridictions, tenus de prêter le serment à la chambre des comptes, lui aurait fait voir sur leur passage, les mains des clercs-secrétaires, des chauffecires, des huissiers, des buvetiers, des cuisiniers, des porte-bois, des garde-bonnets, toujours tendues, toujours ouvertes, et tout à côté le tronc de l'hôpital, et tout à côté du tronc de l'hôpital, le facétieux tronc de l'empire de Galilée.

De la juridiction de la chambre des comptes de Paris et de la comptabilité, manuscrit du milieu du XVIIIe siècle. Un vol. in-4°, cartonné.

Premier cahier : La chambre a le droit de se faire rendre compte de tous les deniers formant les revenus du roi ; développements. Second cahier : Gages des compagnies souveraines et inférieures : Comptabilité des payeurs. Troisième cahier : Instruction pour l'examen d'un compte des tailles, si complète qu'on pourrait avec cette instruction faire toutes les parties d'un rôle. Quatrième cahier : Recette générale, comptabilité des receveurs généraux des tailles. Cinquième cahier : Capitation ; comptabilité de cet impôt. Sixième cahier : Deniers communs d'octrois ; comptabilité des revenus des villes. Septième cahier : Il est surtout précieux par le tableau général des anciens octrois des villes et de leur produit, ville par ville.

Honoraires des comptes différents, distribués par chambres, manuscrit du milieu du XVIIIe siècle. Un vol. in-4°, cartonné.

Voici, relativement aux droits de la chambre des comptes, quelques extraits de son code : « ... Epuration des comptes du trésor royal, 400 livres, « une bourse de jetons... Epuration de la régie des « monnaies, 1000 livres, une bourse de jetons... « Epuration du compte des écuries du roi, deux se- « maines saintes... des comptes de la fauconnerie, « deux bourses de jetons... de ceux de la maison « militaires du roi, 1000 livres et quatre bourses... « de ceux du parlement, vingt livres de bougie... de « ceux de la chambre aux deniers, deux jambons, « douze bouteilles de vin... de ceux des gages du « parlement, trente livres de bougie... de ceux des « augmentations de gages, des paires de ciseaux avec « étui. » Ah ! plutôt sans étui « ... De ceux des

« fermes générales, cent livres de jambon, trente-« six bouteilles de vin... » jambon... encore du jambon; vin... encore du vin; Bourse commune, dix-huit cents francs... Comptes des généralités, suivant les provinces, jambons, pâtés de canards... La province de Champagne, trois cent soixante-deux bouteilles de vin.... Quand vous rencontrerez de ces casuistes rigides envers les autres, indulgents envers eux, souvenez-vous de l'ancienne chambre des comptes. J'avais d'abord écrit ces lignes pour amuser le lecteur, comme tout écrivain doit en avoir le désir continuel avec la continuelle crainte de ne pas y réussir; mais bientôt la mémoire a ramené la justice. Je me suis souvenu que ces droits étaient de très anciens droits, des temps où l'on acquittait les honoraires en habits et en denrées. Je me suis surtout souvenu des vertueuses apostilles latines des anciens maîtres de la chambre des comptes, bien plus courageux que des grenadiers, lorsqu'ils retenaient le bras des princes absolus dont la munificence devenait si souvent prodigalité.

Instruction pour vérifier un compte d'après les lois et les ordonnances de la chambre des comptes de Paris, manuscrit du milieu du XVIIIe siècle. Un vol. in-fol., cartonné.

Il est naturel que cette instruction soit mieux faite que la précédente, car elle est évidemment postérieure de plusieurs années. Les progrès de l'esprit humain sont sûrs et marqués dans les sciences exactes ; les finances sont, ou du moins devraient être une science exacte.

Instruction sur la comptabilité, année 1768. Un vol. in-fol., cartonné.

Ce beau manuscrit offre de plus grands développements. Il peut, à cause de la longue table qui le termine, tenir lieu d'un excellent dictionnaire de finances domaniales.

Premier mémoire de MM. les conseillers auditeurs, sur la comptabilité, manuscrit autographe, année 1780, environ. Un vol. in-fol., cartonné.

Les autres traités de comptabilité, quelque bien faits qu'ils soient, paraissent bien inférieurs à celui-ci. Il fut, il devait du moins être présenté au ministre Necker. L'auteur passe successivement et par ordre d'une partie de finances à l'autre en louant ou en blâmant la forme de la comptabilité.

Instruction sur la comptabilité depuis 1791, manuscrit du XVIIIe siècle. Un vol. in-4°, cartonné.

Ce manuscrit et les six précédents donnent

sous diverses formes l'histoire de la comptabilité du trésor royal ou du trésor de la France avant la révolution de 1789. On y voit qu'avant cette époque les finances étaient toutes ou domaine, ou maison du roi, ou trésor du roi. Quelle face aujourd'hui si différente ! On peut nier que notre système soit plus économique, mais incontestablement il est mieux ordonné. J'ai une dernière observation à faire : ces diverses formules de comptabilité sont d'excellentes méthodes d'instruction, d'excellentes méthodes d'analyse, qui décomposent avec ordre ce qui a de l'ordre et même ce qui n'en a pas.

Portefeuille contenant trois dossiers relatifs aux fonds secrets. . . . . 40 fr.

De leur nature les fonds secrets ne doivent être soumis ni à l'inspection de la chambre des comptes, ni à celle d'aucune autre autorité; voilà pourquoi cet article est mis après la comptabilité. Premier dossier : *Original de l'attestation signée par le chancelier Séguier, le surintendant Fouquet, et autres personnages, portant qu'un million..... a été mis entre les mains du trésorier de l'épargne, pour payer suivant qu'il luy a esté commandé par sa majesté*, 22 mars 1659. Second dossier : *Quinze bons signés par Louis XV et par Louis XVI.* Bien que les bons n'appartiennent pas tous aux fonds secrets, je les y ai mis tous, afin de ne pas multiplier les dossiers et les articles. Les premiers commis ont grande part à ces bons. Il est naturel qu'ayant la main à la pâte ils ne meurent pas de faim. Le savant Clairaut obtient une pension de deux mille francs. Après son décès elle passe au savant Desparcieux. Après le décès de Desparcieux elle passe au savant Borda. Cet héritage de défroque, cette prébende académique ; cela n'est-il pas gai? Le chancelier Meaupou demande à Louis XV et obtient cent mille livres pour les cinq maisons qu'il est obligé de meubler; cela n'est-il pas encore plus gai? Maurepas, premier ministre de Louis XVI, lui demande de régler son traitement et l'indemnité de ses frais d'établissement : *Bon pour* 60,000 *livres une fois payées et pour* 40,000 *livres de traitement*, écrit de sa main l'économe Louis XVI. Je dis économe, car ce prince, à peine âgé de dix-neuf ans, effrayé de son inexpérience, s'était entièrement jeté entre les bras de son principal ministre. J'ai entendu souvent soutenir qu'il ne devrait pas y avoir de fonds secrets; cette opinion peut être soutenue comme une autre, surtout s'il n'y en avait pas dans les autres gouvernements de l'Europe. J'ai entendu soutenir aussi que les gouvernements républicains n'ont jamais connu les fonds secrets. *Troisième dossier : Cinquante millions mis à la disposition du comité de*

Salut public. Fonds secrets. Dépenses secrètes. Sommes mises à la disposition du conseil exécutif pour les dépenses secrètes. Quoique le titre de ce dossier porte cinquante millions, il n'y est parlé que de la dépense de dix ; c'est qu'il n'y est resté qu'une partie des papiers. « Extrait des registres du conseil exé-« cutif de l'an IIe de la république. Le conseil... « arrête que, sur les dix millions mis à la disposition « du conseil... tant pour les subsistances que pour « déjouer les intrigues des contre-révolutionnai-« res... » Suit la répartition entre les divers ministères. « J'ai reçu la minute de l'état qui m'a été confiée « ce matin. R. Lindet... » Une feuille de papier faisant partie de ce dossier porte : « ces deux lignes sont écrites par Robert Lindet, du comité de salut public, sans aucune date. » Il est assez curieux de voir, parmi les différentes signatures, celle du négociant financier Cambon fils aîné, toute historiée, toute entourée de traits de plume, à côté de la signature du savant Guyton, qui n'a qu'un seul trait de plume, et de celle de Saint-Just qui n'en a pas.

Idées des finances et de la compagnie des Indes, d'après les manuscrits de Jamet, par Malesieu et l'abbé de Lacaille, manuscrit de l'année 1746. Un vol. in-4°, cartonné. . . . . 8 fr.

Ce manuscrit a appartenu à l'auteur du Code de

Stanislas, qui en a écrit de sa main le frontispice, où il dit : « Manque l'Idée de la compagnie des Indes, « que j'ai prêtée au président Hénault, qui l'a em- « portée au royaume des cieux... » Quant à moi, possesseur actuel du manuscrit, je le lui pardonne, car nous avons assez et trop sur la compagnie des Indes. Les parties les plus historiques de cet ouvrage sont les tableaux, entre autres celui de toutes les branches des finances, années 1688, 1712, 1717, 1722, 1734, 1739, avec les observations de Jamet; entre autres encore celui des forces de terre et de mer des puissances de l'Europe en 1731. La Russie, inconnue trente ans auparavant, a le plus de troupes ; et en cette même année, il n'y a guère plus d'un siècle, il n'y est pas fait mention de la Prusse.

Histoire des finances depuis 1740, manuscrit autographe. Un vol. in-4°, cartonné. . . . 7 fr.

Bonne histoire qui aurait été meilleure, si l'auteur n'avait exclusivement lié les finances aux événements politiques, et s'il les eût aussi liées à l'agriculture, à l'industrie, au commerce, aux diverses parties de l'ordre social.

Mémoire sur les finances, manuscrit de l'année 1768. Un vol. in-4°, maroquin rouge, armoiries sur le plat. . . . . 20 fr.

L'écriture de ce manuscrit est plus belle que l'impression et c'en est le moindre mérite; car il vous offre, à la suite d'une briève et élégante introduction, six tableaux financiers, les uns de ce qui est, les autres de ce qui devrait être. Suit le commentaire ou la discussion successive de chacun des tableaux. Ce mémoire est une histoire tabulaire.

Observations sur les finances, la navigation et le commerce de l'Angleterre, manuscrit de l'année 1747. Un vol. in-4°, cartonné. . . . 15 fr.

Cet ouvrage sur les finances, la navigation et le commerce des deux premières nations de l'Europe, n'est pas descendu du grenier d'un pauvre songe-creux; il a appartenu au gouvernement, ainsi que les deux précédents, ainsi qu'un grand nombre d'autres manuscrits de ce chapitre. L'auteur déclare qu'il a entrepris son travail sur l'invitation d'un haut personnage, peut-être le successeur du cardinal de Fleuri; mais n'importe qui l'a commandé, voyons comment il est fait. Il est intitulé Observations; il peut l'être; il aurait pu aussi être intitulé Comparaison entre les finances, la navigation, le commerce de l'Angleterre et celles de la France, car, à chacune de ces différentes parties, il passe des Anglais aux Français. Il avertit ceux-ci que les Anglais veulent leur Canada, et il ajoute qu'ils en sentent mieux qu'eux l'importance. Il rend d'ailleurs noblement justice aux Anglais : Imitons-les, dit-il, quand nous le devrons ; car gardons-nous de croire qu'ils n'aient pas aussi fait des fautes. Et le voilà qui, après avoir loué les Anglais de préférer les colonies continentales aux colonies insulaires, aborde avec le lecteur aux colonies anglaises, aujourd'hui les Etats-Unis, où son œil perçant découvre et montre le bien, le mal politique. Il ne craint pas d'éveiller les Anglais de leur imprudent sommeil : Vous donnez, leur dit-il, trop de hausse à vos colons; ils deviennent, s'ils ne le sont déjà, vos rivaux dans le commerce du Nouveau-Monde. Vous avez de bons laboureurs, de bonnes gens dans la Caroline, la Virginie ; mais il n'en est pas ainsi dans la Pensylvanie ; prenez garde à l'esprit de la Pensylvanie ! Nous avions en France, il y a environ cent ans, un homme d'un esprit étendu et juste. Il ne parle pas moins bien des finances que de la politique. Malheureusement il n'a pas voulu dire son nom ; il a privé le lecteur du plaisir de le savoir.

Où devrait se trouver cette collection, une pareille collection d'anciens matériaux de notre histoire des finances ? Où ? dans la bibliothèque du ministre de cette partie de l'administration publique. Elle devrait se trouver encore dans la bibliothèque de la Chambre des Pairs, dans celle de la Chambre des

Députés : Mais, dira-t-on, elle y serait inutile ; ces hommes d'état n'ont besoin que de connaître la France financière actuelle : Vous avez raison ; les hauts administrateurs n'ont nul besoin pour bien faire de savoir comment ont fait leurs devanciers. Les monuments de nos anciennes finances sont tout au plus bons pour ces auteurs d'histoires nationales, ou prétendues nationales qui croient que sans la science du passé la science du présent est incomplète.

CHAPITRE XIII.

HISTOIRE DE LA GÉOGRAPHIE ET DES GÉOGRAPHES, DES VOYAGES ET DES VOYAGEURS.

Description des costes de la mer océane, manuscrit du XVIIe siècle. Un vol. petit in-4°, basane, racine brune, filets. . . . . 10 fr.

Prenez une mappemonde ; partez de Dieppe, et, sans entrer dans la Méditerranée, suivez au sud toutes les côtes de la France, de l'Espagne, de l'Afrique, de l'Asie ; rentrez en Europe par le détroit de Vaigats ; suivez les mers polaires ; revenez par la mer d'Allemagne, la mer de la Manche à Dieppe, et vous aurez une idée du plan de cet ouvrage. Il y a quelques faits curieux sur les villes maritimes, à commencer par Saint-Malo, dont la chaussée était, du temps de l'auteur, gardée par des dogues; il y a aussi beaucoup de détails sur le commerce. Mais remarquons que la géographie était encore bien crédule, qu'elle comptait six millions de soldats en Chine. Faisons une autre remarque : ce que c'est que la gloire! ce que c'est surtout que l'irritation contre la gloire! L'auteur de cet ouvrage enlève autant qu'il peut à Colomb celle d'avoir découvert le Nouveau-Monde, pour la donner à un pilote français, natif de Saint-Jean de Luz, dont on ignore le nom. « ... Il fut le premier jeté en la coste de l'Amérique « par une violente tempeste, laissa son papier jour« nal, communiqua la route qu'il avoit faite à Cou« lon, chez qui il mourut... » En voilà assez et trop sur ces vieux mensonges de l'envie. Gloire à Colomb! gloire à Colomb!

Cosmographia. Alter item tractatus cui titulus hortus floridus, auctore du Buisson, manuscrit autographe du XVIIe siècle. Un vol. in-fol., parchemin, figures. . . . . 15 fr.

Ce manuscrit a appartenu à Jean-Baptiste L'Ecuy, abbé des Prémontrés, ensuite au séminaire Saint-Sulpice, ensuite sans doute à la révolution, ensuite à je ne sais qui, ensuite à moi. Il serait peut-être à désirer qu'à l'intérieur ou verso des couvertures d'un manuscrit précieux, ou d'un livre rare, fût marquée la succession des propriétaires ; cette notice serait curieuse et souvent piquante. Si je voulais faire ici l'histoire spéciale de la cosmographie, je tirerais grand profit de ce manuscrit à cause de ses précieux détails, à cause de ses cartes et de ses figures. On remarque à la page 82 une lettre originale du frère Albert le Grand, datée de Nantes, le 29 novembre 1636, adressée à l'auteur, contenant une rose de vents, *de demi vents*, *de quart de vents*, en français au premier cercle, et en breton au second cercle. Le petit jardin fleuri a deux compartiments, l'un de métaphysique, l'autre de physique, comprenant l'anatomie et la médecine. En sassant et en ressassant toutes ces anciennes matières, on pourrait en faire tomber quelques petites perles, même quelques petits diamants, surtout si celui qui tiendrait le sas avait une grande patience et de bons yeux.

Voyage de Samarcande à la Chine, fait au XIVe *siècle. Voyage dans la mer Blanche. Nouveau voyage en Tartarie. Relation du royaume de Lassa dans le Thibet*, manuscrits du commencement du XVIIIe siècle. Un vol. in-fol., cartonné. . . . . 8 fr.

Ces quatre voyages, dont un, fait au XIVe siècle, ne sont pas chers; qu'on en convienne! Je conviendrai à mon tour que l'écriture n'en est pas très belle. Ils peuvent cependant, tels quels, entrer dans une collection.

Minutes des textes explicatifs du petit atlas de l'Europe, manuscrits autographes de Delisle. Un vol. in-fol., cartonné. . . . . 15 fr.

Ces textes ont été imprimés et ont disparu; le manuscrit est resté et leur a, pour ainsi dire, survécu. Ce n'est pas extraordinaire, car les traités méthodiques des sciences ont en général une plus ou moins courte durée. Et cependant que d'obligations à ces traités et à leurs auteurs qui ouvrent les passages à la lumière, illuminent le monde! Et cependant l'ingrate main de ce que nous appelons l'histoire de la nation s'est toujours refusée à écrire leurs noms! Mais dans les siècles que le temps porte dans son sein, la seule main de la raison écrira l'histoire; et les noms des auteurs des bons traités de géographie ainsi que de tous les bons traités des connaissances humaines; et les noms de tous les auteurs de perfectionnements de l'art social, ainsi que leurs perfectionnements rempliront seuls l'histoire nationale; oui, seuls, ils la rempliront, qu'on y réfléchisse! car alors elle offrira l'état successif du mal, du moins mal, du bien et du mieux ; non pas comme jusqu'ici dans deux ou trois parties, mais dans toutes les parties de l'ordre social. J'ai insisté, j'insiste, j'insisterai sur les caractères de la vraie histoire nationale ; certaines vérités n'entrent qu'après avoir long-temps frappé à la porte. Il me reste à recommander au respect des temps les manuscrits autographes des hommes célèbres, les anciennes traces de leur plume, des déviations, des corrections de leurs pensées. Ce sont d'ailleurs les seuls vestiges matériels de leur esprit, de ses luttes contre les difficultés, de ses efforts, de ses victoires.

Requête de Guillaume Delisle au roi et au conseil, contre Nolin, année 1716, manuscrit du temps dont les notes marginales sont de la main de Delisle. Un vol. grand in-fol., basane, racine verte, dentelles. . . . . 30 fr.

Cette requête, on ne s'en douterait pas, est une histoire neuve, excellente et complète de la géographie à la fin du XVIIe siècle. Elle est de la composition de Delisle; son esprit juste, son ame honnête, son indignation contre le plagiat, sa colère, ses expressions pleines de feu, ses grands talents littéraires, bien qu'il ne fût pas littérateur, s'y font vivement remarquer. Delisle, fils d'un savant géographe, plus savant géographe lui-même, avait avancé infiniment la science, dans sa carte du globe terrestre. Il ne l'avait pas encore publiée qu'un hardi voleur, géographe ainsi que lui, s'en empare et la donne au public sous un autre titre. Delisle, sans nommer encore le plagiaire, se contente de se plaindre des contrefaçons de son travail. Alors le voleur se met lui-même à crier qu'il est, lui, au contraire, le volé. Dès cet instant Delisle ne garde plus de mesures, et dans cette requête il montre au public Nolin comme portant sur sa tête la couronne d'un autre et mettant dans sa poche l'argent qui ne lui appartient pas. Il commence par faire brièvement l'histoire de la géographie au XVIe et au XVIIe siècle. Il continue et dit : La composition des cartes se compose de la partie mathématique ou le plan, et de la partie historique ; celle-ci n'est qu'une nomenclature de noms, extraits des livres, celle-là est tout. En effet, ajoute-t-il, « Pour bien faire le plan il faut employer les observations célestes qui donnent des « points fixes... il faut conférer ces observations avec « les mesures itinéraires, pour voir s'il n'y a pas « d'erreur dans les unes ou dans les autres. Il faut « savoir exactement la mesure de la terre pour ne « donner aux degrés que leur juste valeur, et la « proportion des degrés de l'équateur avec celle des « degrés des autres parallèles...Tout cela n'est pas fa- « cile; aussi est-ce le plan que le plagiaire prend et que

« Nolin m'a pris, en déguisant son vol, en adoptant « une autre échelle.» J'avais, dit Delisle, changé toutes les positions des méridiens et des parallèles. Nolin a fait les mêmes changements et a, comme moi, d'abord porté seulement à un demi-degré du cap Vert, au lieu de deux degrés et demi, l'île de Fer par laquelle passe le premier méridien. Mes méridiens, mes parallèles passent par telles villes, tels caps ; les méridiens, les parallèles de Nolin passent par les mêmes villes, les mêmes caps. Et Delisle les nombre, les nomme tous les uns après les autres. On a vraiment plaisir d'entendre ce grand géographe. Il porte, comme un empereur, le globe dans sa main ; il en change, avec son compas, la face. Vossius et d'autres géographes sont repris de leurs erreurs : Sanson ainsi qu'eux, dit Delisle, a trop allongé les continents; je les ai racourcis. J'ai étendu la Barbarie, j'ai resserré cette autre partie de l'Afrique, et cette autre. J'ai élevé Alger de trois degrés de latitude, de Tripoli. J'ai abaissé la latitude de Cachemire, de Delhi, de Cabul, d'Agra. J'ai bouleversé la mappemonde. Ensuite s'adressant à Nolin, il lui dit : Où avez-vous, sinon dans mes cartes, pris ces îles? voleur ! Où avez-vous pris les terres arctiques, la grande étendue de la Guiane, la terre d'Yémen, la Nouvelle-Zemble, la Nouvelle-Zélande ? voleur! voleur! *Barbarus has segetes*... Porter la pointe de la faucille dans le champ voisin, passe; mais le moissonner! Toutes les fois, ajoute-t-il, que mon plagiaire ne veut pas me copier et qu'il substitue sa science à la mienne, *il tombe dans l'éclipse*. Il a voulu changer quelques points des anciennes cartes, il les a rendues plus mauvaises: Ah! s'écrie énergiquement Delisle, pour faire de tels changements il faut avoir, comme moi, remué les terres et les mers. Nolin, marchand d'images et de cartes, se vante de son titre de géographe du roi. *Non equidem invideo*... Le roi est bien le maître de donner un brevet à qui bon lui semble; mais cela n'empêche pas que le géographe de boutique prenne les méridiens pour les parallèles et dise que le méridien marque la distance d'un lieu à l'équateur. J'ai trouvé çà et là beaucoup de cartes manuscrites de Delisle, dont j'ai déjà vendu un grand nombre; mais où trouver son fouet? je le vendrais bien davantage.

Recueil de vingt-deux cartes d'itinéraires à travers l'Asie, au XVII$_e$ *siècle, projetées et écrites, par Delisle.* Un vol. in-4°, maroquin bleu, dentelles. . . . . 60 fr.

J'ai dressé à notre plus grand géographe qui, pour emprunter ces expressions à sa requête, a remué les terres et les mers, un monument précieux en réunissant les minutes de ses cartes itinérographiques au travers l'Asie. Je les ai ici disposées par dates. La première marque la désastreuse expédition de l'empereur Julien contre les Tartares appelés alors les Parthes. Les autres marquent les routes des voyageurs du XVIe et du XVIIe siècle. Plusieurs tracent les routes entre les sources de l'Euphrate et celles du Gange. Allons! allons! messieurs les Russes qui voulez aller voir faire la mousseline dans les Indes! allons! allons! Messieurs les Anglais qui ne le voulez pas! allons! disputez-vous, l'argent ou l'or à la main, ce beau manuscrit. Vous aurez parmi nous des concurrents; mais vous en auriez bien plus si l'ancienne histoire de France, avant l'*Histoire des Français des divers états*, dont le XVIIe siècle ne tardera pas à être publié, avait nommé les grands géographes tels que Delisle.

Recueil de vingt-sept cartes de plusieurs parties de l'Afrique, îles ou pays adjacents, projetées et écrites par Delisle. Un vol. in-8°, maroquin rouge, dentelles. . . . . 40 fr.

Autre précieux monument dressé à la mémoire de Delisle. Ces cartes, comme celles du précédent recueil, allaient être dispersées, et c'eût été aussi grand dommage, car elles ont aussi leur intérêt. Elles décrivent les bords de cette Méditerranée que tant de navigateurs parcouraient depuis tant de siècles et que Delisle, à la honte de l'antiquité et surtout à la honte des siècles qui avaient précédé le sien, a allongée d'un grand tiers. L'une de ces cartes figure notre Alger au temps où il n'était pas encore nôtre. Les côtes des environs sont toutes bastionnées; je n'ai pas, je crois, entendu parler de ces longues lignes de défense; je ne sais si elles existent aujourd'hui. Il y a aussi notre Oran au fond de sa belle rade; il y a notre Gorée; il y a la Basse-Egypte qui depuis long-temps n'est plus nôtre. Il y a aussi une carte du royaume de Fez, projetée par Talbe Bougiman, docteur de l'Alcoran, que Delisle ne critique pas. Delisle cette fois ne craint pas la concurrence.

Fragments de cartes géographiques écrits de la main de Delisle, systématiquement disposés. Un vol. in-12, bas. rac. verte, dentelles. 20 fr.

Delisle avait destiné ces fragments à être enchâssés dans ses ouvrages; je les ai soigneusement recueillis et je les offre au public sous le joli petit format d'étrennes.

Procès entre Buache, gendre de Delisle, et les héritiers de la veuve Delisle, pour servir à la biographie de Buache et à l'histoire de la géographie. Un vol. in-4°, basane, porphyre bleu, dentelles. 20 fr.

Buache, qui a écrit de sa main presque toutes les pièces de ce procès, quitta, à l'instigation de Delisle, son état d'architecte, pour prendre celui de géographe. Pendant toute la vie de son beau-père il se conduisit envers lui de la manière la plus respectueuse et la plus filiale, ainsi qu'il le rappelle dans ses observations; pendant toute la vie de sa belle-mère, sa conduite fut la même. Après le décès de celle-ci, il eut avec ses héritiers une discussion judiciaire où s'offre le tableau du riche fond de Delisle, consistant en cent planches de géographie, en dix-huit mille épreuves que Buache revendiquait comme faisant partie du don des planches que lui avait fait sa belle-mère, en cinquante portefeuilles contenant quatre mille cartes, dont dix-sept cents gravées, chargées d'observations manuscrites, et deux mille trois cents minutées. Il est à présumer que cette énorme et respectable masse de documents géographiques passa à Buache père qui la grossit; qu'elle passa ensuite à Buache fils, qui la grossit encore. A la mort de ce dernier que nous avons vu professeur à la première école normale, son fonds s'est dissous dans les magasins des papetiers. J'en offre ici quelques parcelles; je crois que la science peut faire son deuil du reste.

Itinéraire d'Alexandre en Europe et en Asie

avec l'évaluation de la distance des villes, manuscrit autographe de Buache. Un vol. in-4°, basane, racine violette, dentelles. . . . . 15 fr.

Le nom de Gengis-kan n'est pas universellement connu ; celui d'Alexandre est depuis l'enfance dans notre bouche. Conquerants ! je vous conseille de gagner le bon vouloir des Quinte-Curce ou des Ségur; mais il ne s'agit pas ici d'historiens, il s'y agit de géographes et j'ai à donner des louanges au savant travail de Buache, qui a écrit l'expédition d'Alexandre avec des lignes prises dans les anciens auteurs qu'il cite, manière d'écrire l'histoire qui, sauf la variété des formes, devrait être générale. Buache ne s'est pas borné là; il a voulu donner les distances des villes; il s'est aussitôt mis sur les traces du célèbre Samson dont il marque tous les faux pas.

Mémoire sur le bassin de la Seine demandé à Buache par le prévôt de Paris, texte et dessin, manuscrit autographe renfermé dans un portefeuille. . . . . 12 fr.

Lahire, si connu par sa sélénographie, ne voyait dans la lune que des montagnes et des vallées. Buache héritier et dépositaire des idées de Delisle, ajouta une nouvelle face à la géographie en ne considérant la terre que comme Lahire considérait la lune, mais en y mettant de plus les fleuves recevant les rivières affluentes, qui venaient des bassins ou vallées aboutissant à la grande vallée, au grand bassin du fleuve. Le prévôt de Paris, dont la plus grande sollicitude magistrale était la facilité ou la difficulté des arrivages, demanda à Buache un mémoire sur la grande vallée ou bassin parcouru par la Seine et les rivières affluentes. Le mémoire et le dessin que fit Buache sont ceux qui sont renfermés dans ce portefeuille. En le voyant on croit qu'il n'y a rien à ajouter à ce beau système hydraulique. Cependant M. le colonel Denaix y a ajouté. Buache avait décrit la structure pour ainsi dire osseuse du globe; le colonel Denaix a décrit les divers rapports des ossements entre eux, il a complété le système. Tel est le cours des sciences, aussi naturel que celui des fleuves; il y a un Buache, il y a un Denaix.

Carte de Nicolas Delisle et de Buache, portant le tracé de la route suivie par l'amiral espagnol de Fonte, en 1640, pour s'ouvrir un passage entre l'Asie et l'Amérique, avec différents mémoires qui lui sont relatifs, manuscrits autographes de Delisle, de Buache et d'autres. Un vol. in-4°, cartonné. . . . . 10 fr.

Pour que je pusse bien faire entendre l'objet des savants mémoires de Nicolas Delisle, et des deux autres mémoires, l'un de Lagalissonnière, l'autre du grand-maître des cérémonies de l'impératrice de Russie, il me faudrait un grand espace, qui ne peut se trouver dans les étroites bornes de ce traité; il suffira de dire que ces anciens manuscrits sont de curieux monuments des diverses tentatives de passage entre la Russie d'Asie et l'Amérique.

Discussion de géographie légale entre Buache et le libraire Boudet, manuscrit autographe de Buache. Un vol. in-4°, cartonné. . . . . . 15 fr.

Le géographe Buache entendait que chacun fît son métier et ne fît pas celui d'un autre; il entendait que les libraires vendissent des livres et ne vendissent pas de cartes. Le libraire Boudet entendit cependant en vendre, et, qui pis est, en faire; Il publia un atlas universel. Aussitôt Buache prend feu; il dresse un mémoire à consulter, où il invoque la législation policielle du commerce des objets de géographie qui ne permet de faire des cartes qu'aux seuls géographes du roi; et pour qu'à cet égard les réglements fussent plus formels, il en propose un écrit de sa main. De plus, il commence et entretient dans les journaux une polémique contre le géographe Robert, prête-nom du libraire Boudet. Enfin il présente un mémoire au ministre Malesherbes. Ce mémoire a toute la verve de la requête de Delisle, moins ces traits hardis et originaux, qui annonçaient un grand talent littéraire. Buache reproche à Robert de couvrir de son nom de géographe du roi le frontispice de l'atlas du libraire Boudet. Ensuite il reproche à l'atlas d'être mal colorié, d'être désordonné, d'être plein de fautes, de mensonges. Buache, pour bien les compter, parcourt la terre. Je ne le suivrai pas; je ne puis cependant ne pas dire que tel était son amour pour la géographie, qu'il croyait que l'honneur où le déshonneur de la France était dans les cartes bien ou mal faites : « Il seroit à désirer, « dit-il, qu'on établît des sociétés cosmographiques « semblables à celles de Nuremberg et de Stockolm... « ce seroit un préservatif contre les mauvais ou- « vrages en ce genre qu'on produit sans honte, sur- « tout en France, et qui, répandant beaucoup d'er- « reurs dans le monde, ne servent qu'à deshonorer « une nation... »

Procès de géographie entre Boudet, libraire, et Delahaye, graveur de cartes, dont la plus grande partie des pièces sont de la main de Buache, année 1654. Un vol in-4°, cart. 20 fr.

Le graveur de cartes Delahaye s'était chargé de graver la carte de l'Empire de Charlemagne, tracée par Robert et publiée par le libraire Boudet. Messieurs les libraires savent crier aux auteurs quand ils ne remettent pas le manuscrit, aux imprimeurs, quand ils retardent l'impression, surtout aux graveurs quand ils gravent mal. C'est à lire que le billet où Boudet témoigne son mécontentement à Delahaye. Les graveurs ont aussi leur amour-propre. Comment éviter un procès? Il eut lieu devant les juges consuls qui, fort étrangers aux observations astronomiques, et à l'exactitude de la gravure géographique, voulurent s'éclairer de l'avis des maîtres de l'art; ils ordonnèrent donc, avant de rendre leur jugement, que Boudet et Delahaye comparaîtraient devant Danville, Buache et Hérissand. Ceux-ci procédèrent sur pièces et sur interrogatoires, et enfin ils proposèrent un jugement d'arbitres. Les écritures de cette dernière partie du procès forment ce recueil. On y trouve plusieurs fois les signatures de Danville, de Buache et de Hérissand; on y trouve aussi bien des documents sur l'art de graver les cartes, sur les corrections des gravures, sur l'exécution des conventions entre les géographes et les graveurs; ce qui, tout réuni, fait comme un petit code de gravure géographique légale.

Programmes, cahiers, cartes pour les leçons géographiques des quatre fils du dauphin, fils de Louis XV, manuscrits autographes de Buache et de l'abbé d'Argentré, directeur des études. Un vol. in-4°, veau bleu, gaufrures, filets d'or. . 100 fr.

Philippe Buache, le premier géographe de son temps, croyait avec quelque raison que si de droit le fils aîné du roi naissait dauphin, il était, lui, de droit son maître de géographie né. Un dauphin naquit; Buache compte impatiemment les années; enfin il lui semble que la tête du royal enfant est assez grosse pour contenir les premières notions de géographie, et il présente au cardinal de Fleuri un placet, où il lui fait respectueusement ses offres. Le bon cardinal reçut le placet en riant et répondit que le temps n'était pas encore venu. Le temps ne vint jamais. Toutefois Buache n'y perdit rien pour attendre. Le dauphin eut quatre fils; et, au lieu d'un élève, le maître en eut quatre; d'abord un seul, le duc de Bourgogne, qui mourut en bas âge; ensuite trois, le duc de Berri, le comte de Provence, le comte d'Artois, Louis XVI, Louis XVIII, Charles X. Les programmes, les cahiers et les cartes qui forment ce recueil ont servi à leurs études : une partie de l'écriture de la carte de la Savoie et du Piémont, sont incontestablement de la main enfantine de Charles X. Que de mouvement, que de peine se donnaient le bon géographe Buache et le bon abbé d'Argentré, pour défricher la science que les jeunes rois cultivaient! Je vous envoie les noms des villes que les princes doivent placer sur les cartes, écrivait l'abbé. Ratissez! effacez! lui écrivait-il encore. Je vous envoie le corrigé des cartes des princes, lui écrivait à son tour Buache. Il lui écrivait encore : l'académie des sciences, sous les yeux de laquelle j'ai mis les travaux des princes, applaudit à leurs progrès. On lit aussi dans les pièces de ce recueil que Buache demandait le remboursement de ses frais, qu'il demandait une indemnité, qu'il demandait une pension, qu'il demandait l'application de sa méthode à l'enseignement des élèves de l'école militaire, qu'il demandait une chaire à cette école. Qui trop embrasse mal étreint. Buache obtint toutes ses demandes; il embrassa beaucoup, mais il n'embrassa pas trop, et il étreignit bien.

Carte topographique de Cherbourg et des environs, faite par Louis XVI, vers l'année 1784. Un vol. in-4°, veau rose, gauf., fil. d'arg. 200 fr.

Des trois rois élèves de Buache, Louis XVI fut celui qui profita le mieux de ses leçons. Voici une carte tracée et enluminée de sa main : je l'ai fait richement relier, car les cartes tracées et enluminées de la main des rois de France et de Navarre ne sont pas communes.

Recherches sur l'importance de la partie espagnole de Saint-Domingue, manuscrit de la fin du XVIIIe siècle. Un vol. in-4°, demi-reliure. . 9 fr.

Il y a aussi dans cet ouvrage de grandes recherches sur la partie française de Saint-Domingue. Continuellement les deux territoires, leurs produits, leurs populations sont comparés. C'est une histoire du territoire, de l'agriculture, du commerce, de la population de l'île, depuis sa découverte jusqu'en 1800. Les manuscrits sur l'île Saint-Domingue sont recherchés ; celui-ci aurait été fort précieux pour la France avant le traité d'émancipation. Il l'est aujourd'hui pour le peuple d'Haïti.

Portefeuille contenant des manuscrits autographes du naturaliste voyageur Bonpland. 30 fr.

La ville de La Rochelle a vu naître ce savant illustre sur lequel je vais donner quelques détails bien sûrs, car c'est de lui que je les tiens. Il étudiait à l'école de médecine de Paris ; mais, craignant d'être trop long-temps à la charge de ses parents, il entra dans les bureaux du ministère des finances. Là n'était pas sa vocation ; aussi se trouva-t-il tout prêt à partir au premier voyage maritime qu'on lui proposa. Il suivit, en 1796, Bonaparte en Egypte, et lorsque ce pays fut évacué, son grand regret fut d'être séparé de sa nombreuse famille de plantes que le défaut d'arrosement devait faire périr. Après le 18 brumaire le premier consul, dont il avait été connu en Egypte, l'envoya en qualité de sous-commissaire des relations commerciales à Wilmington dans la Caroline, où le naturaliste Bosc avait déjà exercé les mêmes fonctions; mais pourquoi donc des savants, de grands savants, si vous voulez, pour remplir une magistrature commerciale? Je me fâcherais ici tout rouge, comme un journal de l'opposition, si M. Bonpland ne m'avait pas appris que les habitants de cette province ne sont que de bons laboureurs. Voilà donc notre naturaliste au milieu d'une nouvelle terre, de nouvelles plantes. Vous le croyez heureux; il l'aurait été, s'il n'y avait eu dans ce pays une torrentueuse méchante petite rivière qui, dans un débordement, lui noya sa voiture, et qui l'aurait noyé lui-même, s'il ne s'était sauvé à la nage. Ah! ce n'est pas tout que d'avoir conservé la vie! il faut avoir de quoi vivre; et le sous-commissaire se plaignait, ne cessait de se plaindre de son trop modique traitement de neuf cents dollars. Enfin on le tire du fond des forêts de la Caroline; on le fait venir sur les bords de la Seine, dans un château enchanté. On lui donne l'intendance de la Malmaison, alors toute éclatante du séjour de Joséphine, cette excellente impératrice reine qui, plus heureuse que son impérial et royal époux, mourut au champ d'honneur d'une impératrice, au cérémonial ou des suites du cérémonial lorsqu'elle reçut l'empereur Alexandre : que devint alors l'intendant de la

Malmaison? Je ne sais, car il ne m'en a point parlé; je veux dire qu'une longue note biographique de quatre grandes pages, écrites de sa main, qui fait partie de ce portefeuille, s'arrête là. Outre cette note, il y a deux rapports, en forme de lettres, écrits aussi et signés par lui; au bas d'un de ces rapports est une ligne de l'écriture avec la signature de l'impératrice Joséphine. Il y a encore dans ce premier dossier quelques lettres de M. Bonpland, qu'il a écrites ou qu'on lui a écrites. Le second dossier est rempli de notes de la main de ce naturaliste; elles ont pour objet la minéralogie, la zoologie, ou la médecine. Dans le troisième dossier qui est de sa main, comme tous ces dossiers, il y a d'autres notes, mais plus longues et plus nombreuses; elles sont sur la botanique. Le quatrième dossier excitera un intérêt particulier. Il est composé de catalogues de graines envoyées çà et là, quelquefois au loin, quelquefois même par-dessus les armées ennemies à des villes du Rhin, au jardin royal de Berlin, au jardin impérial de Vienne.

Journal de voyage en Espagne, fait en 1798, *par M. Bonpland*, manuscrit autographe. Un vol. in-4°, parchemin. . . . . 50 fr.

Tout ce manuscrit est bien de la main du célèbre voyageur; mais la nomenclature des plantes appartenant à la matière médicale, rangées par monandrie, biandrie, triandrie, tétrandrie, suivant la méthode de Linnée, en occupe une moitié et plus; le journal du voyage occupe l'autre; je ne parlerai que de celle-ci. Ce voyage commence le 24 pluviôse, jour de départ de Valence en Espagne. Les chemins sont une des premières choses qui frappent un voyageur; et véritablement c'est ce qui frappe d'abord M. Bonpland; il les trouve détestables. Il est tenté de parler de même des auberges; quand une grande venta, nouvellement bâtie, où l'on aurait pu remiser cent voitures, excite son admiration... Enfin il arrive à Madrid. Ce qui est l'objet de sa première visite, n'est pas la cour du roi, le Palacio-réal, le Buenretiro, ce n'est pas non plus le ministre de France, c'est M. de Humboldt; c'est le grand naturaliste, le célèbre voyageur qu'avant tout veut voir le grand naturaliste futur, le célèbre voyageur futur. M. Bonpland fait aussi connaissance avec d'autres naturalistes, notamment avec le chargé d'affaires de Prusse. Quel beau monde que celui de la botanique! et quels autres beaux mondes que ceux de l'histoire naturelle qui sont communs entre ces savants, et qui ne le sont pas entre les autres hommes! Maintenant je comprends pourquoi les minéralogistes, les botanistes, les zoologistes s'aiment, et pourquoi les peintres, les poètes, les historiens ne s'aiment pas.

Alors commence cette union de noms de Humboldt, de Bonpland, cette société de travaux, de célébrité et de gloire qui se prolongera dans la postérité. Tout ce journal est plein d'observations sur les diverses parties de l'ordre social d'Espagne, dignes du compagnon de Humboldt. J'ai laissé au journal de M. Bonpland, pour ainsi dire, son habit de voyage, j'entends sa couverture de parchemin, serrée par un ruban de fil bleu, et dans laquelle il y a une pochette ou j'ai trouvé, et où l'on trouvera une carte d'Espagne, un plan de Madrid et quelques papiers de route. Dans ce moment M. Bonpland est à Buénos-Ayres. Un de ses compatriotes m'a promis de lui faire parvenir ce traité. Je le prie donc ici d'agréer mes salutations, et mon désir de l'honorer en classant, pendant sa vie, les manuscrits de sa main parmi les monuments littéraires.

Collection de vingt-deux cartes lavées, enluminées des XVIIe, XVIIIe *et* XIXe *siècles*, renfermée dans un portefeuille. . . . . 60 fr.

La description de ces cartes se trouve à la notice jointe au portefeuille.

Carte de l'Europe réduite sur celle de M. Delisle, premier géographe de Sa Majesté, par mademoiselle Delisle, à Saint-Gervais, 1726, *année de la mort de Guillaume Delisle*, portefeuille in-4°. 8 fr.

Cette petite carte d'un pied en carré, encadrée dans du satin bleu, si elle n'est pas un monument de l'art, elle est un monument de piété filiale dont la publicité doit, ici, être la récompense.

Plan de Rio-Janeiro, tracé à la plume en encre rouge, noire, deux pieds de long sur un et demi de large.

Cette carte, qui est de l'année 1700 ou environ, est très précieuse en ce qu'elle figure la ville de ce temps, avec les défenses militaires de la baie, décrites dans les deux grandes marges.

Carte de la baie de Camarinas et de Musia dans le Brésil, un pied de long sur un demi-pied de large.

Au bas de la dernière est une attestation datée du 15 octobre 1710, écrite toute de la main du célèbre géographe Delisle. Il serait dommage que ces deux cartes ne tombassent pas entre les mains du ministre résident de l'empereur du Brésil.

Ces deux cartes renf. dans un portef. . 30 fr.

Carte manuscrite de la France, par Melchior Tavernier, graveur et imprimeur du roi pour les cartes géographiques, année 1637, étui vert formant livre. . . . . 40 fr.

Cette carte, sur vélin, longue de quatre pieds, large de trois, écrite en lignes horizontales rouges, noires, est encadrée dans des bandes de parchemin vert, titre en or.

Carte du Barrois, du Verdunois, du Laonnais, de la Tiérache, d'une partie de la Champagne et d'une partie du duché de Luxembourg, renfermée dans un portefeuille. . . 15 fr.

Cette carte, sur vélin, a été faite dans le XVIe siècle, par Lemercier, procureur du roi à Doulens, dans le temps où les magistrats se délassaient avec le compas des géographes et se plaisaient parfois à couvrir et leurs tables et les pièces de procédures avec de grandes cartes de vélin; celle-ci, qui ne ferait pas tort à un homme de l'art, fait grand honneur à un procureur du roi.

Carte manuscrite de la Grèce, sur vélin, deux pieds en carré, renfermée dans un portef. 60 fr.

Cette belle carte, or et couleur, est du XVIe siècle, et paraît avoir appartenu aux chevaliers de Rhodes, depuis chevaliers de Malte. Le nouveau royaume de Grèce n'occupe maintenant qu'une partie de cette carte; mais dans la suite cette carte n'occupera qu'une partie de ce nouveau royaume, si son jeune roi, mettant à profit les fortunes que peut-être l'avenir lui prépare, allonge son épée et atteint les limites, sinon de l'empire d'Alexandre, du moins de son père Philippe. Il doit alors compter sur les applaudissements de l'Europe, même de l'Autriche qui sentira l'avantage de se trouver cuirassée contre le terrible Orient, même de ce terrible Orient qui se trouvera débarrassé de son point d'honneur de régner à Constantinople, d'avoir trois capitales, de courir l'infaillible danger d'être coupée en trois à la première commotion intérieure, même de la Turquie, si elle connaît son véritable intérêt qui est de quitter l'Europe, terre où elle est toujours restée étrangère, et de rentrer en Asie sa terre natale où sûrement elle reprendra sa force et sa vigueur : mais, dira-t-on, voilà bien de la *politique* au *sujet* d'une carte! Mais, répondrais-je, la politique n'a fort souvent pour objet que les cartes; et, sans mauvais jeu de mots, j'ajouterai que ce sont les cartes qui fort souvent brouillent les peuples.

FIN DU TOME PREMIER.

TABLE DES CHAPITRES

CONTENUS DANS LE PREMIER VOLUME

DU TRAITÉ DES MATÉRIAUX MANUSCRITS

DE DIVERS GENRES D'HISTOIRE.

FIN DE LA TABLE DU PREMIER VOLUME.

www.ingramcontent.com/pod-product-compliance
Ingram Content Group UK Ltd.
Pitfield, Milton Keynes, MK11 3LW, UK
UKHW021103290826
14628UKWH00014B/323

9 782013 400633